1968
QUANDO A TERRA TREMEU

ROBERTO SANDER

1968
QUANDO A TERRA TREMEU

VESTÍGIO

Copyright © 2018 Roberto Sander
Copyright © 2018 Editora Vestígio

Todos os direitos reservados pela Editora Vestígio. Nenhuma parte desta publicação poderá ser reproduzida, seja por meios mecânicos, eletrônicos, seja via cópia xerográfica, sem a autorização prévia da Editora.

GERENTE EDITORIAL
Arnaud Vin

EDITOR ASSISTENTE
Eduardo Soares

ASSISTENTE EDITORIAL
Paula Pinheiro

PREPARAÇÃO
Sonia Junqueira

REVISÃO
Mariana Faria
Paula Pinheiro

CAPA
Diogo Droschi
*(sobre imagem de Ronald S. Haeberle/
The LIFE Images Collection/Getty Images)*

DIAGRAMAÇÃO
Guilherme Fagundes
Waldênia Alvarenga

Dados Internacionais de Catalogação na Publicação (CIP)
Câmara Brasileira do Livro, SP, Brasil

Sander, Roberto
   1968 : quando a Terra tremeu / Roberto Sander. -- 1. ed. -- São Paulo : Vestígio, 2018.

   ISBN 978-85-8286-437-1

   Bibliografia

   1. História moderna - 1968 2. História moderna - Século 20 I. Título.

18-12943   CDD-909.82

Índices para catálogo sistemático:
   1. História : Século 20 909.82

A **VESTÍGIO** É UMA EDITORA DO **GRUPO AUTÊNTICA**

São Paulo
Av. Paulista, 2.073,
Conjunto Nacional, Horsa I
23º andar . Conj. 2310-2312.
Cerqueira César . 01311-940
São Paulo . SP
Tel.: (55 11) 3034 4468

Belo Horizonte
Rua Carlos Turner, 420
Silveira . 31140-520
Belo Horizonte . MG
Tel.: (55 31) 3465 4500

Rio de Janeiro
Rua Debret, 23, sala 401
Centro . 20030-080
Rio de Janeiro . RJ
Tel.: (55 21) 3179 1975

www.grupoautentica.com.br

"Se ficarmos neutros perante uma injustiça,
escolhemos o lado do opressor."

Bispo Desmond Tutu, prêmio Nobel da Paz em 1984

SUMÁRIO

11 Apresentação

Janeiro

17 Bonachão, mas nem tanto

21 Ofensiva do Tet no Vietnã

24 Coração Valente

26 *Rock* com caviar

28 A Lua é logo ali

30 Sobral defende Gregório

32 Desarmando JK

34 Fim da Corrida Nuclear?

36 Tensão no Oriente Médio

37 A consagração do Rei Roberto

39 Lacerda incendiário

41 Expurgo de comunistas em Cuba

Fevereiro

47 Bandeira rebelde tremula em Hué

49 Pacificação sem anistia?

51 O menestrel no ataque

53 Brizola na mira da Frente Ampla

55 Menino prodígio bate recorde mundial

57 Natalie Wood, a antiestrela

58 Mais austeridade salarial

59 Carnaval inspirando a moda de Pucci

Março

63 Um prêmio para a eterna Leila Diniz

65 Garrincha ameaçado de prisão

66 Israel ataca o terrorismo na Jordânia

69 Fantasma de Budapeste paira sobre Praga

71 Morre um mito do espaço

74 Um tiro no Calabouço sacode o país

78 Estudantes em guerra pelo mundo

81 Brejnev ameaça intelectuais soviéticos

84 Comemoração com gosto amargo

Abril

89 Explode a revolta estudantil

92 Candelária vira praça de guerra

96 Tomba um símbolo da paz mundial

99 Frente Ampla impedida

101 O adeus a um gênio das pistas

103 Onda de protestos na Alemanha

106 Pressão contra a democracia

108 Expansão da guerrilha urbana

111 Uma odisseia no espaço

Maio

115 Ataque ao governador

117 Drama civil no Vietnã

119 Paris: rebeldia é seu nome

124 Tchecoslováquia rechaça marxismo–leninismo

125 Vietnã em busca de paz

128 O gênio brasileiro dos transplantes

Junho

133 Os burgueses vermelhos

135 Mais um Kennedy assassinado

138 Estado de Sítio no Uruguai

141 O sonho de João Goulart
143 O dia da infâmia
147 No *front* do Centro do Rio
152 A Passeata dos Cem Mil

Julho

159 Atentado por engano
161 O cão não aderiu
165 Governo endurece com estudantes
166 Greve desafia o regime militar
169 Cultura agredida
171 Bispos emparedam o governo
174 Primavera de Praga sob pressão

Agosto

179 Polêmica da pílula chega ao Brasil
181 Prisão na noite de Copacabana
184 Exército fecha o cerco
186 Bardot quebrando tabus
189 Matança de baleias
192 O inverno da Primavera de Praga
197 UNB invadida pela polícia

Setembro

203 O discurso fatal
206 O canto do Passarinho
208 A visita do poeta
210 O discreto charme de Indira Gandhi
214 Portugal sem Salazar
217 Vaias para Sabiá

Outubro

223 A natureza ética do capitão "Macaco"
228 O massacre de Tlatelolco

230 A batalha da Maria Antônia
234 Golpe sobre o golpe no Peru
238 O adeus a Bandeira
241 O pesadelo de Ibiúna
244 Civilização é alvo do terror
246 Tragédia no Dia do Protesto

Novembro
253 A rainha que parou o Brasil
258 Nixon chega à Casa Branca
262 General grita por liberdade
264 Casa de Dom Hélder é metralhada
266 Rebeldia alcança o Egito

Dezembro
271 O trágico fim do padre Calleri
273 Atentado ao *Correio da Manhã*
278 Câmara nega licença e a crise explode
281 AI-5 consolida o golpe
286 As "patas" sobre Lacerda
290 AI-5 condenado nos EUA
293 *Apollo 8* faz história
297 Gil e Caetano na prisão

301 **Bibliografia**

APRESENTAÇÃO

Já se foram cinquenta anos. Foi quando 1968 sacudiu o planeta com acontecimentos que mudaram a história do século XX e, por tabela, também da própria humanidade. Pelo mundo, a Guerra do Vietnã, os movimentos dos direitos civis, a Primavera de Praga e a explosiva insurreição estudantil na França. No Brasil, o assassinato do estudante Edson Luís, a luta por ensino público gratuito, a Passeata dos Cem Mil, as greves operárias, o endurecimento do regime militar e o AI-5, que anunciou os anos de chumbo e as feridas até hoje mal cicatrizadas.

Mas entre tantos episódios inesquecíveis, muitos outros marcaram o ano que o jornalista Zuenir Ventura imortalizou como aquele que "não terminou" e que fez o filósofo francês Jean-Paul Sartre confessar, tempos depois, que ainda pensava, com perplexidade, no que havia acontecido: "Nunca pude entender o que exatamente aqueles jovens queriam".

A partir desse espanto que 1968 ainda é capaz de provocar, procurei construir um novo painel daquele ano tão emblemático, não só refletindo sobre os episódios mais conhecidos, mas também garimpando histórias esquecidas pelo tempo que contribuíram para que 1968 fizesse a Terra tremer e selasse, de vez, o fim dos chamados anos dourados. Neste livro, o desenrolar dos fatos acontece ao longo de doze capítulos divididos por todos os meses do ano. Dessa forma, de janeiro a dezembro, fui me deparando com um ano muito mais pujante e original do que podia imaginar.

É uma viagem no tempo que nos leva, de uma hora para outra, da Ofensiva do Tet, na Guerra do Vietnã, à tentativa de unir Leonel Brizola a Juscelino Kubitschek, João Goulart e Carlos Lacerda na Frente Ampla, um movimento de oposição ao governo do marechal Costa e Silva. Da África do Sul, sob o regime do Apartheid, onde o cirurgião Christiaan Barnard fazia o transplante do coração de um homem negro para um homem branco, aos Estados Unidos, que elegiam o republicano Richard Nixon à presidência e preparavam a primeira viagem do homem à Lua.

De volta ao Brasil, onde Mick Jagger, o líder dos Rolling Stones, chegava pela primeira vez ao Rio de Janeiro quase anônimo, arredio e cheio de idiossincrasias, sendo chamado pela imprensa de astro do "iê-iê-iê"; daqui direto para Cuba, que, em plena Guerra Fria, fazia, a mando de Fidel Castro, um expurgo no Partido Comunista ao expulsar diversos dirigentes que se identificavam com a linha mais moderada e menos revolucionária de Moscou. De Cuba, a viagem segue direto para o Oriente Médio, quando as hostilidades entre Israel e Egito, na recém-terminada Guerra dos Seis Dias, faziam surgir os primeiros grupos terroristas, como o *El Fatah*, fundado por Yasser Arafat, futuro líder da Organização para a Libertação da Palestina (OLP).

O giro pelo mundo chega ao Japão, onde estudantes da *Zengakuren*, a mítica organização de esquerda, enfrentavam audaciosamente a polícia de Tóquio, com seus tradicionais capacetes brancos e porretes de madeira, em violentos protestos contra a construção de um hospital para receber soldados norte-americanos feridos no Vietnã. Os ânimos estudantis andavam mesmo acirrados. Em São Paulo, o clima não era diferente da capital japonesa, e os estudantes se digladiavam na famosa Batalha da Rua Maria Antônia, na qual alunos da Faculdade de Filosofia da USP e da Universidade Mackenzie entraram em violento choque, com o saldo de vários feridos e um morto.

Por tudo isso e muito mais, 1968 acabou dando início a transformações profundas que influenciariam toda a sociedade em um brevíssimo espaço de tempo. Foi o ponto de partida para os movimentos ecológicos, feministas, das organizações não governamentais (ONGs), dos defensores dos direitos humanos, dos animais e das minorias. Mas foi também um ano que trouxe grandes decepções. Ao ver frustrados seus sonhos de "a utopia alcançar o poder", parte significativa dos jovens militantes do período se entregou ao consumo das drogas ou optou pelo caminho da violência através da luta armada.

Foi, na realidade, uma reação radical da juventude, que se sentia encurralada pelas pressões de mais de duas décadas de Guerra Fria. Uma resistência aos processos de manipulação da opinião pública por meio das grandes mídias, que funcionavam como difusores da contestada ideologia capitalista. Paralelamente, havia também rejeição ao socialismo opressivo imposto pela União Soviética aos países do Leste Europeu: "A humanidade só será feliz quando o último capitalista for enforcado nas tripas do último burocrata stalinista", garantiam os rebeldes parisienses.

As circunstâncias eram diferentes, porém a crítica continuava no mesmo tom em São Francisco: "*Make love, not war*". Em Amsterdã: "Toda autoridade é cômica". E no Rio de Janeiro, São Paulo ou Brasília, onde "Abaixo a ditadura" era o grito de revolta.

As causas do descontentamento estudantil variavam de país para país, mas em todas as esferas existiam jovens que rechaçavam a sociedade caduca que lhes era oferecida. Eles simplesmente descobriram que tinham poder e passaram a sonhar com novos valores e com uma nova ética. Não se tratava apenas de uma agitação esporádica, e sim de uma força emergente na história contemporânea. Era como se a mocidade, de acordo com o crítico literário e pensador católico Alceu Amoroso Lima, "tivesse alcançado a sua maioridade política e pedagógica".

Por outro lado, o que se via no poder constituído era a mais absoluta incapacidade de absorver as grandes novidades que se apresentavam. A "palavra" surgia como a maior arma daqueles jovens estudantes, e nela o espírito revolucionário se amparava para quebrar regras e difundir um modelo de comportamento inteiramente original. A luta política estava deflagrada. Uma guerra travada no *front* de praças e avenidas das grandes metrópoles. O mundo parecia querer virar do avesso.

Neste livro, procurei abordar, portanto, os mais diversos aspectos de 1968. Temas como política, guerra, ciência, cultura e comportamento acabam se misturando como se fizessem parte de um mesmo corpo, num tempo de mudanças avassaladoras. Os episódios vão se sobrepondo uns aos outros num ritmo alucinante, dia a dia, semana a semana, mês a mês, na sequência em que vão acontecendo. E a tentativa não foi outra senão a de buscar um entendimento ainda maior de 1968 e do seu significado como um dos períodos mais turbulentos e criativos já postos à luz da história. Não por acaso, meio século depois, ele ainda fascina, assombra, surpreende e seduz.

Roberto Sander
Primavera de 2017

1968 JANEIRO

Apesar de não ser ainda tão conhecido no Brasil em 1968, Mick Jagger, ao lado de Marianne Faithfull, se viu cercado por admiradoras no Copacabana Palace, onde ficou hospedado na sua primeira viagem ao Rio.

Página anterior:
Em muitas solenidades, o presidente Costa e Silva passou a usar trajes civis para tentar desvincular de seu governo a imagem do militarismo.

1º jan BONACHÃO, MAS NEM TANTO

O homem que comandava o Brasil naquele início de 1968 era Arthur da Costa e Silva, um marechal gaúcho, de 66 anos, ar sisudo, feições rudes e um tanto controverso. Sempre de óculos escuros, se orgulhava do uniforme militar impecável, enfeitado por fiadas de medalhas no peito, bem ao estilo de um caricatural ditador latino-americano. No golpe de 1964, se tornou ministro da Guerra quase na marra e logo se alinhou à chamada linha dura do regime, da qual se transformaria na própria personificação.

Desde então, passou a sonhar com a presidência. E se preparou para quando chegasse o momento. Durante meses, enquanto tramava nas casernas para substituir Castelo Branco, chegou a ter aulas particulares de economia, ciência política, direito constitucional e relações internacionais. Na casa de um amigo médico, em Copacabana, sentado numa carteira estilo escolar, humildemente, como bom aluno, ouvia dos professores lições importantes que o cargo exigiria. Quando tinha dúvida, não hesitava em levantar a mão para fazer perguntas.

Seu jeito simples, direto, sem rodeios, em alguns momentos intransigente, lhe trazia desafetos, mas também o fazia colher simpatias. Algumas de peso. Certa vez, assessores da Casa Branca questionaram Lyndon Johnson sobre qual presidente latino-americano gostaria de ter como aliado num momento de crise. Johnson de pronto respondeu:

"Costa e Silva, aquele cara do Brasil. Quando ele te olha no olho e diz que está contigo, você sente que ele está falando sério. Seria uma companhia segura numa noite tempestuosa na escuridão."

O marechal tinha facetas marcantes. Na intimidade dos amigos, era afetuoso, considerado um bonachão. Já no trato político mostrava um lado bastante supersticioso, o que ficou demonstrado quando, numa conversa, foi alertado sobre a conveniência de, em tempos difíceis, fazer alterações no ministério. O experiente interlocutor lembrou a Costa e Silva que certa ocasião Getúlio Vargas lhe confidenciou o aspecto positivo de, eventualmente, trocar ministros. "O povo gosta e as esperanças como que se renovam", teria dito Vargas. O presidente ficou pensativo por uns instantes e logo retrucou: "O Getúlio mudou seu ministério, mas logo depois caiu. Melhor deixar como está".

Prudente na política, mas impulsivo na vida pessoal, seus passatempos prediletos não eram nada convencionais para um militar do seu prestígio: não resistia às pules de corridas de cavalos e às fichas de rodadas de pôquer. Falava-se até, à boca pequena, que já tivera surtos de depressão causados pelos prejuízos financeiros que os jogos de azar lhe haviam trazido. Na época em que era general, ainda em Porto Alegre, chegou a pensar em largar a farda, tal seu desencanto pela falta de sorte nas cartas e no jóquei que tanto gostava de frequentar. Foi dissuadido dessa ideia pelo amigo e então coronel Emílio Garrastazú Médici, que acabaria por sucedê-lo na presidência.

No Exército, Costa e Silva estava longe de ser unanimidade. Se dependesse de Castelo Branco, jamais seria seu sucessor; de Ernesto Geisel, muito menos. Este queria distância dele, assim como o irmão, o também general Orlando Geisel. A rixa começara nos primeiros dias do golpe, quando Costa e Silva demitiu Orlando Geisel da 1ª Divisão de Infantaria (Vila Militar) por ter negado um cargo a um coronel indicado por ele. Já as organizações de esquerda, por motivos óbvios, queriam, literalmente, sua caveira, tanto que, em 1966, num atentado a bomba no Aeroporto de Guararapes, no Recife, tinham tentado assassiná-lo.

O saldo da ousadia, promovida pela Ação Popular, uma das organizações de resistência à ditadura, fora desastroso: morreram o vice-almirante reformado Nelson Gomes Fernandes e o secretário do governo de Pernambuco, Edson Régis de Carvalho. Além disso, quatorze pessoas ficaram feridas, duas delas com gravidade: o guarda-civil Sebastião Thomaz de Aquino precisou amputar a perna direita, e o general Sylvio Ferreira da Silva perdeu quatro dedos da mão direita, estourou os tímpanos e teve fratura exposta; Costa e Silva, no entanto, saiu ileso.

Naquela passagem de ano, o presidente causava ainda mais ira nas organizações esquerdistas, pois tratava de aprofundar, mesmo que ainda de modo discreto, métodos repressivos que estabeleciam, paulatinamente, a institucionalização da ditadura. No plano econômico, desde que assumira o poder, tentava em vão domar os problemas de um Brasil afundado em um quadro social gravíssimo, o que fazia com que o governo, cada vez mais, perdesse o apoio das classes médias urbanas que tanto haviam contribuído para o golpe. Culpava o que chamava de herança maldita do período pré-64 e minimizava o que de fato criava aquele ambiente sufocante de caos econômico e social: "Antes de tudo, cuidei para assegurar aos brasileiros a tranquilidade que reinou este ano em nosso país e permitiu que todos nós pudéssemos trabalhar com eficiência para recuperar o atraso que nos impuseram as convulsões comandadas até 1964", afirmou, em rede nacional de rádio e TV, na sua mensagem de despedida de 1967 e boas-vindas a 1968.

Mas o que impunha as agruras daquele momento eram as políticas econômicas de Castelo Branco, e não exatamente a herança deixada por João Goulart, que fora deposto havia quase quatro anos. O receituário anti-inflacionário levado a cabo pelo ministro do Planejamento, Roberto Campos, só causara recessão, desemprego e arrocho salarial, aumentando a impopularidade dos militares. Centenas de pequenas empresas foram à bancarrota, e os únicos beneficiados haviam sido grupos restritos que apoiaram o golpe: burguesia industrial e elites rurais. O incentivo aos investimentos estrangeiros no país e o incremento à produção de bens duráveis (automóveis, imóveis e eletrodomésticos) trouxeram vantagens somente às classes abastadas. Eram sonhos distantes do trabalhador comum, que só recebia migalhas e repressão.

No entanto, Costa e Silva garantia que cumprira sua missão em 1967. Assim, entrava num novo período de governo sem levar em conta as insatisfações crescentes pela presença militar no poder por tanto tempo. E não havia indício de qualquer mudança nesse quadro. Sob o pretexto da política de segurança nacional, os quartéis limitavam a ação do governo e estabeleciam sua própria agenda de prioridades, ignorando a atmosfera sufocante de crise.

A expectativa era a de como seriam as reações do marechal quando surgissem protestos mais veementes, o que, àquela altura, parecia ser uma questão de tempo. Seus auxiliares mais próximos confidenciavam que, se confrontado, não se deveria esperar reações de um bonachão ignorante e folclórico, como muitos o consideravam, e sim do capitão valente que na juventude participara da sublevação de 1922, ficando preso por seis meses num navio-presídio, e que, oito anos depois, na Revolução de 1930, marchara à frente da tropa que cercou o Palácio Guanabara para depor o presidente Washington Luís e acabar com a decadente República Velha: "O marechal é alguém que, de repente, pode dar um murro na mesa", dizia-se nos corredores do Palácio Guanabara, onde ele ainda costumava despachar com seus ministros e assessores.

Com a recente alta do dólar, a desvalorização do cruzeiro e a subida dos preços dos combustíveis, a previsão era de que o custo de vida subiria nos meses seguintes, trazendo a reboque crises e sobressaltos à nação. As medidas anti-inflacionárias consideradas bem-sucedidas do ano que findara estavam ameaçadas, e o orçamento para 1968 previa um déficit de milhões de cruzeiros antigos. Nesse novo cenário, quantos murros na mesa daria o marechal Costa e Silva? Era a pergunta a que ainda ninguém poderia responder. O ano 1968 apenas despontava no horizonte.

02 jan OFENSIVA DO TET NO VIETNÃ

Embora se arrastasse desde 1955, o conflito que sangrava o pequeno país asiático passou a ter a participação efetiva dos Estados Unidos, com o envio de tropas, apenas dez anos depois, em 1965. Até o início de 1968, apesar de alguns protestos, ainda predominava na opinião pública americana o sentimento de que esse grau de envolvimento era necessário em nome de um esforço global para barrar o avanço comunista – até ao Brasil os Estados Unidos solicitaram o envio de soldados, o que foi negado pelo governo.

Uma trégua momentânea não iludiu ninguém. Ocorria apenas por causa de um apelo do papa Paulo VI, que pedira que o primeiro dia do ano fosse inteiramente dedicado à paz mundial. Fontes oficiosas de Saigon davam conta de que o cessar-fogo, acrescido de mais 12 horas, havia sido obtido após reunião de emergência entre o embaixador norte-americano no Vietnã do Sul, Ellsworth Bunker, e o presidente sul-vietnamita, general Nguyen Van Thieu. Os vietcongues se aproveitavam dessas interrupções no conflito para se reabastecer e traçar novas estratégias.

Era um momento extremamente delicado do confronto, pois, diante das grandes perdas em emboscadas, os Estados Unidos passaram a utilizar produtos químicos que devastavam terras de cultivo e florestas, onde se entocavam soldados do exército regular norte-vietnamita e também os vietcongues, guerrilheiros da Frente Nacional para a Libertação do Vietnã (FNL), que tão bem faziam uso de táticas de guerrilha em selva. Esse tipo de intervenção, segundo reconheciam os próprios especialistas norte-americanos, traria danos que se estenderiam após o fim do conflito, com prejuízos tanto ecológicos como também para a saúde da população. A arma química mais conhecida foi o Napalm, uma mistura de gasolina com uma resina espessa da palmeira que lhe deu o nome. Em combustão, o Napalm produz temperaturas que ultrapassam mil graus e, em contato com a pele humana, queima músculos e funde os ossos, além de liberar monóxido de carbono, matando as vítimas por asfixia.

Bombardeios aéreos através de aviões de caça também eram largamente utilizados e traziam destruição à infraestrutura, flagelo e morte em massa. No entanto, nenhuma adversidade arrefecia a resistência vietcongue. A recusa em capitular era algo que impressionava e fazia parte do espírito da revolução comunista que lá se instaurara: "Se os norte-americanos querem fazer a guerra por vinte anos, então nós a faremos por vinte anos; se eles querem fazer a paz, nós faremos a paz e os convidaremos para um chá à tarde", dizia Ho Chi Minh, o presidente do Vietnã do Norte.

Assim, numa ousada ofensiva, no momento em que a trégua chegou ao fim, foi colocado em prática um plano que seria um divisor de águas na Guerra do Vietnã. Concebido pelo general Giap, visava atrair as divisões do seu oponente, o general William Westmoreland, para o interior do país. Desavisadas, as linhas de Westmoreland se viram então cercadas por um ataque surpresa. Não obstante o número pesado de perdas, os guerrilheiros ocuparam dezenas de cidades do Vietnã do Sul, inclusive Saigon, o quartel-general de Westmoreland e, embora por pouco tempo, a embaixada dos Estados Unidos, cujos funcionários tiveram que deixar o local às pressas. Esse desfecho do plano, arquitetado por várias semanas, ocorreu no dia 30 de janeiro, feriado do ano novo lunar chinês (Tet).

Daí a chamada Ofensiva do Tet possuir um forte simbolismo. Representou para os vietnamitas uma propaganda positiva sem precedentes na guerra, aumentou a confiança e autoestima dos seus combatentes e mostrou, tanto aos militares quanto à população dos Estados Unidos, que a guerra estava longe de ser vencida, ao contrário do que alardeava o governo do presidente Lyndon Johnson.

O desgaste provocado pela ofensiva foi inevitável. Na imprensa ocidental, eram veiculadas imagens chocantes de soldados norte-americanos em desespero, morrendo em grande quantidade, como também matando guerrilheiros vietcongues capturados e desarmados com tiros à queima-roupa na cabeça. A partir daí, ficou chamuscada não só a imagem de Johnson, que viu despencar a sua popularidade, fazendo com que desistisse de concorrer à reeleição, como a do comandante William Westmoreland, que acabou substituído.

Era fato que, apesar de todos os esforços, a maior potência militar do planeta estava longe de dobrar os guerrilheiros vietnamitas comunistas. Foi o início de uma série de protestos dentro dos Estados Unidos contra a guerra, que matava e feria não só inimigos em grande escala, mas também milhares de jovens norte-americanos. Esses protestos passaram a ter o apoio de grupos de esquerda que lutavam por igualdade racial e justiça social, já que norte-americanos negros ou de origem pobre eram os mais visados pelo recrutamento compulsório para lutar no Vietnã. Muitos jovens com idade para servir às Forças Armadas, como foi o caso emblemático do pugilista Muhammad Ali, preferiam ser presos a serem enviados para o palco da guerra.

Para jovens como Ali, na época com 26 anos, tudo era um mero pretexto para a imposição de uma política de força. Uma grande potência, a mais poderosa do planeta, buscava impor-se diante de um pequeno país asiático, recorrendo à argumentação frágil da luta contra o comunismo para justificar os bombardeios, os massacres e outras atrocidades: "Por que me pedem para vestir uma farda, viajar 10 mil quilômetros e matar vietcongues, se eles nada fizeram de mal para mim?", declarou o pugilista quando, em 1967, recusou-se a se alistar no exército.

A posição pacifista de grande parte da juventude resultou numa crítica implacável não só à intervenção militar, mas aos valores que os Estados Unidos queriam impor ao mundo. Passou-se a pregar a desobediência civil, e, em manifestações públicas, convocações para o serviço militar eram queimadas.

Outra forma de contestação foi o movimento hippie. Eram jovens oriundos das mais diversas classes sociais que se comportavam de uma maneira inaceitável para o norte-americano médio. Barbas e cabelos cresciam, os jeans eram rasgados e as camisas ficavam cada vez mais coloridas. Enfeitavam-se com colares, tiaras, pulseiras de couro e uma profusão de anéis. Passaram a rejeitar a sociedade de consumo, vivendo em comunidades afastadas dos centros urbanos. Tinham regras próprias de se relacionar, e o lema "Paz e Amor" (*Peace and Love*) passou a ser apregoado como uma espécie de doutrina. Essa vida alternativa, quase como consequência natural da sede que existia de experimentar novas sensações, acabou se associando ao consumo de entorpecentes, que começava com o uso da maconha e terminava no mergulho em drogas mais fortes, como a heroína e o LSD (ácido lisérgico), nas quais muitos sucumbiram.

Tornaram-se também comuns invasões e cercos a instalações universitárias que faziam pesquisa militar. Os mais radicais chegavam a glorificar os vietnamitas e acusar o exército norte-americano de representar o "imperialismo assassino". Nas manifestações de protesto, eram ouvidos slogans como "*Ho, Ho, Ho Chi Minh, NLF is gonna win*" (os vietcongues vão vencer), numa alusão ao líder revolucionário Ho Chi Minh. Era uma situação difícil de ser contornada pelo governo dos Estados Unidos, que se via incapaz de dar uma resposta às aspirações de grande parcela da juventude americana. E tudo ficou ainda mais intenso naquele janeiro de 1968, com a Ofensiva do Tet, fatídica para o governo norte-americano, mas abençoada para os tenazes vietcongues.

04 jan CORAÇÃO VALENTE

Condenado em junho de 1964 à prisão perpétua, Nelson Mandela já estava havia três anos e meio confinado a uma cela de 2,5 por 2,1 m na prisão da Ilha Robben quando um episódio mostrou que, cedo ou tarde, o Apartheid, a política de segregação racial da África do Sul, teria um fim. No cemitério da Cidade do Cabo, uma cena insólita acontecia. No sepultamento de um jovem negro pobre, no país mais racista do mundo, seis mil brancos e negros se misturavam numa comovente despedida, a maior até então vista na história da Cidade do Cabo.

Olive Haupt tinha apenas 24 anos quando morreu de um derrame cerebral. Seu coração, no entanto, era saudável e fora doado havia poucos dias para a equipe do cirurgião Christiaan Barnard, que rapidamente o implantou em Philip Blaiberg, um homem branco de 57 anos. No mesmo dia do enterro de Haupt, pela primeira vez desde a cirurgia, realizada cinco dias antes, Blaiberg, já sem a máscara de oxigênio, se alimentava com frango e legumes no hospital de Groote Schuur.

Era uma revolução na medicina. Pelo modo com que reagia, tudo indicava que o organismo de Blaiberg não rejeitaria o novo coração, como acontecera na primeira tentativa de implante do gênero, na qual o paciente Louis Washkansky, que recebera o coração de uma mulher branca − morta num acidente de carro também aos 24 anos −, havia morrido 18 dias depois da cirurgia. Na verdade, a causa da morte de Louis foi uma infecção pulmonar causada pela baixa imunidade de seu organismo. De todo modo, por ele ter sobrevivido por quase três semanas, Barnard já havia considerado o procedimento um sucesso.

Depois de voltar dos funerais de Haupt, ao qual comparecera acompanhado de todo o seu *staff* de médicos e enfermeiras, o professor Barnard dava uma entrevista coletiva se mostrando otimista em relação ao novo paciente. Ressaltava que a evolução do quadro de Blaiberg demonstrava que a ideia de que o coração de um negro não serviria a um branco era fruto apenas do mais puro racismo. Ao contrário, garantia que pessoas negras eram excelentes doadoras, pois muito raramente sofriam de doenças cardíacas. E terminava afirmando que o coração do operado funcionava normalmente, "com boa circulação de sangue e pulso regular". Se não ocorressem imprevistos, em três semanas pretendia dar alta para que Blaiberg voltasse para casa.

De fato, Blaiberg sobreviveu. Em duas semanas já estava de pé, andando sem ajuda de ninguém. Era algo tão extraordinário para a época que os médicos consideravam "milagrosa" a rapidez com que se recuperava. Por mais um ano e meio (exatos 594 dias), até agosto de 1969, o coração de um negro bateria no peito de um branco.

Philip Blaiberg e Olive Haupt foram símbolos de uma revolução na medicina e, por outro lado, também da vitória sobre a sordidez de uma sociedade altamente racista. Apesar do grande impacto que o transplante do coração de um negro para um homem branco gerou, Nelson Mandela, o preso 466/64 da Ilha Robben, só ficaria livre 22 anos depois, em 1990. Logo se tornaria o grande presidente de uma pacificada África do Sul.

Naquele momento, porém, Mandela ainda sofria as consequências de ter se insurgido, ainda bem jovem, contra a discriminação racial. Desde 1944, quando ajudou a criar uma liga juvenil, ele passou a denunciar a contradição de dois milhões de brancos dominarem e subjugarem oito milhões de negros. Pouco a pouco, foi ganhando popularidade, tornando-se o principal porta-voz no combate ao Apartheid. Mandela tinha com certeza um coração que serviria a qualquer branco: saudável e valente como poucos.

08 jan ROCK COM CAVIAR

No limiar de 1968, o líder dos Rolling Stones, Mick Jagger, embora já tivesse emplacado o eterno sucesso *Satisfaction*, ainda não era muito conhecido no Brasil. No dia 5 de janeiro, chegou quase anônimo ao Rio para uma temporada de duas semanas de férias. No início foi praticamente ignorado pela imprensa, ao contrário do que havia acontecido com Brigitte Bardot quatro anos antes, quando chegou a ameaçar voltar à França, tal o assédio que sofrera desde o primeiro momento em que pisara em solo brasileiro. Acabou não cumprindo a ameaça, mas foi se refugiar em Búzios, na época uma pacata vila de pescadores.

Jagger estava acompanhado da primeira mulher, a cantora Marianne Faithfull, e só foi descoberto porque os hóspedes e vizinhos do Copacabana Palace desconfiaram que aquele rapaz de cabelos longos, vinte e poucos anos (completaria 25 em abril) e roupas extravagantes devia ser alguém famoso. Só depois de quatro dias os jornais deram a notícia da presença de Jagger no Rio e, mesmo assim, referindo-se a ele como "um hóspede muito estranho", membro de um famoso grupo inglês de "iê-iê-iê". A menção hoje soa até como heresia, pois era o mais puro rock o que os Stones já então produziam, pregando em suas letras e em suas atitudes a quebra de todo tipo de preconceito.

A rotina de Jagger também chamou a atenção dos funcionários do hotel. Quase não saía do quarto e passava a maior parte do tempo ouvindo discos, tocando guitarra, dançando com a mulher, bebendo vodca polonesa, champanhe e comendo caviar e porções de peru à Califórnia. Ciceroneado pelo escritor Fernando Sabino, abriu exceção para conhecer o Corcovado e chamou a atenção pela calça de veludo e a camisa colorida. Na volta, acabou sendo reconhecido por um grupo de fãs, mas escapou, evitando a Avenida Atlântica e entrando no hotel pela portaria da Avenida Copacabana.

Quem ligava para seu quarto era atendido por uma secretária que avisava que Jagger estava doente e queria descanso. Mas quando levavam seus pedidos à suíte, os garçons o encontravam bem alerta, dançando e, às vezes, tocando guitarra com uma mão e comendo com a outra.

Com o passar dos dias, Jagger resolveu fazer uma incursão pela piscina do hotel. Alguns jornalistas já sabiam da sua presença no Rio e tentaram entrevistá-lo. Vestindo uma calça justa rosa e um chapéu estilo Greta Garbo, com um broche no meio, Mick, admitindo que pouco conhecia sobre o Brasil e a América do Sul, não queria muito papo. Convencido pela mulher a falar, respondia às perguntas com enorme má vontade: "O Rio só é bonito quando os jornalistas estão longe", disse sem piedade.

Cercado por jovens e senhoras curiosas, que quase se debruçavam sobre aquela figura exótica, ele continuou a destilar seu sarcástico mau humor: "Vocês conseguiram que eu descesse, mas não me impedirão de manter a boca fechada". Marianne, bem mais solícita, disse que admirava Glauber Rocha, Jorge Amado e a bossa nova.

Na época, Jagger já era uma personalidade polêmica, tendo sido processado na Inglaterra, em 1967, por uso de entorpecentes (maconha e LSD). Chegou a ser preso ao lado de Marianne, depois de uma batida policial na casa de campo de Keith Richards, onde foram encontradas substâncias ilegais e equipamentos para o consumo de drogas. Pela mesma razão, Jagger também foi preso em seu apartamento em Londres. Depois disso, passou a ser arredio e hostil com jornalistas porque, segundo ele, só queriam saber desse assunto. Era o preço que pagava por romper com comportamentos sociais arraigados. Com o passar dos anos, relaxaria. Aquela era apenas a primeira das muitas viagens que Mick Jagger faria ao Brasil. Tinha que ser em 1968.

11 jan A LUA É LOGO ALI

Havia dez anos que a corrida espacial entre Estados Unidos e União Soviética começara. Símbolo da Guerra Fria que tanto ameaçava a paz do planeta, essa disputa era um desafio que reforçava o sentimento nacionalista dos dois países e a supremacia tecnológica de um sobre o outro. A URSS saíra na frente com o lançamento, em 1957, do satélite Sputnik I. Mas após algumas tentativas fracassadas, os EUA, em 31 de janeiro de 1958, finalmente colocaram em órbita o satélite Explorer I, que mapeou os cinturões de radiação de Van Allen, que cercam a Terra como parte de sua magnetosfera.

O interesse da população norte-americana, um intenso sentimento de orgulho nacional, a atmosfera anticomunista da era do Macartismo – o senador republicano Joseph McCarthy ficou marcado por ter promovido uma intensa patrulha anticomunista em seu país – e a imperiosa busca dos Estados Unidos de manterem vantagem tecnológica se juntaram para criar a corrida espacial. Impulsionada pela competição e tensão criadas pela Guerra Fria, a disputa fez com que os norte-americanos sentissem uma emergente necessidade de se equiparar aos soviéticos em tecnologia espacial. E de superá-los o mais rápido possível.

Em 1958, o congresso norte-americano aprovou a Lei do Espaço, que deu origem à NASA. Ao mesmo tempo, a União Soviética criou uma organização parecida para seu programa espacial. O grande objetivo de ambos os programas era colocar o homem em solo lunar. Em janeiro de 1968, essa corrida ficou perto de chegar ao fim. Foi quando a *Surveyor-VII*, o mais aperfeiçoado laboratório lunar criado nos Estados Unidos, pousou suavemente na superfície da Lua e passou a enviar sinais para a Terra. Em 24 horas, transmitiu duas mil fotografias do terreno explorado.

Foi uma viagem de quase três dias, e o pouso ocorreu na cratera batizada de Tycho, em homenagem ao astrônomo dinamarquês Tycho Brahe (1546-1601). A *Surveyor-VII* foi o último laboratório da série destinada a preparar a descida histórica do homem na Lua, o que aconteceria, segundo previsões da época, em dois anos (acabou ocorrendo antes, em 16 de julho de 1969).

Era uma extraordinária máquina tecnológica que pesava uma tonelada. Seus instrumentos mais importantes eram um radar de pouso automático e um computador de voo guiado pela estrela Canopus. Os instrumentos da nave impressionavam: havia um foguete grande de combustível sólido, três foguetes pequenos de combustível líquido e um de gás frio sob pressão. Além disso, era equipada por seis micromotores, medidores de temperatura, radiadores, equipamento anti-impacto de meteoritos, um analisador atômico do solo lunar, transmissores e receptores de rádio, baterias químicas e solares e três antenas para o contato com a Terra.

Suas câmeras tinham o tamanho de uma garrafa e eram consideradas um prodígio de técnica: inteiramente blindadas, possuíam pálpebras que se fechavam durante o voo, evitando que fossem avariadas por poeira meteórica. As pálpebras também se fechavam

JANEIRO | 29

durante o pouso para evitar serem atingidas pela poeira lunar. As câmeras eram providas de lentes móveis e, como funcionavam em conjunto, tiravam fotos em 3D.

Além de preparar uma viagem tripulada, a missão da *Surveyor-VII* tinha o objetivo de estudar o material lançado para fora da cratera por um meteoro que ali se chocara havia 108 milhões de anos, o que permitiria, segundo os cientistas norte-americanos, esclarecer dúvidas essenciais sobre como se formara a Lua.

A cratera de Tycho é visível a olho nu durante a Lua cheia. Cercada por uma crista montanhosa de cerca de cem quilômetros, se eleva quatro mil metros acima do solo interno. Logo o homem estaria lá, e os Estados Unidos venceriam a corrida espacial.

14 jan SOBRAL DEFENDE GREGÓRIO

O dirigente comunista Gregório Bezerra talvez tenha sido o maior símbolo da truculência dos militares nos primeiros dias do golpe de 1964. Preso no Recife, aos 64 anos foi arrastado seminu (vestia apenas um short) por um jipe do Exército pelas ruas da cidade e depois torturado nas dependências de uma cela na Fortaleza das Cinco Pontas. Desde então, condenado a 19 anos de prisão pelo Conselho Especial de Justiça da 7ª Região Militar, estava confinado na Casa de Detenção da capital pernambucana.

Seu advogado era Sobral Pinto, que desde a ditadura do Estado Novo, corajosamente, e às vezes sem honorários, defendia vítimas do arbítrio, tal como Luís Carlos Prestes. Em janeiro de 1968, Gregório era o preso político mais antigo do país e Sobral buscava, no mínimo, reduzir-lhe a pena.

Enfático durante o julgamento, Sobral Pinto desafiou o procurador-geral da Justiça Militar, Eraldo Gueiros Leite, a provar que Gregório Bezerra tinha praticado qualquer ação com o objetivo de mudar o regime através da violência. Com sua eloquência e verve costumeira, Sobral afirmou da tribuna:

"Eu estraçalharia essa sentença se ela dissesse, concretamente, qual o crime cometido por Gregório de Bezerra. Mas a sentença fica apenas divagando, numa linguagem metafórica, em torno da palavra 'subversivo'."

E continuou sua defesa afirmando que era "até ridículo mencionar-se numa sentença, como crime praticado por Gregório, o fato de ele ter sido frequentador assíduo do Palácio das Princesas, no governo do senhor Miguel Arraes, e da Prefeitura do Recife, quando era prefeito o senhor Pelópidas Silveira. Este homem, Gregório, deveria merecer todo o respeito e consideração, porque tem caráter, bravura e diz de cabeça erguida que é comunista".

Atacando a condenação de Gregório, ainda comentou: "Eu bem sei do que é capaz a covardia humana, bem conheço os interesses políticos ante os vencidos".

Eraldo Gueiros retrucou a Sobral Pinto, acusando Gregório de Bezerra de ser responsável por toda espécie de agitações:

"Não é um criminoso nato, mas encarna bem o tipo de delinquente político. Para executar seu plano subversivo, contou com a ajuda de Miguel Arraes. Não podemos deixar esse homem solto sem ofender-dermos a consciência do nordeste, onde ele agiu criminosamente."

Nesse momento, Sobral Pinto o interrompeu em voz alta, acusando-o de ser desleal em suas acusações. Eraldo Gueiros não se abalou e, em meio a mais dois apartes de Sobral, apesar do soar da campainha do presidente do Superior Tribunal Militar, reconheceu que Gregório era "um homem de passado limpo do ponto de vista pessoal".

Foi o suficiente para o ministro Alcides Carneiro afirmar ironicamente: "Podem então soltar Gregório. Ele acabará no Largo da Paz, no Recife, contando histórias do tempo em que era sargento".

No fim das contas, os ministros, entre eles o futuro presidente Ernesto Geisel, votaram pela redução da pena de 19 para 10 anos. Como

Gregório já estava preso há quase quatro anos, ainda restariam seis anos até que ficasse livre. Isso, no entanto, aconteceu no ano seguinte, em 1969, quando ele foi para o exílio por estar na lista dos 14 presos políticos que deveriam ser soltos em troca da vida do embaixador dos Estados Unidos Charles Burke Elbrick, sequestrado no Rio de Janeiro por militantes do MR-8.

Gregório Bezerra só voltaria ao Brasil em 1979, depois da anistia política. Morreria em 1982, aos 83 anos.

18 jan DESARMANDO JK

Naquele início de 1968, apesar de todos os atos institucionais e medidas antidemocráticas, a ditadura ainda não havia se "escancarado". Falava-se até sobre a possibilidade de eleições gerais em 1970, e os adversários ainda eram tolerados. Um exemplo era a existência da Frente Ampla, um movimento que unia antigos inimigos políticos, tais como Juscelino Kubitschek, Carlos Lacerda e João Goulart (este, exilado no Uruguai). Criada em 1966 com o objetivo de lutar contra o regime militar, pregava a volta de eleições diretas, a reforma partidária, o desenvolvimento econômico com foco nacionalista e a adoção de política externa soberana e não subserviente, sobretudo aos Estados Unidos.

As notícias que vinham dos círculos políticos naquele 18 de janeiro davam conta de que a ideia do governo era esvaziar o movimento retirando dele o ex-presidente Juscelino Kubitschek. Embora tendo cassado seus direitos políticos em junho de 1964 e perseguindo-o desde então com seguidas convocações para depor sobre acusações de corrupção, os militares sabiam do peso político que JK ainda tinha.

Os acenos do governo nesse sentido vinham de diversas formas. Num programa de televisão, por exemplo, o ministro da Fazenda, Delfim Neto, enalteceu a figura de JK e elogiou o período em que ele foi presidente. Depois entrou em cena José Maria Alkmin, vice-presidente durante o governo de Castelo Branco e ainda um homem com influência em Brasília, a relembrar a importância de Juscelino e a administração desenvolvimentista que JK implementou enquanto esteve no poder.

Ao mesmo tempo, no Congresso, o vice-líder da Arena na Câmara dos Deputados, Américo de Sousa, um dos políticos mais próximos ao marechal Costa e Silva, declarava que "humanitário como era o presidente da República, poderia rever as punições impostas pela Revolução para anistiar alguns dos cassados". Não era difícil interpretar que Américo se referia especificamente a JK. Eram pequenos mimos que havia tempos o ex-presidente não recebia.

Para a surpresa geral, dessa vez, como sempre acontecia quando saía na imprensa alguma notícia a respeito de possíveis revisões de cassações, não se observou qualquer reação nas hostes militares, nem mesmo entre os apoiadores da chamada linha dura. O plano estava sendo atribuído a Magalhães Pinto, então ministro das Relações Exteriores, e teve grande receptividade por parte de Costa e Silva, com a concordância dos grupos explosivos da "Revolução".

Segundo avaliações do Planalto, o rompimento de Juscelino com a Frente – e também de Renato Archer, secretário-geral do movimento e deputado federal pelo MDB – seria suficiente para um retraimento de João Goulart, o que, automaticamente, deixaria Carlos Lacerda isolado e a própria Frente esvaziada. Mas já estava claro que a anistia de JK implicaria num compromisso seu de não se candidatar às eleições de 1970, caso se realizassem. No entanto, JK poderia participar da vida política, tanto de Minas Gerais quanto do país.

A cartada de Magalhães Pinto estava sendo estudada e, se fosse bem-sucedida, certamente o colocaria numa posição de destaque para pleitear uma candidatura à presidência ou, na pior das hipóteses, ao governo de Minas Gerais.

Eram escaramuças no jogo de xadrez político em um tabuleiro ainda minado e sujeito a mudanças repentinas.

20 jan FIM DA CORRIDA NUCLEAR?

Em tempos de Guerra Fria, a maior ameaça que pairava sobre o planeta era a eclosão de um conflito nuclear. A humanidade já havia vivido recentemente essa possibilidade. Tudo resultado da invasão da Baía dos Porcos, quando um grupo de paramilitares anticastristas, treinado pela CIA e com a supervisão das Forças Armadas americanas, tentou derrubar o governo de Fidel Castro. A tentativa fracassou e acabou gerando a chamada Crise dos Mísseis entre Estados Unidos e União Soviética, que apoiava o governo cubano.

Foram 13 dias da mais absoluta tensão (entre 16 e 28 de outubro de 1962), nos quais as duas maiores potências do mundo estiveram muito próximas de um conflito de proporções inimagináveis. Em resposta à invasão dos Estados Unidos, Cuba havia solicitado aos soviéticos o envio de mísseis para inibir outra tentativa. Um acordo foi selado numa reunião secreta entre Fidel Castro e o líder soviético Nikita Kruschev, em julho de 1962, e a construção de uma série de instalações para lançamentos de mísseis foi iniciada em setembro.

Essa movimentação acabou sendo descoberta por um avião espião da Força Aérea dos Estados Unidos. Provas fotográficas confirmaram instalações de mísseis balísticos soviéticos, fazendo com que os norte-americanos estabelecessem um bloqueio militar para impedir que novos mísseis entrassem em Cuba. Foi exigido que as armas já entregues fossem desmontadas e devolvidas à União Soviética.

Um longo período de tensas e desgastantes negociações se sucedeu até John Kennedy e Nikita Kruschev chegarem a um acordo. Os soviéticos concordaram em retirar suas armas de Cuba em troca de uma declaração dos Estados Unidos comprometendo-se a nunca mais tentarem invadir Cuba sem que fossem provocados de forma direta.

Naquele janeiro de 1968, as duas potências pareciam dispostas a um acordo definitivo para pôr fim a qualquer ameaça nuclear. No dia 20, na Conferência do Desarmamento de Genebra, Estados

Unidos e União Soviética apresentaram um projeto definitivo de tratado para evitar a disseminação de armas nucleares. Os delegados norte-americano e soviético enfatizavam que um conflito nuclear não interessava a ninguém, pois significaria a destruição de toda a humanidade.

A maior preocupação dos delegados presentes era fazer com que todas as nações subscrevessem o projeto, já que, sem esse compromisso, o risco de uma guerra nuclear se ampliaria consideravelmente pela proliferação dos armamentos nucleares em vários países. Numa das emendas do projeto, Estados Unidos e União Soviética se comprometeriam a dar assistência técnica aos demais países em pesquisas para aplicação pacífica da energia nuclear.

Existia claramente o temor de que o chamado Clube Nuclear – que incluía também a França e a China comunista – se expandisse a dez ou mais membros, o que dificultaria futuras negociações de desarmamento. Esse temor se justificava pela resistência de países industrializados como Itália, Alemanha Ocidental, Índia, Israel e Japão em abrir mão do direito de produzirem armamentos nucleares para a própria defesa, sem a garantia da suspensão completa da produção de bombas atômicas pelas potências nucleares de então.

Era uma questão complicada que exigia muita diplomacia. A Índia já declarara que não assinaria o tratado, alegando questões de segurança. Israel anunciou que só assinaria se os países árabes também assinassem. Naquela altura, os Estados Unidos contavam com a pressão da opinião pública mundial para conseguir que o máximo de países aderisse ao tratado. A maior preocupação era com relação à Alemanha Ocidental, que se mostrava reticente em concordar com os termos do acordo – isso porque a União Soviética já deixara claro que não assinaria qualquer tratado sem que os alemães ocidentais fizessem o mesmo.

Era um imbróglio que só teria solução muitos anos depois, em 1989, com a queda do Muro de Berlim, que simbolizou o fim da Guerra Fria.

24 jan TENSÃO NO ORIENTE MÉDIO

No fim dos anos 1960, a tensão entre Israel e os demais países árabes da região estava no auge. A Guerra dos Seis Dias deixou abertas feridas que jamais cicatrizariam. Foi um conflito relâmpago que começou em 5 de junho de 1967, quando Israel deu início a uma ofensiva preventiva ao perceber que o presidente do Egito, Gamal Abdel Nasser, enviara tropas para o Deserto de Sinai e pedira que os militares da ONU deixassem a região. Além disso, o líder egípcio ordenara um bloqueio no Golfo de Aqaba, o qual, por banhar terras do próprio Egito, de Israel, Jordânia e Arábia Saudita, era considerado de extrema importância estratégica.

A reação de Israel foi avassaladora. Em apenas três horas de ataque, 319 aviões do Egito tinham sido destruídos, com a perda, em contrapartida, de apenas 19 aviões israelenses. Com o domínio do espaço aéreo, logo Israel anexou Jerusalém e Cisjordânia. Mesmo com o apelo da ONU por um cessar-fogo, a guerra se estendeu até o dia 10 de junho, com a conquista, por parte de Israel, também da península do Sinai, que incluía a Faixa de Gaza e as Colinas de Golã, na Síria. Com isso, Israel aumentou em quatro vezes seu território, onde viviam 1,5 milhão de pessoas.

Apesar da curta duração, os números do conflito foram impressionantes. Os estados árabes perderam mais da metade de seus equipamentos militares e nada menos que 18 mil homens, enquanto Israel teve apenas 766 baixas. Essa derrota acachapante fez com que o presidente do Egito renunciasse, e que uma onda incontrolável de ódio dos países da região ao estado de Israel começasse. Até países que não se envolveram no conflito passaram a enxergar os israelenses como inimigos, usando inclusive a religião islâmica nessa luta.

Por causa da guerra, os palestinos começaram a fugir de suas casas, aumentando o número de refugiados na Jordânia e em outros países fronteiriços, principalmente o Líbano. O conflito deu origem a

350 mil refugiados, que passaram a atacar, isoladamente e de forma localizada, o estado de Israel, desde a Cisjordânia, Faixa de Gaza até ao sul do Líbano. Tudo com o apoio bélico de países muçulmanos como o Iraque e o Irã, entre outros.

As maiores consequências viriam naquele início de 1968, na cidade do Cairo, depois de uma conferência convocada pelo grupo *El Fatah*, fundado por Yasser Arafat, que no ano seguinte se tornaria presidente da Organização para a Libertação da Palestina (OLP). Nesse encontro, em 24 de janeiro, oito grupos terroristas árabes da Palestina anunciaram que, mesmo sem conseguir unir suas forças em torno de uma só organização, iriam intensificar suas atividades contra Israel. O porta-voz da conferência afirmou que os líderes guerrilheiros rejeitaram qualquer solução política para a crise do Oriente Médio. Ficou decidido então que a guerrilha usaria de mais força até "a liquidação completa dos estrangeiros da Palestina e a devolução da terra usurpada".

Com esse objetivo, foram criados três subgrupos de operações terroristas, que agiriam separadamente, mas coordenados por um conselho militar. Os desdobramentos viriam, num futuro próximo, em ataques não só a Israel, mas também a países que lhe davam apoio tático, bélico e financeiro. A tensão não tinha fim e se estende até os dias de hoje.

28 jan A CONSAGRAÇÃO DO REI ROBERTO

Um dos recordistas de venda de discos em todo o mundo, Roberto Carlos foi um dos homenageados do II Mercado Internacional do Disco, evento realizado na glamorosa cidade francesa de Cannes. Ao lado de astros e estrelas do *show business* internacional — tais como Frank Sinatra, Beatles, Petula Clark e Herb Alpert & Tijuana Brass —, Roberto Carlos recebeu o Oscar do Disco. Foi uma festa com direito a um show transmitido ao vivo para 50 milhões de espectadores. Além de Roberto Carlos, Elis Regina foi apresentada ao público europeu, agradando tanto que acabou fechando um contrato para uma temporada, no início de março, no Teatro Olympia de Paris.

Na festa em Cannes estavam presentes três mil convidados especiais, representantes de 38 países, 550 jornalistas e 54 gravadoras norte-americanas (que equivaliam a 54% da produção musical mundial). Cerca de 18 milhões de dólares em negócios foram registrados ali. Era o momento do grande *boom* da indústria fonográfica mundial. Um evento dessa magnitude servia para reafirmar o crescimento de um mercado que já produzia, anualmente, um bilhão de discos. Receber um prêmio dessa importância era o coroamento de uma trajetória que, no Brasil, já dava a Roberto Carlos status de rei.

Desde 1963, sua carreira havia decolado com os grandes sucessos *Splish Splash* e *Parei na Contramão*. No ano seguinte, o cantor emplacou o LP *É proibido fumar*, que, além da faixa-título, trazia o hit *O calhambeque*. Era o nascimento da Jovem Guarda.

Em 1965, Roberto Carlos já tinha seu próprio programa de televisão, o Jovem Guarda, que ele apresentava ao lado de Erasmo Carlos e Wanderléia na TV Record. Sucessos como *Querem acabar comigo, Quando, Por isso corro demais, A namoradinha de um amigo meu, Eu te darei o céu, Como é grande o meu amor por você* e *Eu sou terrível* se sucederam. Foi lançada a canção *Quero que vá tudo pro inferno*, considerada um marco na carreira do cantor, colocando-o na condição de fenômeno musical no Brasil. Logo Roberto estaria no cinema, com o filme *Roberto Carlos em ritmo de aventura*, que bateu recorde de bilheteria no cinema nacional.

A consagração, em Cannes, como um dos artistas que mais vendiam discos no mundo foi uma consequência natural. A participação, logo depois, no Festival de San Remo, na Itália (de 5 a 9 de março) apenas reafirmou seu talento. Com a música *Canzone per te*, Roberto Carlos venceu o festival, o que fez com que sua carreira decolasse definitivamente também no exterior. A façanha foi ainda maior por ter sido o primeiro estrangeiro a vencer o tradicional festival, que era promovido desde 1951; ficou em segundo lugar ninguém menos que Ornella Vanoni, a maior estrela da música italiana na época e que, posteriormente, gravaria músicas de Roberto.

Na volta ao Brasil, foi recebido por uma multidão de dez mil pessoas – a grande maioria de mulheres – no aeroporto de Congonhas, em São Paulo, cidade onde morou de 1965 a 1978. O tempo trataria de comprovar que sua explosão como cantor e compositor não era um fenômeno momentâneo. Ao longo das décadas seguintes, Roberto Carlos mudou de estilo – passou a ser um cantor basicamente romântico –, mas continuou a arrebatar seus fãs e a vender milhões e milhões de discos.

28 jan LACERDA INCENDIÁRIO

O estilo combativo de Carlos Lacerda era o grande calcanhar de Aquiles do regime militar. Disposto a dar fim ao governo que ajudara a chegar ao poder e proibido de falar em rádio ou TV pelo Conselho de Segurança Nacional, Lacerda fazia várias incursões pelo país tentando fortalecer a Frente Ampla, e sempre com críticas pesadas ao presidente Costa e Silva e seus auxiliares mais diretos. Num evento em São Paulo, no qual paraninfou uma turma de formandos da Faculdade de Ciências Econômicas da Fundação Alvares Penteado, afirmou que o Brasil era um país em que "para combater a alegada corrupção de alguns se converte a corrupção em instituição permanente e inatacável".

Talvez como forma de intimidação, o governo naquele mesmo dia colocou tropas nas ruas do Rio de Janeiro, interditando inclusive todo o trecho da praia do Arpoador, desde a Rua Francisco Otaviano até os fundos do Forte Copacabana. Os banhistas estranharam e, sobretudo, os surfistas reclamaram, mas os soldados, empunhando carabinas, numa cena insólita, iam até a areia para solicitar que as pessoas se afastassem. Alegavam, segundo os jornais noticiaram, que a presença de banhistas naquela área "atentava contra a segurança nacional". Já

JANEIRO | 39

em Santos, pouco antes de Lacerda se pronunciar, chegavam 1.300 fuzileiros navais embarcados sigilosamente do Rio.

Eram sintomas de um regime paranoico, que via ameaça à soberania nacional por toda parte. Mas o governo negava qualquer caráter político do alerta nos quartéis, garantindo que se tratava apenas de "simples prontidão técnica, de adestramento". O presidente Costa e Silva, do Palácio Rio Negro, em Petrópolis, residência de verão então usada pelos presidentes, desmentia rumores de crise político-militar. Já a oposição criticava toda essa movimentação, acusando o governo de "criar uma crise artificial, não se sabe ainda para quê".

Especulava-se que aquela movimentação militar, que afastara até banhistas da praia em pleno verão, serviria para inibir grupos radicais inclinados a, de alguma forma, punir Carlos Lacerda. Na realidade, era uma estratégia político-militar, preconizada nas Forças Armadas, de demonstração de força muito maior do que a ameaça real. Lacerda ironizava toda aquela movimentação e qualificava de "grotescos" os comentários de que ela seria motivada pela sua presença em São Paulo, "pois vão pensar que o Exército não tem mais o que fazer". E assim colocava a boca no trombone. Disposto a se encontrar com Jânio Quadros para tentar instalar a Frente Ampla em São Paulo, ele mostrava os dentes sem se intimidar. Já naquela época, com a habitual eloquência, acusava o governo de se envolver em negócios escusos com empreiteiras:

"A promiscuidade com empreiteiros, que antes provocava escândalo e reação, hoje se tornou de tal modo corriqueira que até diria existir uma espécie de competição para saber qual dos ministros janta mais com os intermediários dos contratantes de obras e serviços do Estado: o oficial que deseja ser presidente sem eleição ou o ministro que anseia por permanecer no ministério, a serviço de forças estranhas ao interesse nacional".

E completou dizendo, enfaticamente, que o militarismo estava casado com a oligarquia decadente, que o governo estava com seus dias contados e que deveria logo promover uma anistia para pacificar o país.

As palavras fortes de Lacerda mexeram com os brios no governo. E, dessa forma, justificavam a pressa em isolar o ex-governador, tirando da Frente Ampla Juscelino Kubistchek e, por tabela, também o presidente deposto João Goulart. Mesmo assim, o discurso oficial era de enfrentar a Frente Ampla no plano político, não se cogitando medidas extraordinárias. Àquela altura, porém, eram cada vez mais fortes as pressões, mesmo que ainda dispersas, no núcleo militar que dava sustentação a Costa e Silva para que fossem tomadas medidas ofensivas contra a Frente Ampla e, em especial, contra Carlos Lacerda. Havia uma contida indignação nas Forças Armadas, principalmente com uma frase de Lacerda que ficaria famosa: "Tirem as patas de cima do Brasil", disse ele sobre a ação militar pós-64.

Não foi de admirar que meses depois, tal como a Frente Ampla, Lacerda seria atingido de forma inexorável e definitiva.

30 jan EXPURGO DE COMUNISTAS EM CUBA

Ao contrário do que se imagina até nos dias de hoje, mesmo durante a Guerra Fria nem sempre as relações entre Cuba e União Soviética correram às mil maravilhas. Em muitos momentos, Havana e Moscou tiveram atritos sérios e diferenças notórias em termos de estratégia política. Foi o caso naquele fim de janeiro de 1968, quando o jornal *Granma*, órgão oficial do Comitê Central do Partido Comunista Cubano, anunciou o expurgo de onze dirigentes comunistas e dezenas de correligionários por terem posição em favor da URSS e contra a subversão armada na América Latina.

A decisão foi confirmada em pronunciamento de Raúl Castro, ministro das Forças Armadas, durante uma reunião do Comitê Central. Dessa forma, o Partido Comunista Cubano situava suas relações com o Partido Comunista Soviético num limite extremo,

JANEIRO | 41

correndo o risco de provocar uma ruptura definitiva, pois além de destituir membros pró-Moscou do partido, Cuba decidira não comparecer à Conferência dos Partidos Comunistas que seria realizada em Budapeste.

Passavam a surgir especulações sobre se a União Soviética manteria o apoio ao regime cubano, cada vez mais distante, ideologicamente, de Moscou. Valeria a pena, para os soviéticos, ter o pequeno encravo cubano nas proximidades dos Estados Unidos? – perguntavam-se os analistas internacionais, salientando que esse era um fator de grande tensão entre as duas potências.

Essas diferenças já eram sentidas desde julho de 1967, quando, durante encontro em Havana, conversações entre Fidel Castro e o primeiro-ministro soviético, Alexei Kossiguin, esbarraram num completo desentendimento sobre os rumos do comunismo. O principal ponto de divergência era a tese de revolução violenta pregada por Cuba, em contraponto à linha soviética, mais moderada. A ausência de Fidel Casto nas comemorações dos 50 anos da Revolução de Outubro de 1917 também era interpretada como um sintoma grave do desentendimento.

Fidel entendia como uma traição à memória de Che Guevara – morto nas selvas bolivianas enquanto lutava pelo comunismo – a postura contrária à subversão armada na América Latina. Mas não era só isso que justificava o expurgo dos onze dirigentes:

"Eles mantiveram uma linha favorável a Moscou, apoiaram a posição direitista do Partido Comunista Venezuelano, ofenderam o comandante Ernesto Guevara, opuseram-se a todas as medidas da Revolução e se aproximaram de autoridades e cidadãos estrangeiros, tentando conseguir que seus governos fizessem pressão política e econômica sobre Cuba", dizia o informe publicado pelo jornal *Granma*.

E mais: segundo Raúl Castro, os expurgados consideravam a partida de Che Guevara de Cuba como algo benéfico para a Revolução, e ainda diziam que ele era crítico da política soviética e um representante da China Popular. Che era tido como um trotskista pelos soviéticos.

Na verdade, as divergências entre Fidel e Moscou vinham de longa data. Desde 1953, quando Castro já tentava derrubar o ditador Fulgencio Batista, fazendo assaltos aos quartéis-generais de Moncada e Bayamo e acabando preso. Na ocasião, Fidel criticava abertamente o Partido Socialista Popular (o partido comunista cubano da época), que, segundo ele, gastava sua energia apenas para justificar seu alinhamento com Moscou. Fidel dizia nessa época que reinava no partido "mentalidade de igrejinha, de convento, que nada tinha a ver com as ideias do marxismo". As diferenças eram tão grandes que Fidel foi fortemente criticado pelo Partido Socialista Popular:

"Repudiamos os métodos putschistas[1] próprios das facções políticas burguesas, empregados na ação de Santiago de Cuba e Bayamo, que foi uma ação aventureira para apoderar-se de ambos os quartéis-generais do Exército. O heroísmo empregado pelos participantes da ação é falso e está guiado por concepções burguesas errôneas".

Mas após a vitória da Revolução Cubana tudo mudou. Eram Fidel e seus guerrilheiros que davam as cartas, encampando a posição de força como a melhor tática para alcançar o verdadeiro socialismo. Mas as antigas rusgas ficaram, e nove anos depois da Revolução vinham à tona outra vez. As desavenças eram tão sérias que Fidel, sempre destemido, chegou a afirmar que preferia católicos progressistas a fósseis marxistas. O líder revolucionário estava despachando onze deles de Cuba, no velho estilo voluntarioso do guerrilheiro de Sierra Maestra.

---

[1] Do alemão: Putsch (golpe). Ação aventureira de um pequeno grupo de conspiradores. [N.E.]

1968 | FEVEREIRO

A bela e sorridente atriz norte-americana Natalie Wood,
em um baile no Copacabana Palace, foi uma das visitantes
ilustres do Carnaval do Rio em 1968.

Página anterior:
O estilista Emilio Pucci veio ao Brasil para buscar
inspiração no Carnaval carioca.

04 fev BANDEIRA REBELDE TREMULA EM HUÉ

A surpreendente ofensiva vietcongue não cessava de repercutir em todo o mundo, deixando atônitos os chefes militares norte-americanos e o presidente Lyndon Johnson, que alardeavam que a intervenção militar dos Estados Unidos seria passageira e abreviaria o conflito no Vietnã. A sensação que se tinha era a de que, cada vez mais, seria difícil dobrar o espírito guerreiro dos guerrilheiros comunistas, que, além de se recusarem a se curvar diante de todo o poderio bélico da maior potência do planeta, mostravam capacidade de impor pesadas perdas ao inimigo.

Àquela altura, pelo sexto dia consecutivo, tropas vietcongues continuavam a avançar em vários pontos do Vietnã do Sul, atacando com foguetes a estratégica base norte-americana de Da Nang, onde destruía e avariava diversos aviões. Nas imediações, a base de Khe Sanh também era castigada, e lá se registrou a morte de um militar norte-americano, além de outros 21 feridos. Já nas margens do Rio Sông Huong (Rio dos Perfumes), travou-se uma intensa batalha, com baixas consideráveis entre os fuzileiros dos Estados Unidos, apesar do apoio da sua artilharia e de aviões sul-vietnamitas que despejavam bombas de 120 a 250 quilos. Em meio a um dilúvio de fogo, bazucas e canhões montados em veículos blindados disparavam em plena cidade, fazendo ruir construções seculares.

Era uma guerra sangrenta que não poupava ninguém. Da cidade de Thout veio a notícia chocante de que seis missionários norte-americanos (três eram mulheres), que serviam num leprosário, haviam sido mortos, tendo sido a instituição completamente destruída. O efeito psicológico dos ataques comunistas era enorme. Um comunicado militar norte-vietnamita se congratulava com as "retumbantes vitórias obtidas pelos vietcongues na sua última ofensiva, pois elas são grande estímulo para nossa vontade de combater".

O símbolo maior das vitórias no *front* era a bandeira dos rebeldes vietcongues tremulando na cidade histórica de Hué. Localizada a 640 quilômetros de Saigon, próxima à zona desmilitarizada que dividia os dois Vietnames, Hué tinha um passado de glórias. Em 1963, o movimento budista local teve vital importância para a derrubada do ditador Ngo Dinh Diem, que acabou executado pelos insurgentes. Três anos depois, uma rebelião encabeçada por uma frente de estudantes e budistas obrigou o governo de Saigon a apressar a realização de eleições. Um ano antes, em 1965, esses mesmos estudantes desfilaram em passeata em frente ao consulado norte-americano com cartazes que pediam a neutralidade dos Estados Unidos como solução para a guerra.

Hué, portanto, não vivia apenas da lembrança do tempo em que era a capital do antigo Império Anamita. Nos anos 1960, passara a ser a capital intelectual e religiosa do Vietnã do Sul e a segunda cidade mais importante do país. Um verdadeiro bastião onde as células vietcongues eram muito bem organizadas, pois ficava na região que mais tivera influência da chamada ala esquerda do budismo. Não por acaso, foi logo recuperada do domínio dos Estados Unidos.

Jornalistas franceses retidos e depois liberados por tropas rebeldes davam conta de uma estrutura militar sofisticada com um sistema complexo de rádio e telefonia de campanha. Naquela altura, blindados circulavam o tempo todo pela cidade, os oficiais exibiam, nos uniformes, insígnias de suas patentes, e os soldados portavam lança-granadas M-79, fuzis chineses e também norte-americanos: "Trata-se de um exército notavelmente organizado", declarou a fotógrafa francesa libertada Cathérine Leroy.

Com Hué novamente nas mãos dos vietcongues, o Comitê Revolucionário de Saigon, que representava o Vietnã do Norte, num comunicado à nação, enumerava os objetivos que visava alcançar: derrotar a administração de Thieu-Kim, considerada fantoche, e instaurar um poder independente que representasse as diversas camadas da população do Vietnã do Sul; obrigar a retirada completa de tropas dos Estados Unidos do país; restabelecer a paz e edificar um Vietnã do Sul democrático, pacífico e neutro; e, ao lado da Frente de Libertação do Vietnã do Sul (Vietcongue), realizar esses objetivos.

O comunicado exortava as tropas do governo de Saigon (apoiadas pelos Estados Unidos) a aderir à população e entregar as armas às forças revolucionárias, e as tropas norte-americanas a cessar todas as operações militares. O apelo era direcionado também à população norte-americana, no sentido de apoiar essa causa e pressionar seu governo a pôr fim ao conflito.

Mesmo com a reconquista de Hué, no fim de fevereiro, pelas forças norte-americanas e sul-vietnamitas, a partir dali a opinião pública dos Estados Unidos passou a compreender que aquela guerra tinha um potencial destruidor muito maior do que se imaginava, e os protestos pelo fim da intervenção militar se intensificariam. O conflito, porém, ainda estava longe de terminar e se arrastou até 1973, com a diminuição gradual da presença militar dos EUA no Vietnã.

08 fev PACIFICAÇÃO SEM ANISTIA?

No auge daquele verão de 1968, cuja temperatura política era proporcional aos recordes de calor registrados pelos termômetros da cidade do Rio de Janeiro – as médias chegavam a 39,8° C –, uma verdadeira peregrinação de governadores subia a serra de Petrópolis, na direção do Palácio Rio Negro – residência oficial de verão da Presidência da República –, para encontros reservados com o marechal Costa e Silva. Era um momento em que a ditadura ainda abria espaço para o diálogo, procurando de algum modo disfarçar o autoritarismo que dava forma a um governo prestes a completar quatro anos no poder.

Das grandes janelas do Rio Negro, o que se via era só o deslumbramento de uma região de muito verde e de ar puro, em contraste com a atmosfera abafada que sufocava a política nacional. De lá, onde passava aqueles dias quentes, fugindo da fervura do Rio e de Brasília, Costa e Silva media cada passo que dava, ora na direção dos anseios da linha dura, ora aparentando ceder aos apelos de pacificação nacional.

O governador da Bahia, Luís Viana Filho, foi dos que estiveram com o presidente em Petrópolis. Tinha a incumbência de levar a Costa e Silva uma proposta de pacificação nacional. Mesmo que aquilo parecesse para muitos uma abstração, Luís Viana, com seu reconhecido espírito conciliador, saiu do encontro esbanjando otimismo. Disse que Costa e Silva foi extremamente receptivo à ideia, desde que fossem preservados os princípios revolucionários de 64. O governador do Sergipe, Lourival Batista, também esteve no Rio Negro, e da conversa com Costa e Silva extraiu a possibilidade de conseguir apoio de "elementos da oposição" na "grande obra que ele (Costa e Silva) estava fazendo":

"Sabemos que na oposição existem muitos nomes que gostariam de vir para o nosso lado, e não acho justo bater com a porta na cara deles", disse Batista.

Por outro lado, o jovem mas já influente vice-governador de Santa Catariana, Jorge Bornhausen, de apenas 30 anos, considerava inviável a tese de pacificação política defendida por Luís Viana. Segundo ele, a existência de dois partidos tornava impossível qualquer união sem arranhar o que ainda chamava de "sistema democrático", pois "se um deles é governo, o outro deve ser necessariamente oposição".

Peracchi Barcelos, governador do Rio Grande do Sul, era outro que não levava fé na tese de pacificação. "Pacificar o quê?", respondeu aos repórteres de prontidão no Rio Negro, emendando que não se podia pensar em pacificação sem que fosse concedida uma anistia ampla a todos os cassados pela Revolução. Da mesma forma que Bornhausen, dizia que dentro de um sistema democrático governo algum podia existir sem oposição. Mas admitia que a oposição, naquele momento, só existia nos ataques de Carlos Lacerda ao governo federal. Lacerda "faz o jogo que o MDB não faz", dizia o governador gaúcho, concluindo que "para o partido oposicionista, ter o ex-governador da Guanabara como porta-voz é uma posição cômoda". No entanto, para Barcelos, as críticas de Lacerda visavam apenas atacar, "sem qualquer intuito de ajudar a construir".

Eram nuances de um momento político ainda indefinido. Apesar de todos os atos institucionais e restrições inerentes a um estado de exceção, ainda havia a ilusão de que a democracia poderia sobreviver. Era o início de 1968, e muita água rolaria até que o golpe fatal na liberdade fosse executado. E isso certo político parecia já estar adivinhando.

09 fev O MENESTREL NO ATAQUE

Quando, em 1965, a ditadura baixou o AI-2, estabelecendo o bipartidarismo – além de manter eleições indiretas para presidente e impor eleições indiretas também para os governos estaduais –, o senador Teotônio Vilela, fiel à sua tradição udenista, optou por se filiar à Arena, partido que dava sustentação ao governo federal. Por isso, chegou a surpreender quando, naquele momento em que ainda se falava em uma tentativa de pacificação nacional, com o governador baiano Luís Viana Filho trabalhando nessa direção, ele fez, da Tribuna do Senado, um discurso extremamente crítico a Costa e Silva e seu governo.

Incisivo, Teotônio Vilela conclamava o presidente a abandonar a atitude do que chamava de "desfalecimento". Para justificar sua opinião, declarou que o Brasil havia se transformado em uma ilha com excedentes por todos os lados. Excedentes, segundo Teotônio, seriam os estudantes "que, aos milhares, não encontram lugar onde estudar". Os cientistas "que não encontram condições para trabalhar e são obrigados a emigrar". Os empreendedores "que querem construir, mas não encontram recursos nos bancos para investir". Os ministérios arcaicos, "assim tornados pelo super ministério em que foi convertido o Conselho de Segurança Nacional". E os políticos, "criaturas aceitas na atual conjuntura apenas para fazer face à conveniência da manutenção do regime".

Teotônio Villela interpretava o momento político com bastante ceticismo, considerando-o fruto de uma inépcia governamental, o que justificava o termo "desfalecimento", com o qual se referia à postura do presidente. Lembrava que a Revolução fora "um apelo cívico e que chegara a hora de não se permitir que o povo deixe de ter fé nas atividades que teriam que corresponder a ela [Revolução]".

Dizia que o conceito de segurança nacional fora "desvirtuado" e que segurança significava na verdade "um incentivo social e não o motivo primordial de todas as coisas, que subjuga as verdades essenciais de uma sociedade ao crivo de sua ociosa autossuficiência, devendo ser mantida e zelada pela sua atividade conjunta de todos os processos que conduzem ao desenvolvimento de uma nação".

Sobre o ministério de Costa e Silva, sua crítica era ainda mais ácida. Dizia que era falho, controvertido, contraditório e desigual: "A máquina estatal se mostra alienada de tudo", dizia.

Terminou seu discurso manifestando ter ainda esperança no presidente, a quem conclamava a um diálogo franco e aberto, deixando nítido que tudo dependeria apenas do próprio Costa e Silva, que, "mantendo sua atual atitude, tornará tudo ainda mais difícil".

Essas palavras se pareciam mais com a de um senador de oposição, mas refletiam a personalidade independente que marcou a trajetória de Teotônio Vilela. Naquele 1968, ele já revelava um pouco do que faria anos depois, já na década de 1970, quando foi um dos políticos que mais trabalhou pela abertura política e a volta da democracia. Desde a posse de Ernesto Geisel, em 1974, Teotônio assumira a batalha pela redemocratização, colocando-se como porta-voz dos anseios de toda a sociedade. Seus pronunciamentos no Senado eram sempre comprometidos com a normalização da política brasileira. Em abril de 1978, apresentou o chamado Projeto Brasil, que propunha várias propostas liberalizantes.

Um mês depois, aderiu à Frente pela Redemocratização, um movimento que mobilizava diversos setores comprometidos com o fim da ditadura. A ideia era lançar a candidatura do general Euler Bentes Monteiro à presidência, tendo o senador do MDB Paulo Brossard como vice. Dessa forma, se buscava unir emedebistas, militares descontentes e políticos dissidentes da Arena.

Mesmo assim, Teotônio Vilela só deixou a Arena em 1979, filiando-se ao MDB no dia 25 de abril. Nessa época, a contundência de suas críticas ao governo e a luta incansável a favor de uma anistia ampla, geral e irrestrita o levaram a presidir uma comissão mista que estudava um projeto sobre o tema. Esse trabalho foi essencial para que, em 28 de agosto de 1979, o então presidente João Batista Figueiredo promulgasse a Lei da Anistia.

Em 1983, ano da morte de Teotônio Villela, seria lançada, em sua homenagem, *Menestrel das Alagoas*, música composta por Milton Nascimento e Fernando Brant e interpretada por Fafá de Belém. Foi um grande sucesso e veio a ser o hino que embalou a campanha das Diretas Já. Nada mais justo para quem, desde os primórdios da ditadura, já se insurgia contra ela.

14 fev BRIZOLA NA MIRA DA FRENTE AMPLA

Desde que surgiram as primeiras negociações entre Lacerda, JK e Jango para a criação da Frente Ampla, Leonel Brizola se mostrara reticente. Negava-se a participar de um movimento liderado por Carlos Lacerda, considerado por ele um inimigo político em potencial. Brizola jamais esquecera os episódios protagonizados por Lacerda que determinaram a trágica morte de Getúlio Vargas, e muito menos a oposição ferrenha que o ex-governador da Guanabara exercera sobre o governo deposto em 1964. Por isso, não aceitava qualquer aproximação de João Goulart, maior herdeiro político de Vargas e vítima maior do golpe, com Carlos Lacerda.

No entanto, em meados de fevereiro, vieram à tona conversas que estariam acontecendo no sentido de atrair Brizola para o principal movimento de oposição ao regime militar. A primeira ideia era impedir que ele emitisse uma nota oficial condenando a Frente e, se possível, conseguir que concordasse em integrar a aliança oposicionista.

Àquela altura, partia de João Goulart a iniciativa de convencer Brizola, apesar de todas as diferenças políticas entre os dois. Acreditava-se que, caso fossem dadas a Brizola as garantias de que sua liderança seria respeitada, ele poderia concordar em se juntar a Jango, JK e Lacerda, o que traria, sem dúvida, mais força ao movimento, que tinha como objetivo central lutar pela redemocratização do país.

Fontes da oposição asseguravam que, naquele momento, Brizola hesitava entre lançar do Uruguai, onde estava exilado, um manifesto de hostilidade ao movimento chefiado por Carlos Lacerda ou fazer o contrário e, pragmaticamente, aderir a ele, mesmo que de forma discreta. A indecisão de Brizola era justificada pela tendência de crescimento da Frente Ampla, que acabaria por absorver parte da sua área de influência política, identificada com a linha de radicalismo revolucionário, sempre preconizada pelo ex-governador do Rio Grande do Sul. Daí a esperança de Jango em conseguir dobrar Brizola.

Toda essa movimentação era assistida, com indisfarçável contrariedade, pelos militares da linha dura, que simplesmente não admitiam qualquer manobra de políticos dentro do próprio governo – como era o caso dos contatos do governador baiano Luís

Viana Filho com Costa e Silva – com o objetivo de pacificar o país. Isso significaria trazer de volta à cena política "corruptos e subversivos". Os revolucionários ortodoxos, com comando de tropa, se alarmavam com essa possibilidade e se antecipavam em declarar que não concordavam com as articulações de Luís Viana para devolver legitimidade às chamadas "áreas de oposição à Revolução", que incluíam todos os membros da Frente Ampla. Se Brizola aderisse ao movimento, então, certamente a rejeição à tese de pacificação aumentaria ainda mais.

Argumentavam que a "confraternização com o passado e o esquecimento de tudo" não deixavam de ser sintomas de "uma mecânica visando a anistia", algo intolerável naquela fase da ditadura. Não era admitido, em hipótese alguma, o perdão aos responsáveis pelo caos em que o país, segundo eles, se encontrava mergulhado até 31 de março de 1964. Não se via, portanto, no núcleo duro do governo, qualquer motivo para antecipar a anistia de quem tivera os direitos suspensos por dez anos, o que já se considerava um período breve.

Por tudo isso, a Frente Ampla não teria vida fácil, como ficaria comprovado nos meses que se seguiram daquele tão efervescente 1968.

19 fev MENINO PRODÍGIO BATE RECORDE MUNDIAL

O relógio da velha piscina do Clube de Regatas Guanabara, no Rio de Janeiro – onde, em 1939, Maria Lenk batera o recorde mundial dos 400 metros nado peito –, marcava 19h15 quando o locutor oficial do Campeonato Sul-Americano de Natação anunciou: "Aos seus lugares". Seguiu-se um completo silêncio entre os quase dois mil espectadores presentes e, logo depois, o tiro de largada. Da raia cinco partiu o jovem paulista Sylvio Fiolo (17 anos, 1,78 m e 75 kg), nadador do Botafogo, para tentar bater o recorde mundial de 1m06s7 nos 100 metros nado peito, que pertencia ao russo Vladimir Kosinski.

A saída não foi perfeita. Mas, depois do mergulho, quando voltou à tona seis metros adiante, Fiolo começou sua série de firmes e bem coordenadas braçadas e pernadas, passando pelos primeiros 25 metros com o tempo 14s8. Dos 25 aos 50 metros, manteve o ritmo para passar com 31 segundos. Nos últimos 50 metros, a torcida não parava de gritar: "vai, Fiolo!". E o nadador seguia em ritmo frenético. Quando avançou para os últimos 25 metros seu tempo era de 48s, uma parcial que fazia antecipar o recorde.

Com um estilo puro e fluido, a cinco metros do fim, o público já delirava. Ao tocar da borda da piscina, o êxtase foi completo. O cronômetro assinalava 1m06s4. Por uma diferença de três décimos de segundo, Fiolo desbancava Kosinski e era o dono da melhor marca do mundo nos 100 metros nado peito. Um feito e tanto para o nadador de um país que não dava qualquer apoio aos seus atletas e no qual tudo dependia do esforço e talento individuais.

Era também o coroamento de uma década de muito sucesso do esporte brasileiro, que passou pela conquista do bicampeonato mundial de futebol no Chile, em 1962; pelo também bicampeonato mundial de basquete, em 1963; e pelas vitórias, no tênis, de Maria Ester Bueno, em vários torneios de Grand Slam (Wimbledon, Abertos da França e da Austrália), e no boxe, do pugilista Éder Jofre, que se tornou campeão mundial, vencendo todas as lutas por nocaute.

Apesar de se transformar em um ídolo nacional do esporte, a vida de Fiolo não mudou tanto. Em vez de festas e grandes homenagens, ele saiu da piscina do Guanabara e foi ao cinema com amigos naquela noite de 19 de fevereiro de 1968. Mas seu feito foi imortalizado nas palavras de Nelson Rodrigues:

"Silêncio ensurdecedor quando Fiolo partiu. Quando entrou nas águas do Guanabara, ele transmitiu-nos a todos uma sensação de onipotência. Avançava como um deus da piscina. Sua velocidade era de vertigem."

Uma vertigem típica daquele 1968 tão cheio de surpresas.

21 fev NATALIE WOOD, A ANTIESTRELA

Sorridente, afável e belíssima, distribuindo autógrafos com muita simpatia, desembarcava no Rio de Janeiro, para uma temporada de duas semanas, a atriz norte-americana Natalie Wood. Era uma das convidadas internacionais para o Carnaval carioca de 1968. Usando uma minissaia bem acima do joelho e meias estilo colegial, Natalie aparentava ter bem menos do que seus 29 anos. Fazia bem o estilo "brotinho", tão festejado na época.

Mas por trás de tanta simplicidade estava uma atriz consagrada em Hollywood. Começara a trabalhar com apenas 5 anos e já tinha participado de quarenta produções. Para Natalie, *Amor, sublime amor* era o favorito entre seus filmes. O diretor com quem mais gostava de trabalhar era Elia Kazan, que a dirigira, ao lado de Warren Beatty, em *Clamor do sexo*. Brilhara também em *Juventude Transviada*, quando tinha apenas 17 anos, com James Dean, segundo ela, o ator que mais a impressionou na carreira.

Seu jeito doce, a voz baixa, a suavidade dos gestos encantava os repórteres que a esperavam no aeroporto. Paciente, respondia a todas as perguntas e se mostrava crítica com relação à sua condição de estrela. Para Natalie, o estrelismo e o endeusamento das grandes atrizes do cinema era um fenômeno do passado: "O público atingiu uma objetividade que não tem nada em comum com aquele espírito de admiração excessiva dos velhos tempos". E completou: "Sempre haverá atrizes de talento excepcional que serão admiradas, mas nunca mais idolatradas".

Crítica à Guerra do Vietnã, dizia que o conflito a entristecia muito e que esperava que ele terminasse o mais rápido possível. Reconheceu que não conhecia muito sobre o cinema brasileiro, mas que gostava muito da música produzida por aqui: "Sem exagero, adoro", confessou.

Completou anunciando que em breve seria lançado, no Brasil, *Juventude Violenta*, que acabara de filmar com Sidney Poitier. E assim seguiu a musa em direção ao Copacabana Palace, onde ficaria hospedada a convite do playboy brasileiro Jorginho Guinle. Pelo caminho, deixava um rastro tão grande de charme e juventude, que não poderia fazer ninguém supor o fim trágico que teria. Acabou morrendo afogada em circunstâncias misteriosas, em 1981, aos 43 anos, durante um passeio de iate, na Califórnia, com o marido Robert Wagner e seu colega de filmagem Christopher Walken. Chegou-se a aventar que sua morte poderia ter sido provocada por Wagner, mas nunca ficou comprovada essa hipótese. Seu fim ficaria, para sempre, envolto num clima de mistério que nada tinha a ver com a transparência e leveza do sorriso que trouxera ao Carnaval carioca de 1968.

23 fev MAIS AUSTERIDADE SALARIAL

Uma das principais medidas do regime militar para recuperar a economia e controlar a inflação foi impor um rígido arrocho salarial. Era o preço para que o capital estrangeiro, em fase de grande expansão, se sentisse seguro no Brasil. Uma garantia obtida através de uma massa trabalhadora silenciosa e imobilizada e da possibilidade de enviar lucros para as matrizes no exterior sem intervenção governamental e sem taxação.

Para segurar os salários, ainda durante o governo Castelo Branco, foi aplicada uma fórmula que estabelecia a reposição da inflação passada e a incorporação de parte da inflação projetada para o futuro. No cargo de presidente do recém-criado Banco Central, o jovem economista Mário Henrique Simonsen, então com apenas 30 anos, havia sido o criador desse modelo que impunha pesadas perdas aos trabalhadores, pois os cálculos do governo sempre minimizavam as projeções de inflação. Dessa forma, o arrocho foi inevitável e aliviou os custos das empresas, ajudando a conter preços e colaborando para a retomada do crescimento.

No entanto, a aplicação de uma medida tão antipopular só poderia ser possível com um implacável controle da ação dos sindicatos (só de 1964 a 1966, houve intervenção em 810 deles). Àquela altura, a Central Geral dos Trabalhadores (CGT) estava na ilegalidade e muitos líderes trabalhistas da época do governo de João Goulart estavam afastados pela repressão.

Por isso, não causou surpresa quando o novo presidente do Banco Central, Ernane Galvêas, no seu discurso de posse, em 23 de fevereiro, defendia a continuidade de uma política austera de salários: "Quando há uma inflação consentida que resulte da liberdade de política salarial ou da incontinência de gastos públicos, não é lícito esperar milagres do Banco Central".

Era o sinal de que aquele início de 1968 nada mudaria para a classe trabalhadora. Galvêas assinalava isso claramente ao afirmar que "uma das causas da inflação se originava da ação dos trabalhadores e de seus sindicatos quando estes conseguem obter aumentos de salários acima do aumento da produtividade".

Não foi de surpreender que, mesmo oprimidos, os trabalhadores em breve reagissem. Logo surgiriam os primeiros focos de insatisfação. Mesmo proibidas, as greves por melhores condições salariais colocariam em xeque essas medidas do governo. Estávamos em 1968 e a palavra de ordem, mesmo com o preço alto a ser pago, era insubordinação.

24 fev CARNAVAL INSPIRANDO A MODA DE PUCCI

Ao lado de sua bela e jovem mulher Cristina, de 29 anos, chegava ao Rio o estilista italiano Emilio Pucci, de 53 anos, criador de uma das marcas mais importantes do mundo fashion. Filho de nobres (tinha o título de marquês), ele montou no castelo da família, em Florença, a *maison* que irradiava para o mundo uma moda colorida e caleidoscópica, com formas geométricas bem definidas. Era a cara de um novo tempo, um tempo de mais vida, mais criatividade e menos sisudez. Um tempo de rupturas em todos os campos.

O objetivo principal da sua vinda ao Brasil era ver de perto o Carnaval carioca, já conhecido por toda parte do planeta como uma grande festa de cores. Tinha intenção de se inspirar nos desfiles das escolas de samba e nos bailes a fantasia para criar sua nova coleção de verão.

No encontro com a imprensa, ainda no aeroporto, trajava um terno cinza, com pespontos atrás, na altura do pescoço, para dar a impressão de golas e lapelas verdadeiras. Era um estilo sóbrio, elegante, mas sem o colorido que sua moda sugeria. Já Cristina usava uma das suas criações, em *chiffon* de Jersey, em tons amarelos, com gola alta e sem mangas. Era puro charme.

Pucci era adepto também de tendências mais sofisticadas para ambos os sexos: "A moda na Europa está ganhando mais requinte e beleza, a partir do momento em que os homens aderiram às inovações, imitando as mulheres no uso de muitas cores e detalhes. Quanto às mulheres, elas sempre foram avançadas".

Homem de grandes ideias num tempo ainda de muitas resistências às mudanças, Pucci era um defensor ferrenho da minissaia, que tanta controvérsia ainda causava. Profético, dizia: "É a roupa do futuro".

Tanto que sua última coleção, "*Young Executive*", era dedicada a jovens que ocupavam cargos de direção nas empresas: "Meus vestidos são seis centímetros acima dos joelhos. O mundo moderno não pode aceitar a maxissaia, porque ela é contra o tempo".

Do Brasil, Emilio Pucci seguiria para Nova York e de lá para a Itália, onde começaria a colocar em prática tudo o que assistiria no Carnaval do Rio: já no dia seguinte, ele conferiu a vitória da Mangueira no desfile das escolas de samba. O que já era colorido em sua moda, com certeza, se tornaria mais ainda depois dessa experiência.

Emilio Pucci viveria até 1992, quando sua filha Ludmila Pucci passaria a desenhar as coleções da marca icônica que até hoje faz sucesso.

1968 | MARÇO

Em 1968, Leila Diniz se transforma num grande nome do cinema brasileiro e num ícone da liberdade da mulher.

PÁGINA ANTERIOR:
O cosmonauta soviético Yuri Gagarin, o primeiro a viajar numa nave espacial em torno da Terra, embarcando em um SAS Scandinavian Airlines Convair 440. Sua morte, em 1968, num acidente aéreo durante um voo de treinamento, causou comoção em todo o mundo.

07 mar UM PRÊMIO PARA A ETERNA LEILA DINIZ

Símbolo maior da liberação feminina nos anos 1960, Leila Diniz seria consagrada como melhor atriz, pela atuação no filme *Todas as mulheres do mundo*, na premiação do Instituto Nacional do Cinema às melhores produções de 1967. A festa lotou o Cinema Palácio, no Rio de Janeiro, e teve como mestres de cerimônia Norma Bengell e Cyll Farney. O reconhecimento como atriz de grande talento abriria definitivamente as portas do sucesso que Leila apenas começava a fazer. Aos 22 anos, ela comprovava que não era apenas um rosto bonitinho já conhecido pelo público nas telenovelas da TV Globo. Seu destino era se transformar numa grande estrela.

Em *Todas as mulheres do mundo*, Leila contracenara com Paulo José (que também levou o prêmio de melhor ator) e fora dirigida por Domingos de Oliveira, seu primeiro marido – naquela altura já estava casada com o também cineasta Ruy Guerra. Em 2015, o filme ficou entre os 100 melhores do Brasil de todos os tempos, numa lista feita pela Associação Brasileira de Críticos de Cinema.

A partir de então, Leila começou a manifestar, com cada vez mais coragem, sua personalidade libertária, quebrando regras e tabus de uma sociedade ainda altamente conservadora. O regime militar alimentava preconceitos e começava a se sentir ameaçado por qualquer movimento que fugisse do convencional. E Leila nada tinha de convencional. Era uma mulher à frente do seu tempo, que chocaria as hostes tradicionais de um Brasil ainda com forte herança patriarcal, na qual o papel da mulher era muito diferente daquele que Leila passava a desempenhar no seu dia a dia.

Naquele mesmo 1968, aconteceriam as primeiras reuniões entre o cartunista Jaguar e os jornalistas Tarso de Castro e Sérgio Cabral para a fundação do jornal *O Pasquim*. Numa das primeiras edições, já em 1969, Leila Diniz daria uma entrevista que abalaria o Brasil. Sem papas na língua, falou abertamente sobre todos os assuntos, usando e abusando de palavrões, que na edição eram substituídos por asteriscos. Contrariando todas as normas de bons costumes de uma moça de família, escandalizou a sociedade ao declarar que a mulher "poderia muito bem amar um homem e ir para a cama com outro".

O impacto da entrevista foi tão grande que aquele número de *O Pasquim* teve a maior venda até então, superando a casa dos 200 mil exemplares. Foi o motivo que faltava para que o governo reagisse, instaurando a censura prévia à imprensa, conhecida como Decreto Leila Diniz. A partir daí, a atriz passou a ser perseguida pela polícia política (chegou a ser acusada de ter ajudado militantes de esquerda que lutavam contra a ditadura), chegando ao ponto de precisar ser escondida pelo apresentador Flávio Cavalcanti em seu sítio em Petrópolis.

Não demorou para que a TV Globo não renovasse seu contrato, sob o pretexto de que a atriz não se enquadrava na filosofia da empresa. Chegou-se a aventar que Janete Clair, a principal autora da emissora, vetava a escalação de Leila para as suas novelas com o receio de que houvesse rejeição do público por causa da imagem liberal da atriz.

Seja como tenha sido, Leila Diniz prosseguiu sua carreira – na época, passou a fazer parte do júri do Programa Flávio Cavalcanti – até morrer tragicamente, em 1972, com apenas 27 anos, num acidente de avião nas proximidades de Nova Déli, na Índia, quando voltava da Austrália, onde fora premiada num festival internacional de cinema. Morria a atriz, mas nascia o mito.

08 mar GARRINCHA AMEAÇADO DE PRISÃO

Maior responsável pelo bicampeonato mundial do Brasil em 1962, Garrincha vivia o ocaso da carreira. Aos 34 anos, já não tinha pernas para fazer gato e sapato de seus marcadores, mas sonhava em voltar a brilhar – ainda jogaria pelo Júnior de Barranquilla, Flamengo e Olaria sem qualquer destaque. Estava na casa onde morava com a cantora Elza Soares, na Lagoa Rodrigo de Freitas, quando recebeu pela imprensa a notícia de que o juiz da 6ª Vara da Família o havia condenado a três meses de prisão pelo não pagamento da pensão das oito filhas que tivera no casamento com Nair, a primeira mulher. A decisão judicial reconhecia a dívida de 2.600 cruzeiros novos e decretava a prisão imediata. Garrincha apenas desabafou:

"Meu Deus, por que fazem isso comigo? Ninguém veio me procurar, e me condenaram sem que eu saiba de nada. Pelo desquite, não preciso pagar pensão enquanto não tiver contrato profissional."

Esse era o drama vivido por um dos maiores gênios do futebol mundial, numa época em que o dinheiro ganho ao longo de uma bem-sucedida carreira profissional não era garantia de estabilidade para o resto da vida. O caso de Garrincha era ainda mais triste, pois o jogador não se conformava em ter que deixar o futebol. Assim, era o futebol que o estava deixando. Isso apenas aumentava seu problema com o alcoolismo, o que acabaria minando sua saúde e determinando sua morte em 1983, antes de completar 50 anos.

Naquele momento, a grande amargura de Garrincha era lembrar que teve a chance de ficar rico, de ganhar milhões de dólares numa transferência para o futebol italiano, quando estava no esplendor da carreira: "Mas tive essa oportunidade cortada pelos dirigentes do Botafogo, que não quiseram me vender".

Com um cigarro entre os dedos e vestindo bermudas e uma camisa olímpica, Garrincha falava aos jornalistas em tom de desabafo. A desilusão por viver aquela situação depois de 14 anos de carreira profissional o abatia tremendamente. Ainda mais naquele momento, em que acabara de ser enganado por um empresário que o contratou para fazer vários jogos na Bolívia, mas não pagou um centavo dos 17 mil cruzeiros novos prometidos. Enquanto isso, ouvida pela reportagem do jornal *O Globo*, Nair reclamava que as filhas estavam doentes e não tinha dinheiro sequer para comprar remédios: "Não torço pela prisão dele, mas a pensão deixou de ser paga há oito meses. Estou devendo dinheiro até para o armazém", disse.

Quando a prisão de Garrincha parecia iminente, os amigos se mobilizaram e o valor devido foi pago. O salvador da pátria fora o banqueiro José Luiz de Magalhães Lins, sobrinho de Magalhães Pinto e administrador do Banco Nacional de Minas Gerais, conhecido pela generosidade com que acudia personalidades nas horas difíceis. Ele foi também um grande financiador do Cinema Novo. Glauber Rocha e Cacá Diegues, por exemplo, foram alguns dos diretores que contaram com seu apoio financeiro para realizar seus filmes. O jornalista Oto Lara Resende dizia que José Lins era "o amigo certo das promissórias incertas". Já Nelson Rodrigues, numa das suas hipérboles características, falava que o banqueiro "ocupava um lugar que dá ao sujeito a visão de *Guerra e Paz*, de Balzac e de Proust".

Aliviado, Garrincha, no meio da trajetória que daria também num grande livro, escapava de ser preso. Com seu jeito maroto, comentava o final feliz daquele imbróglio com a ex-mulher: "Preso é que não poderia pagar mesmo, pois o time da penitenciária não dá bicho por vitórias".

21 mar ISRAEL ATACA O TERRORISMO NA JORDÂNIA

Numa ação relâmpago, no estilo *Blitzkrieg*, que não durou mais que 15 horas, forças israelenses cruzaram o Rio Jordão, com o apoio de tanques e aviões, e atacaram o acampamento de refugiados do Al Karama, além de três postos policiais onde se escondiam, segundo o primeiro-ministro Levi Eshkol, membros da organização terrorista *El-Fatah*. Eshkol afirmou no parlamento que seu governo não teve "outra alternativa" depois de receber a informação de que estava em andamento um plano "de grande envergadura" contra Israel.

O chefe de Estado israelense, general Haim Bar Lev, declarou que a ação militar tinha um objetivo: a destruição de bases "que permitam aos terroristas matar impunemente o nosso povo". Bar Lev garantiu que o objetivo fora plenamente atingido. Segundo ele, três bases da organização terrorista Dachal, ao sul do Mar Morto, e a mais importante base do *El-Fatah* na Jordânia foram "totalmente despejadas". Bar Lev informou que 150 terroristas foram mortos e outros foram capturados e interrogados:

"Não houve vítimas entre a população civil, e foram confiscadas importantes quantidades de armas, munições e planos de operações. Esperamos que o efeito dessa importante perda para as organizações terroristas reduza em muito as suas atividades", disse o militar israelense.

Mas a tendência, como fora firmado no encontro no Cairo em janeiro, era de que, cada vez mais, grupos terroristas intensificassem atentados contra Israel. A *El-Fatah* se mostrava uma organização estruturada e capaz de causar danos dentro do território israelense (somente em fevereiro, 37 ataques foram registrados, com mortos, feridos e destruição de propriedades). Por outro lado, qualquer contra-ataque era imediatamente interpretado pelos radicais como agressão, apesar de o governo de Israel anunciar que se tratava apenas de legítima defesa. Em resposta aos atos de terrorismo, o Exército de Israel tinha como estratégia o que chamava de "expedições punitivas". As tropas faziam rápidas incursões no território inimigo, destruíam os abrigos terroristas em ataques-surpresa e depois recuavam para as posições anteriores. Era um círculo vicioso que se iniciava e parecia não ter fim.

O drama é que esse tipo de represália não solucionava nada, mas tampouco, segundo os analistas internacionais, poderia deixar de ser aplicado. Se por um lado a opinião pública mundial irritava-se contra Israel a cada ação semelhante, por outro o governo não encontrava outra solução senão acatá-la, sob pena de ser acusado de não defender a vida e as propriedades da população. Dizia-se que, se os terroristas partissem de bases em territórios árabes ocupados por Israel, moralmente, suas ações poderiam ser justificadas. E a questão se agravava porque eles não faziam isso, e ainda se organizavam em países vizinhos a Israel, de onde partiam para o ataque.

Segundo o primeiro-ministro Levi Eshkol, houve um aviso ao rei Hussein, da Jordânia, para que se manifestasse contra o *El-Fatah*. Mas como não aconteceu nenhum movimento no sentido de agir contra os terroristas, o ataque foi autorizado. Essa complacência com a presença de grupos terroristas em território jordaniano, próximo à fronteira com Israel, se manteve, a ponto de Hussein ameaçar Israel com mais apoio aos comandos terroristas árabes. O clima de animosidade era de tal ordem que, enquanto Hussein falava com a imprensa no palácio real, na praça principal da capital, Amã, um tanque israelense apreendido em combate, com um soldado carbonizado, além de restos de equipamentos deixados pelas tropas de Israel no teatro de guerra, era exposto à visitação pública.

A influência dos grupos de resistência árabes era tão grande que acabou sendo formada na região uma frente importante da Organização para Libertação da Palestina (OLP), que logo seria criada. Era como um Estado paralelo que, através de táticas de guerrilha e terrorismo, impunha sua força, chegando a controlar diversas posições estratégicas da Jordânia, inclusive uma refinaria de petróleo próxima à cidade de Zarqa. Por trás da ofensiva árabe estavam também os interesses de Moscou, que, naquele momento, buscava expandir seu domínio no Oriente Médio. O fornecimento de armamento e a assistência técnica eram considerados uma jogada diplomática agressiva que visava estabelecer o poderio soviético no Mediterrâneo Ocidental.

Só em setembro de 1970, percebendo que sua autoridade estava ameaçada, o rei Hussein, com o apoio militar de Israel e dos Estados Unidos, enviou tropas para acabar com a influência da OLP em seu território. O episódio, marcado pela morte de milhares de militantes palestinos, ficou conhecido como Setembro Negro, o que apenas alimentou a discórdia e a beligerância no Oriente Médio. Enfraquecido,

Yasser Arafat acabou assinando um acordo no qual devolvia o controle da região a Hussein. Mas houve resistência a esse acordo por parte dos rebeldes palestinos, que só foram definitivamente expulsos da Jordânia em 1971. Refugiaram-se no Líbano, onde se fortaleceram novamente.

Tanto que, em 1972, oito terroristas palestinos treinados na Síria e no Líbano, integrantes da Organização Setembro Negro (facção da OLP), foram responsáveis por um atentado que causou a morte de onze atletas israelenses na Olimpíada de Munique. Foi mais um desdobramento trágico de tempos em que a atmosfera no Oriente Médio já tinha cheiro de pólvora.

25 mar FANTASMA DE BUDAPESTE PAIRA SOBRE PRAGA

Os ventos de liberdade que sopravam na Tchecoslováquia desde o início de janeiro começaram a incomodar profundamente o Kremlin, naquele final de março. O domínio soviético sobre o país – como ocorria em todos os do Leste Europeu desde o fim da Segunda Guerra Mundial – parecia ameaçado, tal como acontecera na Hungria em 1956. Eram os efeitos da chegada ao poder do reformista eslovaco Alexander Dubcek, que, com apoio de estudantes, da Igreja e de intelectuais, buscava conceder mais direitos à população, num movimento de redemocratização e de descentralização da economia. Eram reformas que visavam também diminuir a censura à imprensa, permitir mais liberdade de expressão ao cidadão, com o objetivo de criar uma social-democracia ou, como se dizia, "um socialismo com rosto humano".

O que se pretendia era uma espécie de "desestalinização", o que significava remover da Tchecoslováquia o culto à personalidade e ao sistema político criado pelo líder soviético Joseph Stálin. Como secretário-geral do Partido Comunista, Dubcek parecia ter todas as condições de levar a cabo esse processo, que tornaria o país mais democrático. Dubcek prometia uma revisão na constituição, a qual garantiria direitos civis aos cidadãos e acabaria com o despotismo e o autoritarismo, considerados distorções do sistema socialista, que tanto estavam entranhados na sociedade tcheca. A abertura política pregava o fim do monopólio do Partido Comunista e a livre organização partidária, com a criação de uma Assembleia Nacional que, democraticamente, reuniria os mais diversos segmentos sociais. Além de mais liberdade de imprensa, haveria um poder judiciário independente e tolerância religiosa.

Era um movimento com ampla aceitação popular que passou a ser chamado de Primavera de Praga. Reunidos em Dresden, na Alemanha Oriental, em 25 de fevereiro, políticos do Leste Europeu, liderados pela cúpula soviética, haviam mostrado claramente que não estavam nem um pouco satisfeitos com o processo de liberalização tcheca e já manobravam para manter sob controle a situação no país, ameaçando desencadear um "novo Budapeste" (intervenção militar na Hungria, em 1956, que também tentava se libertar do jugo soviético). Havia entre eles a preocupação de que a rebelião tcheca escapasse do domínio de Dubcek. Por isso, não foi surpresa a movimentação do Exército Vermelho ao longo da fronteira da Tchecoslováquia, o que era interpretado pelos jornais *Le Monde* e *Le Figaro* como indício de possível intervenção, se o novo regime de Praga de fato "afrouxasse seus laços com Moscou".

Por outro lado, naquele mesmo dia, o *Pravda*, órgão oficial do Partido Comunista soviético, se esforçava em apresentar um panorama mais otimista. Ressaltava que nem a renúncia do presidente Antonin Novotný — adversário de Alexander Dubcek e defensor da linha dura do stalinismo —, nem as manifestações estudantis antissoviéticas ocorridas na Polônia poderiam comprometer "a unidade do campo socialista". Da mesma maneira, em entrevista ao jornal francês *L'Humanité*, Drahomir Krohder, membro do Presidium do Partido Comunista tcheco, dizia que a política internacional do país continuaria baseada na aliança com a União Soviética e demais países socialistas.

Mas nada disso mudava a revolução em curso na Tchecoslováquia. Naquele fim de março, por exemplo, foi anunciada a demissão dos dois mais altos funcionários do departamento de censura no país. Foi o resultado do enfraquecimento de suas posições depois das seguidas críticas que receberam da célula do Partido Comunista a que o órgão estava subordinado.

Era um momento delicado, que trazia ao povo tcheco esperança de tempos de mais liberdade, mas também medo da reação de Moscou diante de mudanças que poderiam ser interpretadas como ameaça ao poder soviético em plena Guerra Fria. O fantasma de Budapeste pairava sobre a primavera que tomava conta de Praga.

26 mar MORRE UM MITO DO ESPAÇO

O comunicado da agência Tass percorreu o mundo com a velocidade da luz. Durante um voo de rotina em um caça MIG-15, sobre a localidade de Kirzahach, na União Soviética, morria o cosmonauta Yuri Gagarin, de 34 anos, o primeiro homem a viajar numa nave espacial em torno da Terra. A notícia causava espanto e perplexidade não só pelas circunstâncias do acidente, mas também porque Gagarin se tornara uma personalidade internacional.

Foi em 12 de abril de 1961 que o mundo ficou sabendo que o homem poderia ir ao espaço cósmico e voltar são e salvo. Na época da façanha, Gagarin tinha apenas 27 anos, e fora selecionado pelo programa espacial soviético após rigorosos testes físicos e psicológicos. Com excelente desempenho nos treinamentos e um biótipo que o ajudava a se acomodar no exíguo espaço da nave destinado ao piloto – media apenas 1,57 m e pesava 69 kg –, Gagarin ganhou de outros 19 candidatos. Sua origem camponesa também ajudou, pois, do ponto de vista dos dirigentes soviéticos, era como se ficasse comprovado que todos poderiam ser bem-sucedidos num país de regime comunista.

Prestes a embarcar para a viagem que abriria caminho para se desbravar o cosmos, Yuri Gagarin declarava:

"Queridos amigos, conhecidos e estranhos, meus conterrâneos queridos e toda a humanidade. Em poucos minutos possivelmente uma nave espacial irá me levar para o espaço sideral. O que posso dizer-lhes sobre estes últimos minutos? Toda a minha vida parece se condensar neste momento único e belo. Tudo o que eu fiz e vivi foi para isso!"

O mundo parou para acompanhar a viagem de Gagarin a bordo da *Vostok 1*, uma nave de 4,4 metros de comprimento, 2,4 metros de diâmetro e 4.725 kg. Eram dois módulos: um de equipamentos (com instrumentos, antenas, tanques e combustível para os retrofoguetes) e outro com a cápsula onde se acomodava o cosmonauta. Assim que a *Vostok 1* entrou em órbita, Gagarin observaria, com entusiasmo: "A Terra é azul. É maravilhosa, incrível".

A fantástica viagem em torno do planeta, a 315 km de altitude e velocidade de cerca de 28 mil km/h, duraria 1 hora e 48 minutos. Os diálogos de Gagarin com a torre terrestre que monitorava o voo foram todos gravados e irradiados para o mundo. Depois de quase duas horas, o cosmonauta voltou ao solo, mas quase sofreu um acidente fatal. Por causa de defeitos técnicos, a temperatura dentro da cápsula se tornou perigosamente elevada, e após a cabine girar abruptamente, Gagarin quase desmaiou: "Eu estava dentro de uma nuvem de fogo, me dirigindo para a Terra", contou o cosmonauta, que precisou saltar de paraquedas antes de a cápsula atingir o solo. Pousou tranquilamente perto do Rio Volga, ao norte da Rússia.

A façanha deu a Gagarin status de celebridade, e ele passou a viajar para divulgar a tecnologia espacial soviética. Era recebido como herói e precursor das futuras viagens interplanetárias por reis, rainhas, presidentes e multidões entusiasmadas. Esteve no Brasil ainda em 1961; passou pelo Rio de Janeiro, São Paulo e Brasília, sendo recepcionado pelo então presidente Jânio Quadros, que o condecorou com a ordem Cruzeiro do Sul. Chamado de "Embaixador da Paz", Gagarin elogiou os brasileiros pelo modo efusivo de extravasar a alegria. Em entrevista coletiva na Associação Brasileira de Imprensa (ABI), demonstrou que era, como definiram os jornais da época, "um homem simples, carismático e com valores humanistas bastante arraigados". Disse que admirava Santos Dumont e que, apesar do êxito do seu voo ter sido uma vitória da técnica soviética, ele pertencia à humanidade. Citando o poeta russo Vladimir Maiacovski, declarou que "uma só voz é muito débil para fazer a paz, mas todos reunidos podem clamar por ela".

Gagarin tornava-se, assim, uma peça-chave para a propaganda da ideologia comunista, e, por essa razão, as autoridades soviéticas, com receio de colocar sua vida em risco, preferiram não o enviar mais ao espaço. Inicialmente, além de garoto-propaganda do programa espacial e do sistema político da União Soviética, passou a trabalhar no treinamento de cosmonautas e depois de pilotos de caça dos novos MIG da Força Aérea.

Na época do acidente, a versão oficial foi bastante vaga. Afirmava apenas que o avião de Gagarin caíra por ter tentado desviar de um objeto não identificado. A repentina manobra teria feito o aparelho perder a estabilidade e descer em espiral até o solo. Apenas 43 anos depois, em 2011, nas comemorações dos 50 anos do feito de Yuri Gagarin, a verdade veio à tona. De acordo com um relatório mantido em segredo de Estado, o avião de Gagarin se acidentou pela presença, em sua rota, de um caça supersônico que estava sendo testado e desobedeceu ao seu plano de voo. Ao tentar evitar o choque, houve a desestabilização do MIG de Gagarin e a repentina queda em parafuso.

No acidente morreu também seu companheiro de voo, o instrutor Vladimir Seryogin. Ambos receberam honras de Estado e seus restos mortais, depois de cremados, foram depositados na necrópole da muralha do Kremlin, na Praça Vermelha, reconhecimento maior que um cidadão soviético poderia ter após sua morte. Lá também estão sepultados Joseph Stálin, Leonid Brejnev, Yuri Andropov e Máximo Gorki, entre outras personalidades importantes da história do país.

De todas as partes do mundo chegaram mensagens de pesar dirigidas à família de Gagarin e ao governo soviético. A que mais chamou a atenção foi a da rádio do Vaticano, que afirmou que o cosmonauta representava um "avançado posto de civilização", descrevendo-o como "um homem que pertence a todos".

O legado de Yuri Gagarin permanece vivo, e, hoje, o mítico cosmonauta dá nome a museus, centros espaciais, praças, ruas e avenidas em todo o mundo. O mesmo mundo que ele assombrou ao se tornar o primeiro homem a viajar ao espaço sideral e constatar que "a Terra é azul, incrível e maravilhosa".

28 mar UM TIRO NO CALABOUÇO SACODE O PAÍS

No Rio de Janeiro, o Restaurante Central dos Estudantes, mais conhecido como Calabouço, era um reduto estudantil tradicional, que oferecia aos estudantes refeições a preços acessíveis. Muito frequentado por eles, naturalmente, tornou-se palco de inúmeras manifestações por melhores condições de ensino e contra o regime militar.

Inaugurado em 1951, ficava no centro da cidade, bem ao lado do Aeroporto Santos Dumont. O nome Calabouço vinha dos tempos em que o local servira como prisão de escravos. Pelo menos, era o que rezava a lenda. Administrado pela União Metropolitana dos Estudantes (UME), fazia parte de um complexo que abrigava também um teatro, uma policlínica e um pequeno comércio.

Um prato no Calabouço custava apenas 50 centavos, e a comida não era muito elogiada pelos estudantes. Naquele fim de março de 1968, cada vez mais o restaurante causava indigestão – não aos estudantes, acostumados ao que era servido, e sim ao governo do presidente Costa e Silva. Com a União Nacional dos Estudantes (UNE) colocada na clandestinidade desde 1964, o Calabouço era o principal foco de resistência estudantil à ditadura. De lá partiam as grandes passeatas que desafiavam o regime.

Dos cerca de 10 mil estudantes inscritos para frequentar o local, uma boa parte vinha de outros estados, sobretudo das regiões Norte e Nordeste, numa época em que o Brasil ainda fazia a transição populacional do interior para os grandes centros urbanos. Um desses estudantes era Edson Luís, um jovem de origem humilde de Belém do Pará, que, aos 17 anos, tinha todos os sonhos do mundo. Até que uma bala atingiu em cheio o seu peito.

Eram 18h30 quando centenas de estudantes se aglomeraram no pátio do restaurante, chamado de "território livre", para protestar contra a paralisação das obras que estavam em andamento no complexo. Exibiam faixas e cartazes e bradavam contra o governo. Eles se preparavam para iniciar uma passeata até as escadarias da Assembleia Legislativa, onde pediriam apoio dos deputados às suas reivindicações. Nesse instante, surgiu uma tropa de choque da Polícia Militar para reprimir o movimento: foi a faísca que deu início a um explosivo confronto.

Como os estudantes foram impedidos de sair do Calabouço, a troca de agressões foi inevitável. Os policiais usavam bombas de efeito moral e cassetetes, e os estudantes revidavam com chuvas de pedras. Edson Luís era um dos que estavam à frente do grupo e foi detido pelos policiais. Os estudantes avançaram e conseguiram, a muito custo, libertá-lo. Quando recuaram, entretanto, foram ouvidos vários tiros. Um deles atingiu o rapaz, que tombou ensanguentado e desacordado. Na esperança de que Edson ainda estivesse vivo, os estudantes o conduziram até a Santa Casa de Misericórdia. Constatada a morte, levaram seu corpo nos braços até a Assembleia Legislativa, colocando-o sobre uma mesa no saguão. Naquela altura, com a notícia espalhada, crescia a aglomeração nas escadarias e dentro da Assembleia. Foi quando houve um novo tumulto, com os policiais lançando bombas de gás lacrimogêneo sobre a multidão. Eles só deixaram o local depois da intervenção do presidente da Assembleia Legislativa, José Bonifácio.

Imediatamente, o governador da Guanabara, Negrão de Lima, se reuniu com seu secretariado e emitiu uma nota oficial que comunicava o afastamento imediato do superintendente da Polícia Executiva do Estado, general Osvaldo Niemeyer Lisboa, a suspensão das aulas por um dia, em sinal de pesar, em todos os estabelecimentos de ensino do estado, a entrega da direção do inquérito policial a um membro do Ministério Público, a ser designado pelo procurador-geral da

Justiça, e solicitava ao Instituto dos Advogados do Brasil a indicação de um de seus membros para acompanhar todas as etapas do inquérito. Negrão de Lima ressaltava que as medidas tomadas visavam apurar responsabilidades, com rigor e isenção, para punição dos culpados.

Enquanto isso, por ordem do coronel Osvaldo Ferraro de Carvalho, comandante da corporação, todos os integrantes do Batalhão de Choque implicados no confronto com os estudantes eram presos. Já o general Niemeyer, indagado pelos repórteres por que a polícia atirara, respondeu que foi porque estava inferiorizada em "poder de fogo". E explicou: "poder de fogo é tudo aquilo que nos atinge. Jogavam pedras sobre nós".

Em Brasília, o presidente Costa e Silva lamentou a morte de Edson Luís. Tinha sido informado sobre o que acontecera pelo ministro da Justiça, Gama e Silva, que, ao lado do ministro Tarso Dutra, da Educação, viajou imediatamente ao Rio para acompanhar de perto os desdobramentos da tragédia.

No Congresso Nacional, as discussões passaram imediatamente a girar em torno do assassinato de Edson Luís. Logo foi criada uma comissão de deputados federais, que iriam à Guanabara para inteirar-se dos acontecimentos. Líderes estudantis foram ao Congresso e anunciaram greve por tempo indeterminado e assembleia permanente, de acordo com a decisão da Federação Universitária de Brasília. A mesma posição foi adotada por entidades estudantis de todo o país. Nas galerias, os discursos dos deputados de oposição que censuravam a ação policial eram aplaudidos efusivamente, a ponto de o presidente do Congresso ameaçar várias vezes mandar retirar do local os manifestantes. Por parte do governo, o deputado Último de Carvalho, conhecido pelas suas posições conservadoras, leu um texto oficioso afirmando que já estava prevista havia algum tempo a passeata dos estudantes, "empunhando bandeiras do Brasil e dos vietcongues".

No Rio, durante toda a madrugada o corpo de Edson Luís foi velado pelos estudantes. Diante do seu cadáver, com muitos exibindo a camisa manchada de sangue, discursos inflamados se sucediam. No dia seguinte, um grande cortejo fúnebre seguiu da Cinelândia até o cemitério São

João Batista, no bairro de Botafogo, onde Edson Luís foi sepultado. O clima era de forte comoção. Cansados, com os olhos vermelhos do pranto e da revolta, a voz rouca de tanto gritar nos comícios de rua, os jovens e adolescentes carregaram nos ombros o caixão de Edson Luís, coberto com duas bandeiras do Brasil: uma grande, revestindo a tampa de ponta a ponta, e outra menor, na parte dianteira.

O engarrafamento provocado pelo cortejo era imenso. Desde a Lapa até Botafogo o trânsito ficou paralisado durante mais de duas horas. Em frente ao prédio da extinta UNE houve um princípio de confusão, pois alguns manifestantes ameaçaram invadir o local. Seu ex-presidente, Vladimir Palmeira, chegou a subir numa das janelas para conclamar os estudantes a lutar pela retomada do prédio da entidade. Alguns chegaram a atirar pedras nas vidraças e tentaram arrombar a porta.

Quando começou a anoitecer, tochas foram improvisadas com folhas de jornais. Ouvia-se a multidão cantar o hino nacional, e quem morava nas redondezas afirmava que nem nos sepultamentos de Carmem Miranda e Francisco Alves havia tanta gente. No cemitério, milhares de estudantes se apinhavam entre as catacumbas aos gritos de "Abaixo a ditadura". Cartazes tinham dizeres como "Assassinos" e "Luto pela liberdade". Mas um deles, em que se lia "Podia ser seu filho", dava a dimensão exata do significado da morte do menino que deixara Belém sonhando com um futuro melhor, mas que acabaria sendo breve e trágico.

Sem uma formação política consolidada, Edson era descrito pelos amigos como um rapaz simples que gostava de falar "de futebol, música jovem e garotas". Diziam que ele havia morrido sem saber a razão. Ainda muito inexperiente, participava dos movimentos porque os objetivos lhe pareciam justos e compreensíveis: lutar por uma melhor alimentação e por preços menores. Estava no Rio havia apenas dois meses e cursava o primeiro ciclo do artigo 99 (Madureza, antigo supletivo) do Instituto Cooperativo de Ensino, onde residia. Sem ter ainda conseguido um emprego fixo, fazia faxina no Calabouço, onde por vezes também dormia. Era apenas mais um jovem brasileiro em busca de um lugar ao sol na cidade grande.

O episódio foi um divisor de águas na luta contra a ditadura que havia quatro anos tomara o poder. Dali em diante, o país não seria mais o mesmo. A morte do primeiro estudante pelo regime militar fazia emergir ódios há muito contidos. Não era um cadáver qualquer: por trás de Edson Luís estava toda uma geração de jovens com princípios democráticos aflorados, sonhando com liberdade e com um mundo mais justo. Eram tempos que não combinavam em nada com o regime de força que governava o Brasil. O choque entre as duas partes viria, cedo ou tarde. O peito baleado do jovem estudante do Calabouço apenas acelerou o embate.

29 mar ESTUDANTES EM GUERRA PELO MUNDO

Naquele fim de março, no mesmo momento em que no Brasil se sucediam protestos pela morte de Edson Luís, em vários outros países também aconteciam manifestações. Na Espanha, seis estudantes ficaram gravemente feridos e outros doze foram presos durante violentos distúrbios na Universidade de Madri, que acabou temporariamente fechada, até que os estudantes retirassem cartazes "não autorizados" contra o regime ditatorial do general Francisco Franco.

Mesmo com a mudança do regime, após a derrota do fascismo na Segunda Guerra Mundial, o generalíssimo Franco, como era conhecido, mantinha com mãos de ferro o poder, baseado em princípios conservadores, católicos e anticomunistas. Conseguiu isso graças à neutralidade da Espanha no conflito vencido pelos Aliados. Assim sendo, Franco governou alimentando o culto à sua personalidade, típico dos estados totalitários que ruíram após a guerra e que continuou a funcionar na Espanha até à morte do general, em 1975, apesar do passado de violações constantes aos direitos humanos e de resistência a movimentos de reformas democráticas.

Por isso, não foi de surpreender quando centenas de policiais com capacetes de aço e cassetetes forçaram as portas da Faculdade de Ciências

Políticas e Econômicas para entrar em confronto com cerca de 500 estudantes e muitos professores. Estes se protegiam no saguão do campus, atrás de uma imensa barricada de móveis e material escolar. A repressão policial acontecia porque os alunos empunhavam cartazes antiamericanos que anunciavam a realização de um dia de protesto contra o imperialismo. Como foram intimados a retirar os cartazes, os universitários espanhóis convocaram uma assembleia na qual denunciavam as tentativas do governo de privá-los de liberdade de expressão, de reunião e associação.

Durante as manifestações, as dependências da delegação do Sindicato Democrático – associação estudantil considerada ilegal pelo governo –, que haviam sido fechadas por um "juiz especial", foram novamente ocupadas. A ação estudantil estava articulada com frentes operárias, dispostas a desencadear uma ofensiva contra as autoridades espanholas. Enquanto os estudantes levavam adiante suas manifestações de protesto, os líderes dos trabalhadores planejavam movimentos grevistas. A invasão policial no reduto dos estudantes era apenas o resultado lógico de uma guerra de ideologias que se irradiava por todo o mundo.

No Equador, os estudantes também entraram em confronto com policiais depois do apedrejamento do Palácio Presidencial. O motivo da revolta contra o governo foi a agressão, por soldados da Escola Técnica de Engenharia Civil, a alunos da Universidade da Capital. A polícia interveio violentamente, utilizando bombas e gás lacrimogêneo e instaurando o caos no centro de Quito. Vinte pessoas, entre policiais e estudantes, acabaram feridas. Segundo observadores locais, a violência agravava a tensão no país em campanha para as eleições presidenciais.

Ainda na América do Sul, no Chile e na Venezuela também foram registrados casos de confrontos de estudantes e trabalhadores com a polícia. Em Maracaibo e Caracas, manifestações de protesto pela morte de dois funcionários da limpeza urbana durante a repressão de um movimento grevista da categoria foram dissolvidas com grande violência.

Já na Polônia, os estudantes eram advertidos pelo Partido Comunista, através do seu órgão oficial, o *Trybuna Ludu*, de que não seriam mais tolerados "agitadores de má-fé". O reitor da Universidade de Varsóvia, Stanislaw Ruski, fez um comunicado, lido nas salas de aula, garantindo que fecharia a universidade se os estudantes continuassem realizando reuniões ilegais. Eles reivindicavam mais liberdade e a readmissão de alunos expulsos por motivos políticos. As manifestações começaram com um protesto contra a censura de uma peça de teatro antissoviética. A reação do governo foi tão violenta que acabou desencadeando uma onda de protestos por todo o país.

Porém, os protestos que mais repercutiram no mundo naquele fim de março foram os que ocorreram no Japão, onde estudantes travaram uma batalha de dez horas, no centro de Tóquio, contra policiais que tentavam impedir a depredação de um hospital norte-americano que estava sendo construído para receber soldados feridos na Guerra do Vietnã. Houve nada menos que 170 prisões, e 75 policiais, 26 estudantes e nove populares ficaram feridos em consequência da verdadeira guerra provocada pela ocupação do prédio do hospital.

Os estudantes, em sua maioria, pertenciam à organização esquerdista *Zengakuren* (Federação Japonesa de Estudantes Autônomos), que, tradicionalmente, se equipava, em manifestações públicas, com capacetes protetores brancos e porretes de madeira que mediam quase dois metros. Fundada em 1948, era uma liga estudantil extremamente organizada que, num primeiro estágio, protestava contra a Guerra da Coreia.

Ao longo da década de 1960, a *Zengakuren* passou a protestar contra a interferência dos Estados Unidos no Vietnã. Em um dos casos que ficaram mais famosos, o presidente Dwight D. Eisenhower foi obrigado a cancelar uma visita ao Japão durante viagem à Ásia. Os protestos de membros da *Zengakuren* eram tão contundentes que a comitiva de Eisenhower, ao tomar conhecimento de que o aeroporto estava tomado por milhares de manifestantes, simplesmente desistiu de fazer escala em Tóquio.

As ações da *Zengakuren* ganharam o mundo, influenciando outros grupos de protesto e conseguindo apoio de personalidades como John

Lennon, que usou um capacete da organização na divulgação da canção *Power to the people*. No videoclipe da música, Lennon aparece, ao lado de Yoko Ono, em manifestações contra a Guerra do Vietnã. Na letra, Lennon dizia: "Poder para o povo agora. Diga que quer uma revolução. Melhor começarmos agora mesmo. Bem, levante-se e vá para a rua". O diretor do FBI na época, J. Edgar Hoover, considerava Lennon um extremista perigoso, e o governo Nixon fez de tudo para tentar deportá-lo.

Portanto, não foi surpresa quando, naquele final de março de 1968, em sua primeira investida, os manifestantes da *Zengakuren* romperam um espesso cordão policial e entraram no prédio do hospital por uma porta lateral, passando a destruir tudo o que podiam. Só depois de uma hora a polícia conseguiu evacuar suas dependências. A batalha, no entanto, prosseguiu pelas ruas próximas, com centenas de populares aderindo ao protesto e passando também a apedrejar os policiais. Com muito custo, apesar do grande número de feridos, os policiais conseguiram, com o lançamento maciço de bombas de gás lacrimogêneo, dispersar a multidão e efetuar prisões. Ficavam as feridas de um tempo de revoltas que sacudiam o mundo, nas quais os japoneses da *Zengakuren* se tornaram legendários.

31 mar BREJNEV AMEAÇA INTELECTUAIS SOVIÉTICOS

Desde 1964 como secretário-geral do Partido Comunista, Leonid Brejnev vivia um momento de grande sucesso no comando da União Soviética. Era o período em que o país estava no auge de sua influência geopolítica, utilizando seu imenso arsenal nuclear para trabalhar contra a expansão e influência do liberalismo pelo mundo. Mais do que nunca, os valores da Revolução Russa eram defendidos a partir da união dos países socialistas alinhados com Moscou. Agressivo na sua política externa, Brejnev não vacilava em intervir em países que julgasse ameaçar a paz mundial ou as conquistas dos ideais comunistas, o que na realidade significava a supremacia soviética em relação aos seus aliados.

A liderança fortalecida de Brejnev fora forjada na Segunda Guerra, quando ocupou a função de comissário político do Exército Vermelho, fundamental nas decisões sobre estratégias de combate. Subiu rapidamente na hierarquia militar e, em 1946, atingiu a patente de major general. Dali em diante, ocupou vários cargos de importância dentro da estrutura burocrática do Estado até substituir Nikita Kruschev no mais alto posto do Partido Comunista, em 1964.

Num momento de grande efervescência, Brejnev declarava sua preocupação com os movimentos libertários de países do Leste Europeu e com a influência negativa que intelectuais soviéticos críticos à sua política externa poderiam exercer. Num discurso bastante agressivo durante reunião do Partido em Moscou, divulgado pela imprensa mundial, ele prevenia quem ousasse se manifestar contra os interesses do comunismo: "Os renegados não podem esperar impunidade". Afirmava ainda que o povo soviético "repelia energicamente os abomináveis feitos desses enganadores que buscam apoio ocidental". A irritação de Brejnev era por causa de uma série de manifestações de estudantes, cientistas e escritores que protestavam contra a falta de liberdade de expressão e outros direitos constitucionais que não estavam sendo respeitados.

Brejnev subia o tom das ameaças porque os protestos estavam sendo divulgados no ocidente e também, através de rádios de ondas curtas, dentro da própria União Soviética. Ele lembrava que os insatisfeitos poderiam ter o mesmo destino de Andrej Sinyavsky e Yuli Daniel, escritores presos em 1966. Ambos foram acusados de trabalhar contra o comunismo por fazerem críticas que ridicularizavam o regime através de personagens de suas obras de ficção. Foram condenados a trabalhos forçados por "atividade antissoviética". Em 1967, o físico Andrei Sakharov, prêmio Nobel da Paz em 1975, chegou a apelar diretamente a Yuri Andropov, então chefe da KGB, em nome dos escritores. Sakharov foi informado de que Daniel e Sinyavsky seriam libertados sob anistia geral no cinquentenário da Revolução de Outubro – o que acabou não acontecendo, pois a anistia não se aplicou aos prisioneiros políticos.

Portanto, Brejnev estava longe de blefar. A rigidez do regime comunista com os descontentes fazia parte de uma política de Estado:

"Os que buscam autopromoção não através de trabalho em prol da nação, mas por qualquer meio duvidoso, sem repudiar os elogios dos nossos opositores ideológicos, algumas vezes caem em suas próprias redes", afirmou.

Numa outra declaração, Brejnev deixava claro o quanto era perigoso se expor politicamente numa sociedade em que os dedos-duros eram enaltecidos: "Os dirigentes da cultura e da arte que denunciaram os intelectuais dissidentes têm estado e sempre estarão junto com o Partido de Lênin". E frisou: "O imperialismo tenta debilitar a unidade política e ideológica do povo socialista apoiando-se principalmente em elementos nacionalistas e revisionistas". Brejnev concluiu dizendo que não era possível "haver coexistência no campo da ideologia".

No entanto, segundo analistas internacionais, foi surpreendente que o secretário-geral – nessa espécie de aviso aos contestadores do regime – não tivesse aproveitado a ocasião para condenar a campanha de democratização na Tchecoslováquia, o nacionalismo crescente na Romênia ou o revisionismo do comunismo na China, que vinham sendo alvo de preocupações no Kremlin.

De todo modo, ali estavam presentes todos os elementos, simbolizados pelas prisões de Daniel e Sinyavsky, do que os historiadores viriam a chamar de "nascimento do moderno movimento dissidente soviético". Não por acaso Brejnev ameaçava com tanta veemência os intelectuais que, naquele momento, se insurgiam contra o intervencionismo da política externa e a falta de liberdade de expressão. Chegaria o dia em que toda aquela opressão ruiria, mas, como morreu em 1982, o líder soviético não testemunharia essa nova realidade.

31 mar COMEMORAÇÃO COM GOSTO AMARGO

Não poderia ser pior o momento para que os militares comemorassem o aniversário de quatro anos da "Revolução". O regime se encontrava desgastado, e tudo se acirrara dramaticamente com o assassinato do jovem estudante Edson Luís. Uma onda de protestos varria o país, e dificilmente o governo se manteria de pé sem o uso da força. Por isso, naquele 31 de março, ao invés de mensagens de júbilo, o governo mandava avisar que "manteria a ordem e a lei a todo custo". Um comunicado do Serviço de Relações Públicas do Gabinete do Ministro do Exército, em Brasília, era distribuído aos comandantes dos quatro Exércitos e Comando Militar da Amazônia. No texto, ficava evidente que a intolerância ideológica seria a tônica dos novos tempos:

"O Governo está seguramente informado de que se projeta para amanhã, dia primeiro, em algumas capitais, um movimento de agitação com base em passeatas públicas de orientação nitidamente comunista, aproveitando e explorando o estado emocional da classe estudantil, legitimamente compungida com a lamentável e trágica morte ocorrida no episódio do restaurante Calabouço. O Exército, através de todos os comandos subordinados, deve estar atento e em condições para assegurar, dentro das instruções do Governo, tranquilidade à família brasileira e atividades normais da nação. Com esse objetivo, recomendo que todos os comandos de área adotem providências que os habilitem, caso necessário, a manter a todo custo ordem e lei, pelos quais são responsáveis nos limites das respectivas jurisdições. (a) General Lyra Tavares – Ministro do Exército."

Voltava o conhecido discurso que propiciara o golpe de 1964. Toda e qualquer contestação ao governo ficaria por conta do embate de ideologias que marcava o período da Guerra Fria e que servia de pretexto para a implantação de várias ditaduras na América Latina. Esse era o tom das declarações do presidente Costa e Silva no coquetel comemorativo do 4º aniversário da Revolução, que se realizava no Clube das Forças Armadas, em Brasília. O ambiente não tinha nada de festivo. Era carregado e estava impregnado de um sentimento de completa intolerância. Costa e Silva falava como um velho marechal pronto para enviar seus soldados à guerra. Não conseguia interpretar com nitidez o sentimento de revolta dos estudantes. Para ele, tudo se resumia em "agitação comunista", e garantia que nada mudaria a orientação do governo:

"Cumprimos o nosso dever e havemos de cumpri-lo à custa de qualquer sacrifício. Os agitadores pedem sangue, mas o Brasil continuará sem sangue. Ninguém mais do que nós respeita o idealismo dos estudantes, porque temos filhos, netos, e queremos que eles sejam homens dignos e jamais desordeiros e baderneiros."

O ministro da Marinha, almirante Augusto Rademaker, discursou no mesmo tom, dando ênfase à unidade nas Forças Armadas:

"Temos o dever de alertar os brasileiros, notadamente a mocidade das escolas, para o evidente trabalho de desagregação que vem sendo desenvolvido contra o nosso regime, com técnica nitidamente comunista de lançar os estudantes contra autoridades e contra os professores, insuflando e estimulando, por todos os meios, a indisciplina e o desrespeito aos órgãos governamentais."

No Congresso Nacional, os parlamentares antigovernistas reagiram às declarações dos militares e firmaram posição a favor dos estudantes. O deputado Martins Rodrigues, secretário-geral do Movimento Democrático Brasileiro (MDB), afirmava que a oposição estava solidária com a classe estudantil e, se fosse preciso, iria também às ruas engrossar os protestos que vinham sendo marcados. Entendia o deputado que era totalmente estapafúrdia a intenção do governo de reprimir as manifestações: "Se fossem permitidas, com certeza, nada de mais grave aconteceria", assegurou.

O fato é que a presença intimidadora de policiais em atos estudantis acabaria sendo combustível de mais violência. As incisivas palavras do general Jaime Portela, chefe do Gabinete Militar de Costa e Silva, no sentido de que o governo agiria com ainda mais dureza na repressão a atos de protesto, não deixavam dúvidas sobre isso. A resposta foi um manifesto à nação, que o partido oposicionista lançava naquele mesmo dia. Lido na Câmara e no Senado pelos líderes Mario Covas e Antonio Viana, respectivamente, apontava o governo federal como o responsável pelo clima de intranquilidade em que vivia o país, acusando-o de "não possuir condições morais para dialogar com a juventude estudantil".

Enquanto isso, os estudantes, sem recuar, planejavam, em vários estados, atos de repúdio à violência policial e protesto pela morte de Edson Luís. A revolta era tão latente que um escrivão da polícia e estudante de direito que almoçava no Calabouço acabou agredido e posto para correr dali, tendo ainda o rosto pintado de vermelho com a frase "Abaixo a polícia da ditadura". Estava criado um clima de completo antagonismo.

De um lado, o governo, buscando se mostrar forte e coeso para evitar qualquer risco de enfraquecimento político; de outro, os estudantes, unidos no objetivo de demonstrar que não havia legitimidade entre os militares e que eles se mantinham no poder apenas porque tinham a sustentação de um Estado repressivo e policialesco. Nas ruas, nas universidades, nos centros acadêmicos existia um sentimento consolidado de que só com luta e enfrentamento o adversário poderia ser derrotado. Acabaria sendo, mas isso demoraria e custaria centenas de vidas, como a de Edson Luís, que sucumbira no Calabouço e se tornara símbolo de resistência à ditadura que apenas começava a mostrar seus dentes mais afiados.

1968 ABRIL

Militares entram em confronto com a população que deixava a Candelária depois da missa do estudante Edson Luís.

Página anterior:
O assassinato de Martin Luther King Jr. gerou uma onda de protestos que sacudiu os Estados Unidos.

1º abr EXPLODE A REVOLTA ESTUDANTIL

A coincidência de mais um aniversário do golpe militar com o assassinato de um jovem pela polícia produziu um rastro de pólvora que fez incendiar todo o país. Rio de Janeiro, São Paulo, Goiânia, Belo Horizonte, Fortaleza foram algumas das capitais em que se verificaram grandes manifestações. Os incidentes foram inevitáveis.

Em Goiânia eram três mil estudantes nas ruas. Num clima de muitas hostilidades, um jovem de presumíveis 25 anos, que ainda não fora identificado, levou um tiro na cabeça e acabou morrendo depois de duas horas de agonia no hospital. Não se sabia se o desconhecido, com aparência de um trabalhador rural, segundo o relato dos jornais, participava do protesto ou se apenas o acompanhava. Entre os policiais, dois ficaram feridos gravemente, um deles também atingido por um tiro na cabeça. Ainda não havia a informação de onde partiram os tiros que atingiram a ambos.

Em Belo Horizonte, no centro da capital, o saldo dos conflitos foram dois policiais feridos, veículos depredados e dez estudantes presos. Em Fortaleza, manifestantes carregando cartazes contra o governo e uma faixa negra, simbolizando luto, atacaram a sede da Guarda Municipal, causando prejuízos de NCr$ 20 mil. Só em São Paulo, onde não houve proibição, não se registraram incidentes, o que fazia supor que era a repressão policial que acabava por acirrar os ânimos.

Como era de se esperar, foi no Rio de Janeiro que ocorreram os protestos mais violentos. A comoção pela morte de Edson Luís continuava viva e alimentava ainda mais a revolta estudantil. O centro da cidade se transformou num campo de batalha. Foram seis horas de muita confusão (das 17h até às 23h) até que a polícia conseguisse controlar a situação. Até às 20h30, apenas, 14 manifestantes já haviam sido atendidos no Hospital Souza Aguiar, enquanto o quartel-general da PM registrava 26 feridos entre seus homens. Cerca de duzentos manifestantes acabaram presos, fachadas de bancos foram depredadas e automóveis oficiais, virados. Segundo os relatos, eram usadas táticas de guerrilha urbana, fustigando a polícia simultaneamente em vários lugares, para dificultar a ação repressora. O trânsito se transformou em um caos, e os incidentes se alastraram até à zona sul da cidade.

Cerca de quatrocentos soldados da Polícia Militar estavam estrategicamente distribuídos em diversos pontos do Centro desde as primeiras horas da manhã. Uma grande área, que ia da Rua 13 de maio até a Praça Mahatma Gandhi, foi isolada: apenas automóveis podiam circular. Tropas de choque da PM guarneciam especialmente a Embaixada dos Estados Unidos, o restaurante Calabouço, o Ministério da Educação, a Escola de Belas Artes, o Teatro Municipal e a Assembleia Legislativa, além de boa parte da Lapa e ruas próximas à Esplanada do Castelo. Já na Cinelândia, os soldados foram distribuídos em grupos de cinco entre as alamedas das Praças Floriano e a Rua Álvaro Alvim. Estabelecimentos comerciais e cinemas de toda essa região nem chegaram a abrir. Soldados e cabos tinham bolsas com bombas de gás, e os soldados, com os coldres vazios, portavam somente cassetetes. Apenas os oficiais estavam armados. De toda maneira, era uma preparação para enfrentar uma batalha. Naquela altura, a repressão era a única forma de impedir a queda do governo, pois, politicamente, depois da morte de Edson Luís, ele estava completamente enfraquecido.

Às 17 horas em ponto começaram as escaramuças. Os manifestantes eram milhares e dividiam-se em grupos de no mínimo duzentas pessoas. Logo, na Rua do Ouvidor, armou-se um violento conflito entre policiais e manifestantes. De um lado eram atiradas pedras e, do outro, bombas de gás lacrimogêneo. Quem saía do trabalho corria em pânico, mas a maioria preferiu ficar nos escritórios até que o ambiente se acalmasse. E teriam que esperar horas, porque todo o centro do Rio se transformara em praça de guerra. Como tática para estimular ainda mais a luta, alguns organizavam comícios relâmpagos. Num deles, na Avenida Rio Branco, um estudante subiu no capô de um carro e discursou por alguns minutos: "Temos que acabar com a ditadura assassina. Precisamos de liberdade e vamos lutar por ela". E antes que a polícia chegasse, os manifestantes corriam gritando palavras de ordem.

A certa altura, depois de quase três horas de confrontos, a situação parecia fugir do controle da polícia. Por mais que fossem feitas prisões, a impressão era de que os estudantes se multiplicavam. Foi quando o governador Negrão de Lima, informado da situação caótica na cidade, autorizou o comando da Polícia Militar a liberar para as ruas o primeiro contingente armado. Mas nem isso intimidou os manifestantes, que, aos milhares, espalhados por vários pontos do centro da cidade, continuavam a protestar. Foi quando o próprio comandante-geral da Polícia Militar, o coronel Osvaldo Ferraro, telefonou para Negrão de Lima reconhecendo que não conseguira restabelecer a tranquilidade nas ruas. Ferraro aconselhava ao governador pedir auxílio ao governo federal, que ordenou, em caráter de urgência, a intervenção de tropas do I Exército. O telex do ministro da Justiça Gama e Silva era a comprovação do desespero que tomava conta das autoridades:

"Exmo. Sr. Comandante do I Exército. Tendo em vista a precipitação dos acontecimentos em diversos pontos do Estado da Guanabara, onde se sucedem os episódios de agitação que colocam em risco a ordem pública, pela qual o Ministro da Justiça é responsável direto, segundo expressa determinação do Exmo. Sr. Presidente da República, peço a V. Excelência que acione as tropas sob o seu comando para a imediata ocupação do centro da cidade. Essa providência se justifica, pois o dispositivo de segurança estadual – conforme reconhece o próprio Governador do Estado – tornou-se ineficaz diante das manifestações violentas dos perturbadores da ordem pública, fato este testemunhado pelo próprio ministro."

Homens da Divisão de Blindados passaram então a ocupar ostensivamente as ruas, e só assim, aos poucos, a situação foi controlada. O presidente Costa e Silva estava em visita oficial ao Rio Grande do Sul, inaugurando uma hidráulica e visitando Taquari, sua cidade natal, quando recebeu as notícias do que acontecera pelo Brasil afora e, principalmente, no Rio de Janeiro. O dia festivo de homenagens, com direito a salva de 21 tiros e carreata do Aeroporto Salgado Filho até o Palácio Piratini, com alunos da rede escolar aplaudindo-o ao longo do trajeto, era, àquela altura, um mundo de ilusões. No dia seguinte, Costa e Silva já estaria em Brasília para enfrentar o verdadeiro terremoto político que sacudia o país.

02 abr CANDELÁRIA VIRA PRAÇA DE GUERRA

Acuado pelos acontecimentos do fim de março e pelo protesto gigante da véspera, o presidente Costa e Silva passava a escancarar o caráter autoritário do regime militar. Os tempos de busca de diálogo e de pacificação ficavam para trás, e o que se via era uma determinação cada vez maior de mostrar força. O presidente, àquela altura, estava convencido de que a "Revolução" e seu governo chegavam ao que chamava de "uma encruzilhada vital para a sua sobrevivência". Reafirmava que "o movimento cívico de 1964 não poderia falhar, desmoralizar-se ou ser desrespeitado" e que não vacilaria em tomar qualquer atitude em defesa da "Revolução", aventando inclusive o endurecimento do regime, com a adoção de medidas de exceção, como forma de estancar a crise.

Isso significava que o governo via nos incidentes recentes "um movimento subversivo organizado", com os estudantes dominados e insuflados por agitadores. Para Costa e Silva, se não tivesse ocorrido a morte de Edson Luís outro pretexto surgiria para a ação "antirrevolucionária". As providências para resistir a qualquer ameaça, aos poucos, iam sendo tomadas. Inquéritos policiais militares (IPMs) estavam sendo abertos para investigar as manifestações ocorridas em várias cidades do país em protesto pelo crime do Calabouço. O ministro Gama e Silva, da Justiça, debatia o assunto com o governador da Guanabara, Negrão de Lima, e com os três ministros militares. Outro tema do encontro foi o manifesto divulgado pelo líder da Frente Ampla, Carlos Lacerda, repudiando a violência policial contra os estudantes e atacando o governo.

Levado ao conhecimento da imprensa depois de um almoço entre Lacerda e o ex-presidente Juscelino Kubistchek, esse manifesto causou profunda irritação no meio militar. Lacerda classificava o Exército de uma "horda que se apossou do país", constituída "de ambiciosos usurpadores" que cumpriam "a missão de Caim". Por isso, a vigilância às manobras da Frente Ampla passava a incluir a possibilidade de enquadramento de seus membros na Lei de Segurança Nacional caso algum deles participasse "das agitações".

Nesse quadro de tensão, para evitar aglomerações de estudantes, foi recomendado pelo governo o cancelamento da missa campal de sétimo dia em memória de Edson Luís. A decisão foi anunciada depois do encontro entre o cardeal D. Jayme de Barros Câmara e o presidente da Associação de Educação Católica, padre Vicente Abramo. Missas comuns, porém, foram mantidas. Mesmo assim, o Rio de Janeiro amanheceria mais policiado do que nunca. O centro da cidade estava completamente tomado por soldados da Guarda Nacional. Fuzileiros navais com uniforme de campanha, portando baionetas e metralhadoras calibre 30, ocupavam pontos-chave, principalmente a Embaixada Americana, o edifício da ABI e o pátio do MEC, onde não era permitida a presença de repórteres e fotógrafos. Também guardadas por fuzileiros navais estavam as sedes do Departamento de Ciência e Tecnologia do Exército, na Praça XV; do Estado Maior das Forças Armadas, no Palácio Monroe; e a

Escola de Marinha Mercante, na Avenida Brasil. A Faculdade Nacional de Filosofia e o Aeroporto Santos Dumont eram policiados pela Aeronáutica, e a Polícia Militar vigiava o restaurante Calabouço e a Central do Brasil. Era um regime de alerta total, no qual os fotógrafos eram abordados por fuzileiros e obrigados a entregar os filmes de suas máquinas.

Naquela altura, os jornais começavam a se manifestar de forma mais crítica sobre os movimentos de protesto. Passada a comoção inicial provocada pelo assassinato do jovem estudante, a preocupação maior era a normalização da vida política do país. O discurso de que "agitadores" estavam por trás das manifestações passava então a ser veiculado com ênfase pela grande imprensa:

"A opinião pública reclama tranquilidade, exige paz, quer o fim definitivo da desordem. O povo ordeiro do Brasil não mais tolera essas maquinações criminosas de agitadores. O Governo da Revolução tem de ir ao encontro desses respeitáveis anseios populares. Democracia e anarquia são incompatíveis. Para preservar a primeira, terá que erradicar a última. Basta de agitação!", escreveu *O Globo* em editorial.

Mas a tranquilidade que o jornal carioca exigia assemelhava-se, naquele momento, a uma utopia. A morte de Edson Luís funcionara como a gota d'água em um copo cheio de insatisfações. Por todo o Brasil, havia um sentimento de completa rejeição à presença dos militares no poder. Os estudantes se mantinham de prontidão, deliberando, em constantes assembleias, ações de confronto ao governo, como a de estudantes paulistas que, para buscar apoio do operariado, planejavam uma passeata na saída das fábricas do ABC.

Naquele início de abril de 1968, o país estava envolto num grande véu de incertezas. O futuro era nebuloso e imprevisível. Se por um lado todos os sonhos de liberdade pareciam possíveis, por outro havia uma forte resistência por parte do governo. A advertência do general José Horácio da Cunha Garcia, Comandante do I Exército, deixava isso bem claro:

"Os amotinados, lançando pedras, atiçando fogo e perturbando a ordem pública, passarão a ser, para o soldado brasileiro, o inimigo que ataca o território pátrio e ameaça as instituições básicas da nacionalidade. A tranquilidade pública e o bem particular serão defendidos a qualquer preço para que a anarquia e o deboche não tomem conta da cidade."

Nos dias seguintes, várias manifestações acabariam reprimidas com extrema violência. As agressões passavam a acontecer de forma gratuita. Agentes do Departamento de Ordem Política e Social (DOPS) percorriam o centro da cidade atacando quem encontrasse pela frente. Cenas de barbárie se sucediam. Na Avenida Rio Branco, tomada por nuvens de gás lacrimogêneo, uma jovem, que cobria o rosto para livrar-se dos efeitos das bombas, foi agredida por um homem da polícia política a golpes de cassetetes. Ao cair no chão, passou a ser espancada por outros policiais. Um grupo de jovens que buscava escapar das bombas acabou também derrubado, sendo obrigado a passar por um corredor polonês, formado pelos agentes, sob socos e pontapés. Os agentes do DOPS atacavam indistintamente, inclusive populares que se aglomeravam em pontos de ônibus à espera de condução.

Até a cavalaria da Polícia Militar, com soldados empunhando sabres, foi utilizada para perseguir e dispersar os estudantes. Na Candelária, homens e mulheres que deixavam pacificamente a missa de sétimo dia de Edson Luís, que transcorrera numa "atmosfera de consternação", mas "de piedade e de sentimento cristão", segundo os presentes, foram atacados pelos cavalarianos. Diante da fúria dos soldados montados, erguendo seus sabres contra a população, um dos padres praticamente se atirou à frente da tropa gritando: "Parem em nome de Deus. Estes jovens estão sob a proteção da Igreja". Enquanto isso, atrás dele, de mãos dadas, o vigário-geral do Rio de Janeiro, D. José de Castro Pinto, e outros celebrantes da missa, trajando roupas litúrgicas brancas, faziam um corredor para que todos se retirassem.

Eram imagens que entrariam para a história e que, quatro anos depois do golpe militar, mostravam que a ditadura estava mais viva do que nunca.

04 abr TOMBA UM SÍMBOLO DA PAZ MUNDIAL

Martin Luther King Jr. era um ativista norte-americano dos direitos dos negros que ganhara, em 1964, nada menos que o prêmio Nobel da Paz. Seu ideal de lutar sem violência pelos direitos civis o tornara um líder que influenciava toda uma geração e, por isso, era simplesmente odiado pelas elites segregacionistas dos Estados Unidos. A partir de 1965, passou a questionar a presença do país no Vietnã, fazendo críticas severas ao papel norte-americano na guerra do sudeste asiático. Naquele 1968, ele organizava também uma campanha contra a pobreza, apontando o sistema socioeconômico como o causador da miséria. Era o suficiente para o FBI o considerar um radical, chegando a investigá-lo por supostas ligações com comunistas.

Na manhã do dia 4, Luther King Jr. estava em Memphis, no Tennessee, onde participaria de uma marcha de funcionários negros de limpeza urbana, que, em greve desde 12 de março, reivindicavam abono quando não podiam trabalhar por razões climáticas — tal como os funcionários brancos — e reajuste salarial. Na mesma sacada do Lorraine Hotel, onde, na véspera, pousara para fotógrafos ao lado do pastor Jesse Jackson, entre outros ativistas, Luther King foi atingido no pescoço por uma bala calibre 30. Levado ao hospital, segundo informações dos médicos, morreu assim que começou a ser socorrido. Tinha apenas 39 anos. O autor da famosa frase "Eu tenho um sonho. O sonho de ver meus filhos julgados pelo caráter e não pela cor da pele" – proferida num discurso em Washington, em 1963, numa manifestação contra a discriminação racial – começava naquele momento a virar história.

O autor do disparo, o segregacionista foragido James Earl Ray, que alugara um quarto numa pensão em frente ao hotel em que Luther King se hospedara, foi preso em Londres, para onde fugira, dois meses depois, portando um passaporte canadense falso. Deportado para os Estados Unidos, Ray cumpriu pena até morrer em 1998, aos 70 anos.

A notícia se espalhou rapidamente e, de repente, os Estados Unidos se viram tomados por uma onda de protestos sem precedentes. Em cerca de 60 cidades, grupos de negros enfurecidos saíram às ruas. Vitrines foram quebradas, lojas, saqueadas, estabelecimentos e carros, incendiados. Já nos primeiros confrontos com a polícia – eles se estenderiam por vários dias – quatro pessoas morreram e diversas ficaram feridas. Em Washington, onde os protestos ocorriam a poucos quarteirões da Casa Branca, o líder do *Poder Negro* (*Black Power*), Stokely Carmichael, exortava os negros a vingarem a execução de Luther King e acusava diretamente o presidente Lyndon Johnson e o senador Robert Kennedy, assim como toda a população branca dos Estados Unidos. Dizia ainda que "haveria execuções nas ruas" e que "quando a América Branca matou o Dr. King, nos declarou guerra". E frisou: "O povo negro sabe que seu caminho não é o de discussões intelectuais, sabe que tem que obter armas. Nossa represália não se fará nos tribunais e sim nas ruas dos Estados Unidos".

De fato, Washington se tornava também a capital dos distúrbios. Em torno da Casa Branca, pelo receio de uma invasão, foram erguidas barreiras com cabos de aço, e, em pontos estratégicos, policiais armados com metralhadoras recomendavam, em alto-falantes, que os manifestantes voltassem para casa. Para reprimir a onda de saques e incêndios, 12 mil soldados federais vieram em socorro dos 2.885 guardas locais. O número de presos chegava a 4.402, e já se contabilizavam 704 feridos. Àquela altura, mais de 300 incêndios e cerca de 100 saques eram registrados.

A situação era tão grave que o presidente Lyndon Johnson cancelou uma viagem que faria ao Havaí – onde se reuniria com líderes dos países do Pacífico numa cúpula sobre a Guerra do Vietnã – para acompanhar de perto os desdobramentos do assassinato de Luther King. Logo, pediu que fosse realizada uma sessão no Congresso para discutir formas de controlar as tensões sociais que tomavam conta do país. Decretou também luto oficial pela morte de

Luther King (o primeiro no país por um afrodescendente). Numa nota, afirmou:

"Hoje o coração dos Estados Unidos está sangrando. Um grande dirigente do seu povo, um pregador universal caiu. Martin Luther King Jr. foi morto pela violência contra a qual pregou e contra a qual trabalhava. Mas a causa pela qual lutou não será sufocada. A voz que reclamava justiça e segurança calou, mas a busca da liberdade que King defendia de modo tão eloquente prossegue."

No Congresso, coube ao senador Robert Kennedy transmitir o que acontecera em Memphis. Para uma plateia perplexa, Kennedy, que também seria assassinado a tiros dois meses depois, relatou: "Tenho uma notícia triste para os nossos concidadãos e para aqueles que amam a paz no resto do mundo. Martin Luther King, que dedicou a vida ao amor e à justiça entre os seres humanos, foi morto a tiros hoje em Memphis".

A morte de Martin Luther King Jr. abria espaço para grupos radicais que ele mesmo procurava conter. Servia também de estímulo a grupos excessivamente moderados, aos quais ele pedia mais ação. Apóstolo da não violência, King divergia dos líderes mais radicais do *Poder Negro*, sem, no entanto, deixar de dialogar com eles. Partidário da desobediência civil e da luta contra a Guerra do Vietnã, preferia também não ter um compromisso mais estreito com entidades negras conservadoras, o que não o impedia de contar sempre com o apoio delas em suas campanhas. Como ponto de equilíbrio do movimento negro, o elo entre radicais e conservadores, conseguiu firmar-se na liderança negra nos Estados Unidos e no exterior.

Mas a premissa de King, de não responder ao mal com o mal, estava em cheque. Afinal, pregando o bem e o combate justo, fora vítima de mais um ato de violência contra um negro norte-americano. E não era qualquer um que tombava. Era o símbolo da paz mundial. Uma multidão calculada em 150 mil pessoas compareceu ao seu funeral em Atlanta, onde ele nascera.

A greve que tinha levado Luther King a Memphis terminou no dia seguinte ao seu assassinato, e de maneira favorável aos lixeiros negros.

04 abr FRENTE AMPLA IMPEDIDA

Os recentes episódios, que transformavam o Brasil num grande barril de pólvora prestes a explodir, tinham, segundo o governo, uma ligação direta com a existência da Frente Ampla. Naquela etapa de endurecimento do regime, não seria mais admitida a campanha antigovernista de Carlos Lacerda nas universidades de todo o país, o que ele vinha fazendo desde que fora proibido, em 1967, de participar de programas de rádio ou televisão. Por isso, mesmo causando surpresa no meio político, foi baixada uma portaria, imediatamente publicada no *Diário Oficial*, na qual o ministro da Justiça, Gama e Silva, colocava a Frente Ampla fora da lei. A medida era justificada com o argumento de que seus membros pregavam abertamente a derrubada do regime; assim, sujeitava à prisão em flagrante qualquer um que falasse ou agisse em nome do movimento, que passava a ser considerado ilegal.

Pela mesma portaria era também determinada a apreensão de livros, jornais ou quaisquer outras publicações que divulgassem pronunciamentos a favor da Frente Ampla, cujas atividades passavam a ser enquadradas como crime previsto na Lei de Segurança Nacional. Contra políticos ou veículos de comunicação que infringissem a norma, seriam instaurados imediatamente inquéritos policiais. O deputado Mário Covas, do MDB, inconformado com a medida, afirmou que ela constituía um ato de violência que feria a própria legalidade instituída pela Revolução e iniciava "uma escalada para a ditadura franca".

A indignação de Covas era maior porque o texto da portaria determinava que parlamentares também pudessem ser atingidos, caso não obedecessem ao que se estipulava e fizessem qualquer declaração em nome da Frente. Amparava-se essa hipótese na irritação das autoridades militares, comunicada aos presidentes do Congresso e da Câmara, por causa dos pronunciamentos de políticos condenando a ação do governo nos recentes protestos estudantis. Ainda estava viva na memória de todos os antecedentes do golpe do Estado Novo, em 1937, quando o governo pediu à Câmara dos Deputados a cabeça de alguns de seus membros.

Já Carlos Lacerda, quando a notícia da portaria se espalhou, estava se preparando para ir a Campos, no estado do Rio, onde receberia, na Câmara Municipal, o título de cidadão. Na cidade, já o aguardavam agentes do DOPS, policiais e homens do Batalhão de Caçadores com ordens para manter a segurança na região e prender Lacerda caso ele discursasse, como estava previsto, para os trabalhadores das usinas de açúcar.

Lacerda acabou não viajando. Ficou em seu sítio na serra de Petrópolis, onde a imprensa logo apareceu. Diante dos pedidos de entrevista, disse apenas que escreveria uma nota sobre a decisão do governo, mas afirmou que a Frente "morria para dar vida à união popular". Depois de ler a portaria, escreveu um texto de próprio punho que logo foi entregue aos repórteres.

Quem esperava um Lacerda na defensiva, mais uma vez, enganou-se. O estilo era o mesmo de sempre: enfático e sem papas na língua. Começava logo dizendo que com a portaria o governo se equiparava a "uma ditadurazinha militar dentro da pior tradição latino-americana".

Lacerda criticava o governo por considerar a insurreição dos estudantes uma simples conspiração de agitadores: "Se estes, sozinhos, fossem capazes de tanto, seria a confissão de que a 'revolução', depois de quatro anos de 'regeneração e 'transição', fracassou". E emendou: "Só um cretino não vê que o que houve com os estudantes é muito mais profundo e grave. Procurou dar a este desgraçado país uma saída pacífica para a democracia".

Terminou dizendo que os militares tinham "um ridículo despreparo para dar rumo à nação brasileira, tratada como uma republiqueta".

Lacerda parecia sereno, como se não imaginasse o turbilhão político que ainda estava por vir. Solícito, depois de terminar de escrever o texto sobre a nova portaria, ainda convidou os repórteres para um café e um passeio pelo seu sítio arborizado e cortado por um riacho de águas límpidas.

O fato é que a portaria era um retrocesso para um governo que assumira, treze meses antes, prometendo redemocratização. Na verdade, ela reavivava toda a parte punitiva dos primeiros atos institucionais. Do ponto de vista político, era uma opção do governo de passar à ofensiva, embora fontes militares garantissem que a decisão de dar um basta nas atividades da Frente já estava decidida antes mesmo dos protestos estudantis. Havia tempos que o regime se sentia incomodado pelas agressões do chamado lacerdismo.

Mesmo assim, setores militares consideravam a portaria insuficiente por não armar o governo com instrumentos mais amplos para frear também parlamentares apontados como instigadores do caos. Na opinião desses setores, Lacerda fazia uma campanha política, mas alguns deputados faziam, na prática, pregação subversiva. Isso significava dizer que o dispositivo militar que governava queria medidas mais drásticas do que as que foram tomadas pela portaria, o que não deixava dúvidas de que qualquer abertura do regime estava longe de acontecer. Os meses que se seguiram apenas comprovariam isso.

07 abr O ADEUS A UM GÊNIO DAS PISTAS

Reza a lenda que, com 8 anos de idade, Jim Clark já dirigia o carro da família na modesta propriedade rural em que nascera, em Kilmany, na Escócia. Era tão pequeno que nem era visto ao volante, dando a impressão de que o automóvel se movia sozinho. Verdade ou não, o fato é que o garoto, desde cedo, já parecia ter o automobilismo no sangue. Quando, aos 15 anos, começou a se interessar por corridas e expressar seu desejo de se tornar piloto, foi ironizado pelos amigos e desencorajado pelos pais. Mas Jim Clark não desanimou e, aos 17 anos, já participava de eventos amadores de Rali.

Em 1956, com 20 anos, venceu o Stobs Camp Sprint, um tradicional evento de carros de passeio na Escócia. Dali em diante, ele não parou mais. Mesmo ainda ocupado pelos afazeres na fazenda do pai, participou dos mais diversos tipos de corridas até ser descoberto, em 1958, por Colin Chapman e disputar sua primeira corrida numa Lotus, equipe pela qual se consagraria. Em 1959, na sua estreia nas 24 horas de Le Mans, ficou em segundo lugar. No total, até chegar a correr nas categorias "de Fórmula", Clark acumulou 50 vitórias em Ralis, subidas de montanha, *speedtrials*, corridas de carros esporte e carros de turismo.

Logo vieram as provas de Fórmula 1 e um grande baque logo em seu ano de estreia, 1961. Na segunda volta do GP de Monza, sua Lotus se chocou com a Ferrari do alemão Wolfgang von Trips, que decolou na direção da plateia. No acidente morreram dezesseis espectadores, além de Wolfgang. Jim Clark ficou profundamente abalado e só não abandonou as corridas por causa da insistência de Colin Chapman, que vislumbrava um grande futuro para o piloto e a Lotus.

De fato, dois anos depois, em 1963, Jim Clark conquistaria o título mundial ao vencer sete das dez provas disputadas. Os 73 pontos obtidos naquele ano só foram superados pelos 76 de Alain Prost, em 1985. Mesmo assim, com o piloto francês disputando seis provas a mais. Em 1965, viria o bicampeonato mundial, com seis vitórias em nove corridas, e o primeiro lugar nas 500 milhas de Indianápolis (até hoje, é o único piloto a vencer as duas provas no mesmo ano). Na Fórmula 1, conseguiu 25 vitórias em 72 Grandes-Prêmios e 33 *pole positions* – recordes que só foram quebrados, respectivamente, pelo seu compatriota Jack Stewart, cinco anos depois, e por Ayrton Senna, na década de 1980. Já seu recorde de voltas mais rápidas só foi superado, também por Alain Prost, em 1988, ano em que Senna quebrou também o recorde de Clark de vitórias em um só campeonato.

Numa época em que os pilotos disputavam corridas em várias categorias, Clark mostrava toda a sua versatilidade. Era um tempo em que a genialidade do piloto contava mais do que a tecnologia. Veloz e ao mesmo tempo frio, sabia a hora certa de acelerar ou de poupar o motor.

Por tudo isso, a repercussão da sua morte, em abril de 1968, num acidente no circuito de Hockenheim, na Alemanha, durante uma corrida de Fórmula 2, foi imensa. A pista, úmida por causa das chuvas na manhã da corrida, ajudou a fazer com que Jim Clark perdesse o controle do carro, que capotou várias vezes antes de se chocar violentamente contra uma árvore. Com as vértebras cervicais quebradas, além de várias fraturas no crânio, o piloto foi levado para o hospital da Universidade de Heidelberg, aonde, provavelmente, já chegou morto. Os médicos ainda fizeram procedimentos para tentar reanimá-lo, mas sem sucesso. Duas horas depois, anunciavam oficialmente que Clark havia morrido.

Segundo declarações do piloto britânico Chris Irwin, que vinha 250 metros atrás de Clark com sua Lola, o acidente fora inexplicável. Talvez tivesse sido causado por algum problema mecânico. Para seu companheiro de equipe Graham Hill, a quebra da direção parecia ser a hipótese mais provável para a tragédia. Um fiscal de pista afirmou que o piloto estava a uma velocidade aproximada de 230 km/h quando seu carro dançou na curva. Apesar da tentativa de correção, não conseguiu contornar o traçado, indo direto contra as árvores, já que não havia barreiras de proteção no circuito. O carro de Jim ficou completamente destruído, com várias partes espalhadas pelo chão.

Conhecido como o "escocês voador", Jim Clark, com sua lendária Lotus, era o maior nome do automobilismo mundial. Ficaria para a história como o símbolo de uma época romântica em que os pilotos não ficavam milionários e precisavam correr em todo tipo de categoria em busca de premiações. Pois foi numa corrida de Fórmula 2 que o mítico Jim Clark acabaria morrendo, aos 32 anos. Como herança, deixava a técnica, o talento e a coragem que inspirariam várias gerações de pilotos.

11 abr ONDA DE PROTESTOS NA ALEMANHA

Naquela efervescente primavera europeia de 1968, o líder estudantil Rudi Dutschke, a Oposição Extraparlamentar (Ausser Parlamentarische

Opposition – APO) e os grupos de esquerda enxergavam na Alemanha Ocidental um processo que poderia levar o país a se transformar num Estado policial. Eles acusavam o governo do chanceler federal Kurt Georg Kiesinger e os jornais do conglomerado editorial Springer de patrocinar a atuação truculenta tanto da polícia quanto de grupos de direita. Eram tempos em que a rebeldia de milhares de estudantes contra a autoridade dos pais, da universidade e do Estado chegava ao seu ponto máximo.

Dutschke tinha na sua origem a rigidez de uma família protestante do leste alemão. Por causa dessa formação religiosa, não foi autorizado a ingressar na universidade da antiga Alemanha comunista, restando-lhe a alternativa de fazer apenas um curso superior técnico. No entanto, ainda antes da construção do Muro de Berlim, em 1961, escapou do jugo familiar, migrou para o lado ocidental e começou a estudar Sociologia na Universidade Livre de Berlim. Um ano depois, já estava envolvido com a política estudantil, tendo sido um dos fundadores da Ação Subversiva, que posteriormente se associou à União Universitária Alemã. Logo se transformou num grande líder. Seu prestígio começou a crescer em 1965, quando foi eleito para o conselho político da União, passando a se envolver ativamente nas manifestações que colocavam em xeque o status quo alemão. Entre as maiores que Dutschke liderou estiveram as passeatas contra a Guerra no Vietnã e contra a visita do Xá da Pérsia à Alemanha. Ambas em Berlim.

Diante da ascensão do carismático líder estudantil, na época com 28 anos, dia após dia o jornal sensacionalista *Bild*, do grupo Springer, se esmerava em utilizar suas chamadas de páginas para ligar a imagem de Dutschke ao termo "terrorista". Mas ele não se intimidava e prosseguia no objetivo de estimular a participação dos estudantes, como também de trabalhar para dar um novo rosto à ideia da revolução permanente preconizada por Lênin e, sobretudo, por Trótski. E o pior para o *establishment*: ao lado da chamada Oposição Extraparlamentar, e baseando-se nos princípios de Che Guevara, incentivava a adoção da guerrilha urbana nas metrópoles da Europa.

Mas Dutschke não era tão radical como queria fazer supor a grande imprensa. Tanto que, quando o grupo terrorista alemão Fração do Exército Vermelho (RAF) detonou suas primeiras bombas, ele condenou os atentados, pois dizia só concordar com a violência nesse nível em situações extremas. Tido por alguns como um teórico do movimento estudantil e da nova esquerda alemã, evitava participar de ações terroristas e concentrava esforços em protestos contra o autoritarismo e o império editorial da Springer.

Foi assim até que, no dia 11 de abril, foi gravemente ferido por um tiro na cabeça, disparado por um operário de extrema-direita. No meio estudantil, o grupo Springer foi acusado de provocar o atentado, e o que se viu como consequência foi uma avalanche de protestos. Enquanto Dutschke passava por uma série de cirurgias até se recuperar e ir morar no exterior, as ruas de Berlim foram tomadas por manifestações durante vários dias. O ponto culminante dos protestos foi o dia 14, quando estudantes tomaram a Praça Kurfuerstendamm, a principal do centro de Berlim.

Os conflitos com a polícia provocaram um verdadeiro caos no tradicional desfile do Dia da Páscoa da cidade, pois as ruas estavam tomadas por famílias e turistas. Era uma grande massa de manifestantes portando bandeiras vermelhas e gritando pelo nome de Rudi Dutschke e do líder comunista do Vietnã do Norte, Ho Chi Minh. Mesmo com os jatos d'água, eles não retrocediam. Só recuaram quando a polícia partiu para o confronto corpo a corpo, apoiada por um contingente da cavalaria. Ainda assim, o revide não demorava. Por cima das barricadas, mesmo em meio à fumaça provocada pelas bombas de gás lacrimogêneo, todo tipo de objeto era lançado sobre os soldados. Desde pedras e pedaços de paralelepípedos, até tintas vermelhas e verdes e bagaços de frutas.

O que se viu então, quando os ânimos se acalmaram, foi um batalhão de soldados e também de fotógrafos e jornalistas, que cobriam a manifestação, pintados de verde e vermelho como se fizessem parte de um grupo estudantil vítima de algum trote.

Os protestos se estenderam por cidades como Colônia, Frankfurt e, principalmente, Munique, onde a polícia precisou erguer barreiras de arame farpado para proteger a sede da empresa jornalística Springer, que foi cercada por aproximadamente dez mil estudantes e populares.

Enquanto isso, Rudi Dutschke, ainda hospitalizado, se recuperava aos poucos da cirurgia que extraíra a bala alojada em seu cérebro. Já não tinha febre, conseguia se comunicar e mexer as extremidades das pernas. Rudi viveria os anos seguintes entre a Itália, a própria Alemanha, a Inglaterra (de onde foi expulso sob a acusação de "atividades subversivas") e a Dinamarca, dando aulas em universidades, fazendo palestras sobre direitos humanos e participando de marchas de protesto, filiado então ao Partido Verde, contra a construção de usinas nucleares. Em 1979, aos 39 anos, acabaria morrendo afogado numa banheira depois de sofrer um ataque de epilepsia, doença que desenvolvera por causa das sequelas do tiro que levara naquele abril de 1968.

17 abr PRESSÃO CONTRA A DEMOCRACIA

Ao receber uma comissão de deputados da Arena em seu gabinete no Palácio do Planalto, o presidente Costa e Silva vivia um grande dilema, num momento em que o governo era tão questionado: ou aprofundava as medidas repressivas e autoritárias, ou mantinha resquícios que fossem de uma democracia. Aos parlamentares, garantia que desejava fazer "um governo civil, com base na Constituição", muito embora não lhe faltassem vozes que recomendavam medidas mais fortes para debelar crises.

Costa e Silva esforçava-se em impressionar os deputados, manifestando seu "apreço" pelo Congresso, cujos deveres reputava tão importantes quanto os do Executivo. Mas a opção pelo endurecimento do regime era cada vez mais forte no núcleo do dispositivo militar que o sustentava. Medidas liberalizantes, no entanto, ainda eram vistas por alguns como a única tática para o governo obter um mínimo de consentimento popular, para que fosse possível dar continuidade à chamada "obra da revolução". Percebendo as dificuldades, o presidente ainda buscava um meio-termo.

Uma das pressões vindas das alas mais radicais era a cassação, através do Judiciário, de sete deputados federais e dois estaduais do MDB. O sacrifício de alguns desses deputados seria uma alternativa para apaziguar setores mais intransigentes do meio militar. Fazendo questão de afirmar que as tarefas administrativas não o mantinham afastado das questões políticas, Costa e Silva depositou toda a confiança no senador Daniel Krieger, presidente da Arena. A certa altura, para reforçar sua consideração pelo Congresso e salientar que era um homem de diálogo, fez questão de lembrar que nenhum outro presidente recebia mais parlamentares e também ministros de Estado do que ele.

Era um quadro em que Costa e Silva resistia em tomar decisões precipitadas, ainda mais sob pressão. Mas as dificuldades que poderiam mudar essa disposição eram de consenso geral. O sistema que estava no poder era contestado pelos mais variados e influentes setores da sociedade – desde estudantes, trabalhadores, classe artística, intelectuais, até a Igreja e setores políticos importantes que atuavam no Congresso. Era um conjunto de forças que, embora não coordenadas explicitamente, criavam na opinião pública uma imagem negativa que o governo não tinha mais como ignorar.

Entre o grupo que queria o endurecimento puro e simples, através da supressão das garantias legais concedidas pela Constituição, e aquele que enxergava na distensão o único caminho para que não se perdessem os ideais do intitulado "processo revolucionário", existia um fio tênue no qual o presidente ainda procurava se equilibrar. Segundo seus assessores e consultores políticos, Costa e Silva estava convencido de que não deveria fazer qualquer mudança nos rumos de seu governo, pelo menos enquanto a poeira dos últimos acontecimentos não baixasse.

A linha dura ainda tinha alguma reserva de paciência, mas havia estabelecido um prazo de quarenta dias para que tudo se acomodasse. De todo modo, os militares mais radicais não abriam mão de que o governo se armasse de todos os mecanismos de repressão quando provocado, poupando, no entanto, o Congresso e o Judiciário, cujo funcionamento impediria a caracterização de uma ditadura plena.

Era um ambiente de incertezas que fazia com que o futuro fosse uma completa abstração. Era impossível prever o que aconteceria nos meses seguintes. Mas uma coisa era certa: não faltaria assunto no debate político tão presente naquele Brasil de 1968.

21 abr EXPANSÃO DA GUERRILHA URBANA

Desde a tentativa frustrada da tomada de poder na Intentona Comunista, em 1935, a esquerda brasileira – apesar de suas mais diversas tendências – sonhava em fazer uma revolução popular nos moldes das que aconteceram na Rússia e na China. O Brasil seria, no parecer de muitos idealistas, o palco perfeito para que houvesse a terceira grande revolução socialista do século. Seria mais um país de dimensões continentais, com imensa importância estratégica no continente americano, que estaria se alinhando aos conceitos de Marx e Lênin, o que traria um ânimo excepcional para revolucionários de todo o mundo.

Com o golpe de 1964, todas as esperanças de que isso pudesse acontecer pela via democrática foram por água abaixo. O caminho que restava, diante da completa incapacidade das forças progressistas de resistir ao movimento de 31 de março, era a luta armada. Apesar de não ser essa a orientação do PCB, vários grupos guerrilheiros se formaram, em sua grande parte a partir de dissidentes, como foi o caso de Carlos Marighella, que, em 1966, deixara a Comissão Executiva Nacional do partido. Em 1967, contrariando o Comitê Central do PCB, Marighella viajou para Cuba. A partir de então, avançou rapidamente para posições mais radicais, de extrema-esquerda. Na rádio Havana Livre, criticou abertamente o PCB e aderiu à proposta cubana de luta armada. Voltou para São Paulo já expulso do PCB e com planos de levar adiante a determinação de fazer a revolução brasileira através da guerrilha urbana.

Em 1968, uma onda de atentados passou a sacudir o país. Foi quando os assaltos a bancos (considerados pelos guerrilheiros como desapropriações para financiar a luta revolucionária contra o sistema capitalista) e atentados a bomba se multiplicaram. Em São Paulo, só naquele início de ano já tinham sido atingidos o Consulado dos Estados Unidos, a portaria do jornal *O Estado de São Paulo*, a residência do ex-procurador-geral do Estado, Virgílio Sodré Cardoso, e os QGs da Força Pública e do II Exército. Este último, dois meses depois, seria cenário de outro atentado, no qual o soldado Mário Kozel Filho, de 18 anos, acabaria morrendo. Um carro-bomba seria lançado contra a portaria do QG, explodindo com 20 kg de dinamite. Seis outros militares ficaram gravemente feridos.

Àquela altura, já se tinha a certeza que estava em andamento um movimento organizado para minar o governo através de atentados e assaltos a banco. Para tratar do assunto, no dia 21, o presidente Costa e Silva convocou o governador de São Paulo, Abreu Sodré, para uma reunião de emergência no Palácio Laranjeiras, no Rio de Janeiro. O presidente se dizia impressionado com a sequência de atentados e assaltos e manifestava abertamente a convicção de que os recentes episódios na capital paulista visavam a derrubada do governo e o fim do regime. Abreu Sodré garantia ao presidente que todas as providências estavam sendo tomadas "para impedir a ação dos terroristas".

Começava literalmente uma guerra. A linha dura passava a sofisticar seus mecanismos repressivos, e teve início uma verdadeira caçada aos radicais de esquerda. Encontravam-se os motivos necessários para pressionar ainda mais o presidente a adotar medidas que aprofundassem a ditadura, que, por outro lado, num curto prazo, acabaria também por calar os anseios dos que lutavam apenas por liberdade. Não precisava ser guerrilheiro para sentir a mão pesada do regime. Bastava querer a democracia de volta.

Não havia mais como conciliar os dois interesses. O golpe de 1964 criara uma cisão e abrira espaço para que fosse tentada, através das armas, a tão almejada revolução socialista. Naquele mesmo 1968, Carlos Marighella criaria a Aliança Libertadora Nacional (ALN). No seu "Manual de Guerrilha", estabelecia as condições gerais para que a luta fosse vencida:

- Exterminação física dos chefes e assistentes das Forças Armadas e da polícia.
- Expropriação dos recursos do governo e dos que pertenciam aos grandes capitalistas, latifundiários e imperialistas, com pequenas expropriações usadas para os mantimentos do guerrilheiro urbano individual e grandes expropriações para o sustento do guerrilheiro.
- Disposição para matar os policiais e todos aqueles dedicados à ordem pública. E também, dedicação verdadeira a expropriar a riqueza dos grandes capitalistas, dos latifundiários e dos imperialistas.
- A preparação técnica do guerrilheiro urbano inclui o manejo de armas, tais como a metralhadora, o revólver automático, o Fuzil Automático Leve (FAL), vários tipos de escopetas, carabinas, morteiros, bazucas, etc.

Com esse espírito, sucediam-se as ações dos guerrilheiros. Numa das mais ousadas, seria assaltado, em agosto, o trem pagador que fazia o trajeto Santos-Jundiaí, ação comandada por Marighella com a participação do atual ministro das Relações Exteriores, Aloysio Nunes, que era seu motorista. A execução, em outubro, do agente da CIA Charles Chandler, membro do Exército dos EUA que lutara no Vietnã, foi outra mostra de que a luta era impiedosa. O militar foi morto sob a acusação de estar no Brasil para ministrar aulas de técnicas de tortura a policiais civis e militares.

Chandler, numa palestra em Campinas, descrevera os métodos utilizados para torturar guerrilheiros vietcongues. O militar norte-americano também defendeu, em entrevistas a jornais brasileiros, o massacre de 20 mil civis vietnamitas na retomada da cidade de Hué. Foi julgado e condenado por um tribunal revolucionário da VPR – Vanguarda Popular Revolucionária –, e sua execução se deu em frente à sua casa, em São Paulo, com seis disparos de uma pistola Taurus calibre 38 e mais uma rajada de 14 tiros de metralhadora. A luta não era para amadores. Mas, sem adesão popular, estava fadada ao fracasso.

29 abr UMA ODISSEIA NO ESPAÇO

Considerado um dos dez filmes mais influentes de todos os tempos, *2001: Uma odisseia no espaço*, de Stanley Kubrick era lançado com alarde e grande cobertura da imprensa. O filme vinha precedido de críticas no estilo "ame-o ou deixe-o", que logo se transformaria num slogan do regime militar em relação ao Brasil. Para a revista *Time*, o longa-metragem era "um épico brilhantemente dirigido". Por outro lado, o *New York Times* o classificava como "algo entre o hipnótico e o imensamente chato". Críticas duras como essa fizeram com que Kubrick anunciasse, poucos dias depois do lançamento nos Estados Unidos, uma nova versão com menos dezenove minutos em relação à edição original de quase três horas.

Realmente, não era um filme fácil de ser degustado. Sua perturbadora visão de futuro e a estética revolucionária, realçada por efeitos visuais jamais vistos, provocavam as mais diversas reações, para o bem e para o mal. O autor da obra original e um dos roteiristas, Artur C. Clarke, colocava ainda mais lenha na fogueira: "Se alguém entender o filme da primeira vez, nossas intenções terão falhado", afirmou.

O fato é que a direção de Kubrick acabou influenciando toda uma geração de diretores, entre eles Martin Scorsese, George Lucas,

Steven Spielberg e Ridley Scott. Conta-se que Spielberg assistiu várias vezes *2001* enquanto filmava *Contatos Imediatos do 3° grau*. Já em *Star Wars*, poderiam ser notados vários elementos tirados de *2001*, como a plataforma de chegada da Estrela da Morte e as naves empoeiradas (como se tivessem acabado de ser usadas). O cineasta James Cameron considera *2001* "um filme que não deveria funcionar, mas funcionou".

Num tempo em que ainda estavam distantes os computadores, para criar efeitos visuais, os cineastas tinham que usar toda a sua criatividade para conseguir efeitos óticos. Kubrick trabalhou intensamente nesse sentido, mas quem esteve por trás deles foi Douglas Trumbull, que acabou sendo recompensado com o Oscar de Melhores Efeitos Especiais de 1968. Foi o único Oscar que *2001* ganharia, mesmo concorrendo também em Melhor Direção de Arte, Melhor Roteiro Adaptado e Melhor Diretor.

Dispondo de prazos e recursos financeiros generosos, Kubrick buscou, de modo determinado, a perfeição da melhor imagem. No caso dos efeitos óticos, ele foi incansável ao fazer as exposições do negativo original, colocados numa geladeira por mais de um ano até ser expostos outra vez, o que significava que, por qualquer pequeno erro, se perdia todo esse tempo de trabalho. O resultado foi uma imagem de altíssimo nível, mesmo para os padrões do cinema atual, que dispõe de recursos de alta tecnologia.

Em seu enredo, o filme trata da temática da evolução humana, do existencialismo, da tecnologia, da inteligência artificial e da possibilidade de vida extraterrestre. Isso num momento em que o homem vivia o auge do sonho da conquista do espaço – um ano depois do lançamento de *2001*, ele chegaria finalmente à Lua. Com o som no lugar de técnicas narrativas tradicionais e mínima utilização de diálogos, foi uma obra que, apesar de algumas resistências iniciais, causaria imenso impacto. Em 1991, foi considerada "culturalmente, historicamente ou esteticamente significante" pela Biblioteca do Congresso dos Estados Unidos, e passou a ser preservada no National Film Registry. Foi uma obra para a eternidade.

1968 MAIO

Dr. Christiaan Barnard se encontra com
Dr. Euryclides Zerbini durante visita ao Brasil.

Página anterior:
Polícia armada encara multidão de estudantes em protesto durante as revoltas estudantis de Paris em maio de 1968.

1º mai ATAQUE AO GOVERNADOR

Num momento em que a temperatura política se elevava cada vez mais, não foi surpresa que as comemorações do Dia do Trabalho fossem marcadas por protestos. O mais grave aconteceu na cidade de São Paulo, onde o governador Abreu Sodré e vários membros da sua comitiva foram alvo de pedras e pedaços de ferro arremessados por manifestantes durante um evento na Praça da Sé.

Atingido por uma pedra, com a testa sangrando, o governador teve que se refugiar no interior da catedral, em frente à praça. Um reforço no contingente policial foi solicitado e, embora não imediatamente, dissolveu a manifestação usando cassetetes, bombas e tiros para o alto. Dezenas de prisões foram feitas, e muitos manifestantes também ficaram feridos. O palanque acabou incendiado.

A confusão começou quando um grupo de cerca de cem estudantes se infiltrou entre os cerca de dez mil trabalhadores que participavam da solenidade. Eles passaram a hostilizar tanto o governador quanto os líderes sindicais, que eram chamados de pelegos. Quando um deles, representando os bancários, subiu ao palanque e passou a elogiar Abreu Sodré por ele estar presente numa festa de trabalhadores, os manifestantes reagiram com vaias e começaram a arremessar objetos.

Quando o governador foi atingido e deixou o local, o palanque foi tomado e uma série de discursos de protesto começou. Um dos que falaram foi o dramaturgo Plínio Marcos, que se identificou como "um operário do teatro" e convocou os trabalhadores a se organizarem "para derrubar a ditadura". Com a chegada da polícia, os manifestantes se dispersaram para logo se reunir de novo e seguir numa passeata engrossada por trabalhadores e estudantes secundaristas. Empunhavam faixas vermelhas e brancas com dizeres como "Abaixo a ditadura", "Fora pelegos", "Greve geral" e "Mais salários e menos abonos".

Os manifestantes seguiram pela Rua XV de Novembro e, ao chegarem à Avenida São João, depredaram a fachada de uma agência do City Bank, que teve toda a vidraça quebrada. O movimento seguiu até a Praça da República, onde a Revolução de 1932, que teve ali seu ponto de partida, foi lembrada em um comício-relâmpago. Indignado, já na sede do governo, Abreu Sodré declarava que os conflitos foram provocados por "uma minoria de cafajestes". E desabafou: "Não serão pequenos grupos totalitários que impedirão o diálogo com os verdadeiros trabalhadores e estudantes".

Reunidos na sede do Sindicato dos Metalúrgicos, os líderes de dezenas de sindicatos assinaram um manifesto de solidariedade ao governador e de condenação aos conflitos:

"À opinião pública nacional levamos a nossa certeza de que os dirigentes sindicais, se protestam, se discordam – e o farão sempre que for necessário –, também têm consciência e maturidade políticas necessárias para conduzir seus representantes à conquista de dias melhores. A desordem e a baderna promovidas por irresponsáveis travestidos de estudantes não contaram e jamais poderiam contar com o apoio dos trabalhadores, que, apesar de injustiçados por uma orientação econômico-financeira rígida e fria, nem por isso chegaram ao sectarismo político e à irresponsabilidade total que lhes têm sido sugerida por esse grupo."

Enquanto isso, em Brasília, o ministro do Trabalho, Jarbas Passarinho, recebia dos órgãos de segurança informações que davam conta de que os estudantes que provocaram tumultos em São Paulo eram filiados à Ação Popular, tida como uma organização extremista "teleguiada por Pequim". Em nota oficial, Passarinho declarava:

"Ouvi do próprio governador Abreu Sodré o relato das lamentáveis ocorrências na capital paulista. A minoria radical que agrediu os próprios líderes sindicais e atingiu o governador paulista não era constituída de trabalhadores [...] Há que distinguir, firmemente, entre a reivindicação, a livre manifestação do protesto e a desordem dos que, portando cartazes provocadores de saudação a Guevara, não estão defendendo interesses dos trabalhadores, mas pretendendo instalar a violência como instrumento de ação."

A agressão ao governador deixava claro que o embate com os estudantes ainda estava longe do fim. A audácia acabou provocando a demissão do diretor do DOPS de São Paulo, delegado Francisco Petrarca. O delegado-adjunto de Ordem Social, Claudomiro de Carvalho, também foi afastado. A queda dos dois foi relacionada à falha da segurança, que permitiu que o governador fosse agredido e o palanque do evento do Dia do Trabalhador, destruído. Nenhuma falha nos mecanismos de repressão seria mais tolerada.

05 mai DRAMA CIVIL NO VIETNÃ

Nas primeiras horas da madrugada, os moradores de Saigon despertaram com a explosão das primeiras bombas. Mas não só a capital do Vietnã do Sul era atacada: tratava-se de uma ofensiva geral vietcongue, coordenada com a artilharia, que atingia simultaneamente 116 alvos – dezenas de capitais de províncias, 33 cidades, instalações e posições militares norte-americanas e aeroportos – nas quatro regiões estratégicas do país. A terceira região – onde ficavam dez províncias em torno de Saigon – era a mais visada, e ainda não se podia calcular o número de mortos e feridos.

Pela intensidade, os bombardeios lembravam a Ofensiva do Tet do fim de janeiro. Num avanço surpreendente e audacioso, canhões e morteiros eram acompanhados pelo avanço de diversas colunas de infantaria. Nada menos que 22 aeroportos foram atacados, nos quais 25 aviões foram destruídos ou seriamente danificados. Bases norte-americanas nas cidades de Hué, Quang Tri e Da Nang também sofreram vários revezes.

Essas ofensivas tinham um efeito psicológico importante, mas produziam baixas pesadas entre os vietcongues. Pela manhã, nas proximidades de Saigon, por exemplo, soldados governamentais, apoiados por *marines* norte-americanos, conseguiram barrar a passagem de um grande contingente de guerrilheiros comunistas que se infiltravam a partir do nordeste da capital. A luta ocorreu num raio de 3 a 9 km do palácio presidencial, causando inúmeras baixas entre civis. Milhares de pessoas fugiam de suas casas sob intenso bombardeio, e muitos eram apanhados de surpresa pelo fogo cruzado dos combatentes, além de metralhados pelos helicópteros norte-americanos que disparavam contra os vietcongues.

Outros enfrentamentos foram registrados em Saigon e nos arredores. Em todos eles, apesar de produzirem danos, os soldados comunistas acabaram retrocedendo, aguardando reforços para um novo contra-ataque. As imagens dos combates corriam o mundo e provocavam uma forte comoção na opinião pública. Ao fim dessas batalhas, o que se via era um rastro de sangue, com corpos muitas vezes dilacerados jogados ao solo.

Chocava principalmente a corrida de famílias inteiras pelas ruas, na tentativa desesperada de escapar da morte. Homens e mulheres com seus filhos no colo, muitas vezes pedindo aos próprios soldados algum tipo de ajuda. Era um impacto que não havia sido previsto pelo governo dos Estados Unidos quando se aventurou no conflito asiático. A proporção devastadora que a guerra adquiria, com os jornais do mundo inteiro informando cada passo dado no *front*, trazia consequências em todas as esferas da sociedade. A tenacidade do inimigo também não estava no script inicial. Os vietcongues, mais que soldados, eram guerreiros que lutavam não só pela própria sobrevivência: lutavam também pela possibilidade de escolher seu próprio destino. O líder revolucionário Ho Chi Minh expressava exatamente esse sentimento de resistência heroica para os invasores norte-americanos:

"Pela independência da pátria, para cumprir nosso dever na luta contra o imperialismo norte-americano, nosso povo e nosso exército, unidos como um só homem, combaterão decididamente até a vitória final, quaisquer que possam vir a ser os sacrifícios e as privações. Outrora, em condições muito mais difíceis, vencemos os fascistas japoneses e os colonialistas franceses. Hoje, as condições nacionais e internacionais são mais favoráveis, e a luta de nosso povo contra a agressão norte-americana e pela salvação nacional será certamente vitoriosa."

Naquela nova ofensiva de maio de 1968, a certeza do triunfo, apesar das enormes baixas, estava como sempre presente no espírito dos vietcongues. E tudo isso acontecia às vésperas da Conferência de Paz marcada para o dia 10, em Paris. Grande parte da delegação norte-vietnamita, inclusive, já estava na capital francesa e a qualquer momento era esperada a chegada da comitiva norte-americana, que incluía cinco especialistas em assuntos asiáticos.

Segundo os observadores internacionais, enquanto começavam os preparativos para a Conferência, a ofensiva vietcongue buscava criar, entre os três milhões de habitantes de Saigon, um sentimento de que eram capazes de se impor diante das forças sul-vietnamitas e norte-americanas. Para outros, era apenas uma manobra de despistamento, pois o objetivo maior era o campo, onde já existia o controle de vastas áreas. Fosse como fosse, a guerra estava longe de chegar ao fim.

06 mai PARIS: REBELDIA É SEU NOME

A imagem causava espanto e, ao mesmo tempo, incredulidade. Dividida em várias colunas, desde as primeiras horas da tarde, uma massa compacta de 10 mil estudantes e professores avançava pelos *boulevards* Saint-Germain e Saint-Michel até chegar ao Quartier Latin, uma ampla área na margem esquerda do Rio Sena que até hoje concentra um grande número de universidades e escolas. Pelo caminho, a multidão agitava bandeiras vermelhas e cantava o hino da Internacional Comunista. Com o espírito elevado, convicta de seus ideais, parecia imbuída de tal determinação que nenhuma força ousaria tentar detê-la.

O movimento começara com uma reivindicação, aparentemente sem grande importância, dos alunos da Universidade de Nanterre, a poucos quilômetros da capital francesa. Sob a liderança de Daniel Cohn-Bendit, um estudante de sociologia, eles reivindicavam o direito de dividir os quartos da residência estudantil com colegas do sexo oposto. O pedido, porém, foi negado pela burocracia da direção da instituição, o que, numa época de mudanças radicais de comportamento, acabou sendo o estopim de uma rebelião que teria proporções inimagináveis.

Era um momento em que os estudantes da Sorbonne queriam transformar a mais tradicional instituição de ensino francesa, com oito séculos de história, em Universidade Autônoma e Popular, ou "Universidade Crítica", na qual qualquer cidadão poderia entrar e dizer o que quisesse. Portanto, não foi surpresa quando eles compraram a briga dos companheiros de Nanterre. Os ideais comunistas e anarquistas eram os mesmos, e, no embalo das manifestações, ambos os centros universitários passaram a questionar os valores da "velha sociedade", contrapondo os conceitos em vigor a ideias originais sobre educação, política, sexualidade e prazer.

O lema "é proibido proibir" expressava bem o espírito de rebeldia que alimentava os sonhos dos jovens franceses. Eles não queriam mais saber do que chamavam de "vida burguesa trivial e medíocre, repressiva e reprimida" que o mundo moderno lhes oferecia. Muito menos das carreiras administrativas e diretivas apresentadas como as opções mais vantajosas de futuro. Rejeitavam esse destino com um voluntarismo que vinha do fundo da alma. Havia um tanto de anarquismo no ar – Cohn-Bendit, por exemplo, era membro da Federação Anarquista –, mas não era possível definir exatamente o que impulsionava os estudantes. O movimento era, acima de tudo, a expressão de uma época em que os conceitos estabelecidos não seduziam mais ninguém.

O engajamento ganhou uma dimensão tal que passou a ser exigida a renúncia do presidente Charles de Gaulle, no poder desde 1958. Mas nem partidos, nem sindicatos, nem o parlamento ou mesmo um líder estudantil específico, como Daniel Cohn-Bendit, o mais influente naquele momento, tinha como se considerar porta-voz da monumental manifestação social que varria as ruas da cidade. Quando o campus da Sorbonne, ocupado pelos estudantes, foi invadido pela polícia, a situação acabou fugindo do controle das autoridades, e a rebelião, como um vulcão em erupção, derramou suas larvas incandescentes sobre Paris.

No Quartier Latin, com seus muros totalmente tomados por desenhos e inscrições revolucionárias, o confronto pegava fogo. Eram dois mil policiais destacados para reprimir a turba estudantil, que parecia disposta a virar a capital francesa de cabeça para baixo. No fim da tarde, o local estava impregnado por uma densa nuvem de fumaça, provocada pelas centenas de bombas de gás lacrimogêneo lançadas por policiais armados com cassetetes e protegidos por escudos e capacetes. Jatos d'água encharcavam os manifestantes, mas não arrefeciam o ânimo de ninguém. Pelo contrário: a repressão só fazia com que aumentasse a revolta. Entrincheirados, os rebeldes faziam barricadas com carros virados, pedaços de madeira e árvores e postes arrancados na hora. Por trás de tudo isso, uma chuva de pedras desabava sobre os policiais.

Nas imediações, ouvia-se ininterruptamente o barulho das sirenes das ambulâncias da Cruz Vermelha que percorriam as ruas laterais para recolher os feridos, que, a certa altura, eram mais de cem. A revolta se estendia a Orléans, 120 km ao sul da capital, a Toulouse e a Estrasburgo. Havia uma absoluta perplexidade na sociedade francesa, e ainda se procurava entender como os estudantes passaram tão de repente da inércia e apatia para a violência.

O *Le Monde* justificava o crescimento dos protestos "pela falta de lideranças realmente representativas, e de meios institucionais para manifestarem uma inquietação real". Essa vontade de mudar o mundo dos jovens franceses estava estampada em cartazes com dizeres que se tornariam icônicos: "A imaginação no poder", "Abaixo o realismo socialista", "Viva o surrealismo", "Ceder um pouco é capitular muito" e o manjado "É proibido proibir". O movimento contava com o apoio de intelectuais e artistas como os cineastas François Truffaut e Jean Luc-Godard – que incentivaram um boicote ao Festival de Cinema de Cannes de 1968 –, além de servir de referência para músicas dos Beatles (*Revolution*) e dos Rolling Stones (*Street fighting Man*). Como diria o filósofo italiano Antonio Negri, "a revolução inesperada arrastara o adversário, tudo era permitido, a felicidade coletiva era desenfreada".

Ao longo do mês, os protestos foram crescendo de forma assustadora, ganhando várias adesões e culminando com uma greve geral que envolveu dez milhões de trabalhadores. Em 20 de maio, o país literalmente parou – mesmo não tendo os sindicatos e nenhuma outra organização convocado os grevistas. Tudo acontecia espontaneamente, como uma torrente incontrolável. Fábricas, repartições públicas, escolas e universidades foram ocupadas, e o sistema de transportes, interrompido. Artistas, jornalistas e até mesmo jogadores de futebol juntaram-se ao movimento. Era a maior greve geral da história da França. As forças de segurança ainda sustentavam o regime, mas elas próprias pareciam também sucumbir diante da descomunal ofensiva política. O gigantismo do movimento causava um efeito corrosivo que ameaçava a tudo e a todos.

A gravidade da situação levou o presidente Charles de Gaulle a criar um quartel-general de operações militares para combater a insurreição, dissolver a Assembleia Nacional e marcar eleições parlamentares para junho, quando a população decidiria sobre seu cargo. Essas medidas arrefeceram os ânimos dos estudantes e dos operários, que, seguindo orientação dos sindicatos de esquerda e do Partido Comunista Francês, voltaram aos seus postos depois de conseguirem algumas concessões do patronato, tais como a quarta semana de férias remuneradas. Ironicamente, o presidente De Gaulle e sua Quinta República acabaram devendo sua sobrevida política ao stalinista Partido Comunista Francês (PCF) e seu braço sindical, a Confederação Geral do Trabalho (CGT). Com o intuito de acabar com a greve geral, os stalinistas contaram também com o apoio de forças políticas, como a Juventude Comunista Revolucionária e o Partido Comunista Internacionalista, que influenciavam os setores mais radicalizados do movimento, o que, como era do seu interesse, assegurou o controle dos movimentos de massa.

Charles de Gaulle venceria a consulta popular de junho, mas acabaria caindo em 1969, quando renunciou após ter rejeitada, em um novo plebiscito, sua proposta de reforma constitucional. Estava comprovado que o estilo conservador do velho marechal não era mais compatível com os novos tempos que tinham se anunciado um ano antes. Embora tivesse deixado marcas na história francesa, com influências indiscutíveis, o chamado gaullismo já não fazia mais sentido. Uma era chegava ao fim.

No fim das contas, maio de 1968 passou rápido como um raio, mas com força suficiente para se transformar numa revolução cultural. Os conceitos apregoados na época, tanto os que moveram os estudantes quanto os que motivaram os trabalhadores, continuaram a influenciar a sociedade nos anos seguintes, muitas vezes, prevalecendo. E as mudanças não se deram apenas no âmbito dos costumes, como muito se difundiu. A mobilização entre a fábrica e a universidade, construída a partir de um sentido de solidariedade, marcou profundamente aquele período e se alastrou pelo mundo.

No quadro histórico das lutas anticapitalistas, os acontecimentos que sacudiram Paris significaram, na prática, a rejeição, por parte de estudantes e de trabalhadores, ao modelo social do capitalismo tecnocrático que os marginalizavam e os tornavam agentes passivos das transformações em curso. Esse papel secundário não combinava com os novos tempos, e os avanços, por mais que o "sistema" resistisse, acabaram por ser inevitáveis.

Por isso, embora tão fugaz, aquele maio parisiense acabou por forjar, entre estudantes e operários, uma aliança revolucionária. Aliança firmada como um legado que, ao contrário do que se costuma pensar, foi muito além das mudanças comportamentais da juventude da época. Logo depois, com essa nova configuração, protestos eclodiram na Itália, na Bélgica, nos Países Baixos e na América Latina, sobretudo no México e no Brasil. O mundo não seria mais o mesmo.

07 mai TCHECOSLOVÁQUIA RECHAÇA MARXISMO-LENINISMO

Uma declaração do secretário do Comitê Central do Partido Comunista tcheco, Cestmír Císar, repercutiria no mundo inteiro, mostrando o quanto Praga e Moscou falavam línguas completamente diferentes naquele momento. Císar rompia com a tese fundamental do marxismo-leninismo, afirmando que a ditadura do proletariado esgotara todas as suas possibilidades e funções históricas: "As atuais condições sociais na Tchecoslováquia não justificam a manutenção de um sistema político arcaico como este", garantiu.

O pronunciamento tinha um forte simbolismo, pois acontecera durante a cerimônia comemorativa dos 150 anos do nascimento de Karl Marx. Para o dirigente, já estava mais do que na hora de o governo encontrar um novo sistema político que atendesse às reais aspirações da população tcheca. Tomando cuidado para não se referir diretamente à política soviética de dominação, Císar disse também que o direito de interpretar o marxismo não podia ser monopólio de ninguém e que posições extremadas nesse sentido lembravam o maoísmo chinês, descrito como "o ápice do velho conceito dogmático do socialismo".

Como membro do partido comunista tcheco desde 1945, quando terminou a Segunda Guerra Mundial, Cestmír Císar era um dos nomes de maior peso na política da Tchecoslováquia e um dos mais ativos na tentativa de introduzir reformas liberais no país. Suas opiniões não agradaram em nada ao Kremlin, que não tardou em responder.

Coincidência ou não, imediatamente o governo soviético convocou, para uma reunião de emergência, os chefes dos Partidos Comunistas da Bulgária, Polônia, Hungria e República Democrática Alemã. A recepção, feita no aeroporto pelo presidente Nikolai Podgorny e pelo primeiro-ministro Alexei Kossiguin, não deixava dúvida sobre o assunto a ser tratado: a questão tcheca. No Kremlin, esperava-os para o encontro o secretário-geral do Partido Comunista, Leonid Brejnev.

Numa mensagem direta a Praga, os dirigentes comunistas evocavam "o espírito de amizade fraternal" que unia a Tchecoslováquia e a URSS, ressaltando que a fidelidade ao marxismo-leninismo – justamente o que Císar condenara – e a unidade do movimento comunista garantiam seus êxitos.

Porém, tudo o que ocorria na Tchecoslováquia divergia da linha soviética. A nova Lei de Imprensa, por exemplo, que iria excluir a censura prévia aos jornais, era um dos pontos que mais preocupavam Moscou, tanto que o *Pravda*, órgão oficial do Partido Comunista soviético, jamais mencionara em seus artigos essa intenção dos tchecos.

Por enquanto, o Kremlin tentava resolver tudo na diplomacia, mas seus tanques de infantaria já faziam manobras de treinamento no Rio Danúbio. Apesar das negações, havia o temor de que tropas russas marchassem a qualquer momento na direção da fronteira tcheca. No entanto, pelo menos até então, a ação soviética parecia ter apenas o objetivo de exercer pressão psicológica sobre Praga, o que não impedia que aumentasse a tensão entre os dois países. A Primavera de Praga ainda estava viva. Só não se sabia por quanto tempo.

12 mai VIETNÃ EM BUSCA DE PAZ

Depois dos primeiros dias de conversas entre representantes de Hanói e de Washington na Conferência de Paz, em Paris, as esperanças de que o conflito no Vietnã tivesse fim eram praticamente nulas.

As posições dos Estados Unidos e do Vietnã do Norte se mostravam rígidas, e nenhum dos lados parecia interessado em ceder. Em mais uma rodada de negociações entre Averell Harriman e Xuan Thuy, representantes da diplomacia dos dois países, ambos mantiveram as exigências dos discursos de abertura da Conferência e formularam recriminações mútuas.

Harriman acusou Hanói de ressuscitar velhas controvérsias e tentar reescrever a história, o que, segundo ele, era "uma forma desafortunada e desnecessária de iniciar as conversações de paz". Já Xuan Thuy replicou dizendo que as propostas americanas não apresentavam nada de novo. Após a reunião, durante entrevista coletiva, o porta-voz da delegação norte-vietnamita, Nguyen Van Lém, apresentou fragmentos de bombas de Napalm que, segundo ele, teriam sido lançadas pelos norte-americanos.

Nguyen classificou de "calúnias" os argumentos de Harriman sobre as agressões do Vietnã do Norte ao do Sul e ainda exibiu seis grandes mapas que mostravam os alvos civis que teriam sido bombardeados pela aviação dos Estados Unidos. Eram bairros e regiões populosas, escolas, igrejas, hospitais e centros culturais. Criticou também o representante norte-americano por ele tentar demonstrar que a intervenção no Vietnã era legal e se devia à miséria do povo vietnamita.

As exigências de ambos os lados para pôr um ponto final eram complexas e não suscitavam abertura para a paz. Hanói queria a interrupção imediata dos bombardeios aéreos em todo o território do Vietnã do Norte, de ataques pelo mar, de voos de reconhecimento, de operações de guerra psicológica e de sequestros de norte-vietnamitas. Exigia ainda o reconhecimento da Frente de Libertação Nacional como o único representante autorizado do povo sul-vietnamita, admitindo, no entanto, a participação de outras forças democráticas que não fizessem parte do atual governo de Saigon. Já Washington considerava essencial também um cessar-fogo de Hanói para que os Estados Unidos fizessem o mesmo, o estabelecimento da neutralidade no Vietnã, a promoção da paz com base nos acordos de Genebra, em

1954, e do Laos, em 1962, o respeito ao direito do povo vietnamita de escolher seu próprio destino e a promoção, por vias pacíficas, da reunificação do Vietnã. No fim das contas, nenhum acordo foi feito, e a guerra continuou. Nos anos seguintes, várias outras tentativas de cessar-fogo foram malsucedidas.

Só em 1973, numa nova conferência em Paris, chegou-se finalmente a um denominador comum. Os Acordos de Paz de Paris foram assinados em 27 de janeiro daquele ano pelos governos da República Democrática do Vietnã do Norte, da República do Vietnã do Sul, dos Estados Unidos e do Governo Revolucionário Provisório (PRG), que representava os vietcongues. No documento da paz, os Estados Unidos declaravam que respeitariam a independência, a soberania, a unidade e a integridade territorial do Vietnã. Em dois meses, haveria a retirada completa das forças do exército norte-americano do país, e, no mesmo período, os prisioneiros de guerra de ambos os lados seriam libertados. As eleições no Vietnã do Sul seriam livres depois de uma negociação entre as duas forças políticas do país: a República do Vietnã do Sul e a Frente de Libertação Nacional (Vietcongue). Dessa forma, a reunificação do Vietnã seria feita por meios pacíficos.

Os negociadores do acordo foram Henry Kissinger, pelos Estados Unidos, e Le Duc Tho, pelo Vietnã do Norte. Os dois acabaram recebendo o Prêmio Nobel da Paz daquele ano. No entanto, Tho se recusou a recebê-lo alegando que a paz ainda não era completa. De fato, a esperada pacificação não ocorreu logo, e a beligerância entre o sul e o norte, já sem o envolvimento norte-americano, prosseguiu por mais dois anos, até a ocupação final de Saigon pelas forças norte-vietnamitas.

No ano seguinte, haveria a reunificação do país sob o regime comunista. Isso representou a maior derrota militar da história dos Estados Unidos, que gastaram 200 bilhões de dólares numa guerra perdida. E o pior de tudo: num conflito que resultou em 58 mil soldados mortos e 153 mil feridos do lado norte-americano, e de um milhão de mortos e 900 mil crianças órfãs do lado vietnamita. Jamais o dinheiro havia financiado tanta desgraça.

26 mai O GÊNIO BRASILEIRO DOS TRANSPLANTES

Aos 56 anos, o professor e cardiologista paulista Euryclides Zerbini já era um médico experiente e respeitado quando conseguiu seu maior feito: realizar o primeiro transplante de coração na América Latina, o quinto do mundo. Num tempo em que os avanços da medicina ganhavam as primeiras páginas dos jornais e eram reconhecidos como acontecimentos extraordinários, Zerbini se tornava uma celebridade. Sua façanha tornou-se ainda mais conhecida por ele ter usado uma técnica absolutamente nova na cirurgia, realizada no 9º andar do Hospital das Clínicas, em São Paulo.

O método normalmente empregado até então – introduzido por Christiaan Barnard na África do Sul – era o do resfriamento, que se fundamentava em retirar o coração do corpo do doador e resfriá-lo a uma temperatura de quatro graus para só então ser transplantado. Nesse intervalo, o órgão recebia tratamento especial, enquanto o receptor era preparado. O coração só batia outra vez, depois de resfriado, através de choques elétricos.

O professor Zerbini seguia outro caminho. Sem deixar o coração doado parar de bater, ele o transplantava quase que imediatamente para o receptor. Era um procedimento muito complexo, que exigiu, naquela primeira tentativa, quase seis horas de trabalho (desde as 5 da manhã até às 10h30) do cirurgião e sua equipe.

Na mesma noite, por volta das 19h, a direção do hospital divulgava o primeiro boletim médico, informando que o paciente "estava consciente, passava bem e que não havia surgido qualquer complicação não esperada, podendo-se prever uma evolução favorável do quadro". Na verdade, um duplo transplante havia sido executado, pois o rim do doador também estava sendo aproveitado em outro paciente. As identidades tanto do doador quanto dos receptores não foram inicialmente divulgadas.

128 | 1968: QUANDO A TERRA TREMEU

A repercussão era enorme, e uma multidão de curiosos, jornalistas e fotógrafos se espremia na porta do hospital. Desde cedo, o governador de São Paulo, Abreu Sodré, estava lá para acompanhar os desdobramentos do procedimento. Ao sair do hospital, deixou registrado no livro de visitas o depoimento:

"Saio hoje orgulhoso do HC, marcando o transplante de coração uma nova era para a medicina brasileira e mundial. Ao professor Zerbini e toda a sua equipe, a gratidão do povo e do governo de São Paulo. Os governos de amanhã saberão lembrar, e muito, este notável feito da medicina brasileira."

Na Espanha, onde participava de um seminário, Christiaan Barnard recebeu a notícia do transplante sem demonstrar surpresa, pois estivera recentemente no Brasil e ouvira, do próprio Zerbini, seus planos de realizar o primeiro transplante de coração na América Latina. Revelava inclusive que um dos membros da equipe de Zerbini fora seu assistente no Hospital da Cidade do Cabo.

Enquanto isso, era finalmente revelada a identidade do receptor do coração. Tratava-se de João Ferreira da Cunha, um modesto lavrador do Mato Grosso — o nome do doador continuava anônimo, mas sabia-se que era um homem que morrera num acidente automobilístico. João Boiadeiro, como era conhecido, passava bem, já bebia água e suco de laranja e pedira algo de mais substancial para comer. O próprio doutor Zerbini se surpreendia com o estado do paciente, que, segundo ele, "superava todas as expectativas". Em novo boletim, no dia seguinte ao da cirurgia, o hospital informava que "até o momento não surgiu nenhuma complicação pós-operatória. As funções circulatórias, respiratórias e renais são muito satisfatórias".

Mas a rejeição ao novo órgão acabou acontecendo, e 28 dias após o transplante João Boiadeiro morreu. Não chegou a ser surpreendente, pois aqueles eram tempos de pioneirismo, quando a medicina ainda não desenvolvera drogas que suprimiam reações imunológicas que causavam rejeição de órgãos transplantados. O primeiro medicamento mais eficiente para esse fim, a ciclosporina, só foi descoberto em 1972, tornando-se disponível a partir de 1979. Em outro transplante, ainda nos anos 1960, Zerbini conseguiu dar uma sobrevida de um ano e três meses ao empresário paulista Ugo Orlandi.

Zerbini era considerado um *workaholic*. Dizia que seu trabalho exigia uma dedicação integral e era apaixonado pelo que fazia, pouco se importando com outros assuntos. Na época, o governo militar, sob o pretexto de homenagear o cirurgião, tentou capitalizar em cima do seu sucesso, criando o slogan "Pulsa o coração do novo Brasil". Zerbini se limitou a dizer: "Ah, eles fizeram isso?".

Ao longo de quase seis décadas de carreira, Zerbini realizou, com sua equipe, cerca de 40 mil cirurgias do coração. Participou de 314 congressos de medicina e recebeu 125 títulos honoríficos, além de incontáveis homenagens de governos de todo o mundo. Mas ele não concebia como verdadeiro o saber que não correspondesse a ações concretas que perpetuassem seu trabalho. Criar e construir, para Zerbini, eram indissociáveis de conhecer e compreender. Assim, em 1977, seu sonho de construir um grande centro de excelência em cardiologia e pneumologia se tornou realidade com a inauguração do InCor – Instituto do Coração do Hospital das Clínicas da Faculdade de Medicina da Universidade de São Paulo.

Um passo a mais foi dado com a criação, em 1978, da Fundação Zerbini, um modelo internacional de fundação caracterizada como instituição de direito privado e de utilidade pública, filantrópica, beneficente e sem fins lucrativos. Tudo coerente com seu espírito de colocar, à disposição da população mais carente, um centro médico de referência, com atendimento comparável aos melhores hospitais privados.

Euryclides Zerbini trabalhou até poucos dias antes de morrer de câncer, aos 81 anos, em 1993, no mesmo hospital que criou, inaugurou, dirigiu e deixou como maior legado.

1968 | JUNHO

Caetano Veloso e Gilberto Gil na ala dos artistas na Passeata dos Cem Mil.

PÁGINA ANTERIOR:
Robert F. Kennedy discursa para uma multidão de afro-americanos e brancos em frente ao Departamento de Justiça. Acabou tendo o mesmo fim trágico que seu irmão, John Kennedy.

03 jun OS BURGUESES VERMELHOS

As primeiras hostilidades entre estudantes e polícia começaram por um motivo aparentemente tolo. Foi na entrada do Centro Educacional da Universidade Operária de Belgrado: estudantes forçaram a porta do salão superlotado para assistirem a um show de música popular que lá se realizava. Chamada a intervir, a polícia agiu de forma considerada violenta, o que provocou reação e um saldo de feridos de ambos os lados. Era o primeiro conflito de rua que ocorria desde a instauração do socialismo na Iugoslávia.

Era o estopim que faltava para a revolta dos estudantes: apenas um pretexto. No dia seguinte, eles ocuparam a sede administrativa da universidade, exigindo reformas econômicas e educacionais ao governo da Sérvia – uma das repúblicas que formavam a antiga Iugoslávia e onde ficava Belgrado – e comunicando que não sairiam dali até que as autoridades atendessem às suas reivindicações.

Na área da educação, os estudantes pediam melhoria de créditos para o ensino, participação do corpo discente, junto ao docente, na gestão da universidade, reeleição livre para o diretório estudantil, com a participação de todos os alunos, não apenas dos membros da Juventude Comunista, e liberdade de inscrição nas universidades sem a necessidade de exame vestibular.

No campo econômico, pediam o fim das desigualdades sociais, o valor dos salários estabelecido de acordo com o trabalho, punição para os que enriqueciam de maneira "não socialista" e supressão de todos os privilégios. Cobravam também a democratização dos cargos do serviço público de todos os órgãos sociais – inclusive da Liga Comunista e dos meios de comunicação – e liberdade de reunião e manifestação.

Eram os ventos da Primavera de Praga, que chegavam a todos os países do Leste Europeu subjugados pelo férreo domínio político da União Soviética. Os choques que se sucederam à primeira escaramuça entre estudantes e policiais tiveram sequência em distúrbios nos dormitórios da universidade, nos quais residiam quatro mil alunos. De lá, eles saíram em passeata rumo ao centro da cidade, onde foram reprimidos por um grande contingente policial. Acabaram por se refugiar na Faculdade de Sociologia e Filosofia, onde permaneceram entrincheirados.

O movimento, no entanto, não contou com a adesão da Aliança Socialista nem da Juventude Comunista de Belgrado, que condenaram as manifestações. Organizações operárias também não deram o seu apoio e lançaram um manifesto contrário ao movimento. Com isso, o serviço de ordem pública foi reforçado por milicianos operários comunistas e por membros da Juventude Comunista, que ajudaram no cerco à universidade ocupada. Num comício na Praça Marx-Engels, outros estudantes foram rechaçados a golpes de cassetetes. Logo o Ministério do Interior decretava a proibição de qualquer reunião pública em Belgrado, classificando os manifestantes de "irresponsáveis". Mas para surpresa geral, no dia 10, em pronunciamento pela televisão, o presidente Josip Tito declarou que eram justas as demandas estudantis. Por alguns dias, houve a desmobilização do cerco. Em seguida, em novo pronunciamento, Tito condenava os "extremistas".

No dia 20, finalmente, a polícia antimotim desalojou os estudantes. A faixa exibida numa das janelas da universidade nos dias da ocupação ficaria apenas como símbolo da insatisfação daqueles jovens iugoslavos: "Abaixo a burguesia vermelha".

06 jun MAIS UM KENNEDY ASSASSINADO

Ainda estava bastante vivo para os norte-americanos o trauma do assassinato do presidente John Kennedy, em 1963, quando seu irmão, o senador Bob Kennedy, também foi vítima de um atentado. Ele disputava a candidatura do Partido Democrata à presidência dos Estados Unidos e estava em Los Angeles, onde acabara de vencer as primárias da Califórnia, com mais de 100 mil votos de vantagem sobre seu oponente, o senador Eugene McCarthy.

O clima no Hotel Ambassador era de comemoração. Quando Bob entrou no grande salão de festas, foi saudado por uma multidão de correligionários. Eram negros, mexicanos, artistas, atletas, líderes estudantis e os mais diversos representantes da classe média de Los Angeles, vindos de Pasadena, West Wood, Clandare, Hollywood e até de Beverly Hills. O ambiente era de tanto entusiasmo que parecia desmentir a afirmação do jornalista Pierre Salinger – assessor de imprensa de John Kennedy entre 1961 e 1963 – de que enquanto John tinha adversários, Bob tinha inimigos. Num palco montado especialmente para o evento, o senador faria seu último discurso:

"Creio que todas essas eleições primárias indicam claramente que, em última análise, podemos trabalhar juntos e eliminar tudo o que ocorreu nesses últimos três anos – as divisões, a violência e a desilusão com a sociedade entre brancos e pretos, pobres e ricos. Penso em fazer disso a base da minha carreira."

Após descer rapidamente do palanque, Bob foi engolido pela multidão em busca de abraços e cumprimentos. De repente, surgiu diante dele um rapaz jovem, baixo, moreno, de aparência filipina. Sem nada dizer, apontou uma pistola calibre 22 e começou a atirar. Foram oito tiros, e três deles atingiram o senador, dois na cabeça e um na altura do quadril. Com as mãos na fronte, Bob Kennedy cambaleou e caiu de bruços sem dar um grito.

Imediatamente, o autor do atentado foi detido por dois atletas que ajudavam na campanha de Bob: Rafer Johnson, ex-campeão olímpico de decatlo; e Rosel Green, ex-jogador de futebol americano. O atirador era Sirhan Bishara Sirhan, um palestino de 24 anos, radicado nos Estados Unidos. Segundo se apurou, ele cometera o crime para se vingar do apoio incondicional do governo norte-americano a Israel, na Guerra dos Seis Dias, em 1967.

Ainda no chão, Kennedy recebeu os primeiros socorros de Roger Miller, um cirurgião presente no evento. Ao seu lado, a mulher de Bob, Ethel Kennedy, passava gelo na testa do marido. Miller tomou o pulso de Bob: 130 batimentos por minuto. Enquanto isso, em diferentes pontos do salão do hotel, os outros quatro feridos no atentado eram atendidos. O clima era de desespero. Gritos ecoavam por toda parte, e muita gente era acometida por crises nervosas. Um homem que testemunhou tudo sofreu um ataque cardíaco e também foi atendido.

Meia hora depois, Bob Kennedy era colocado numa ambulância que o levaria em disparada, com batedores, para o Hospital Central de Emergência. O senador ainda estava consciente, mas depois de dizer "por favor, por favor, não me levantem", perdeu os sentidos. Ao chegar ao centro cirúrgico, seu estado era crítico. Transfusões de sangue, massagens no coração e oxigenação artificial nos pulmões garantiram sua sobrevivência até o início da operação. O procedimento durou quatro horas. O primeiro boletim médico informava que seu estado era gravíssimo e que as 36 horas seguintes seriam decisivas. Um dos médicos que operaram Bob Kennedy informava também que os disparos provocaram perda de sangue e oxigênio no cérebro, além de lesões na coluna vertebral. Ao receber a notícia, a viúva de seu irmão, Jacqueline Kennedy, exclamou incrédula: "De novo, não!".

A repercussão do atentado foi enorme. Na Casa Branca, o presidente Lyndon Johnson afirmava que "não existiam palavras suficientemente fortes para expressar o horror dessa tragédia". No Vaticano, o papa Paulo VI dizia-se profundamente chocado e apelava aos que condenavam a violência: "unam-se em um esforço para fazer desaparecer do mundo este tipo de ação". A Rádio Moscou noticiou o atentado e comentou, com certa ironia, que havia "liberdade para matar na sociedade capitalista".

A polícia logo divulgou um comunicado declarando que não havia qualquer indício de que o atentado tivesse se originado de uma conspiração. Mesmo assim, afirmava que ainda era cedo para descartar essa possibilidade.

O atentado contra Bob Kennedy reforçava a imagem de uma América violenta, que tanto externamente – como no caso do envolvimento na Guerra do Vietnã – quanto internamente produzia mais e mais tragédias. A esse episódio se somavam os assassinatos de John Kennedy e dos líderes negros Malcolm X, Medgar Evers e Martin Luther King Jr.– todos ocorridos entre 1963 e 1968 – para sustentar a tese de que os Estados Unidos eram um país em ebulição. Naquela mesma semana havia acontecido também, em Nova York, a tentativa de assassinato de Andy Warhol, maior figura do movimento conhecido como Pop Art. Ele levou três tiros de Valerie Solanas, uma militante do grupo Society for Cutting Up Men – Sociedade para castrar homens –, do qual era a criadora e única integrante. Depois de ficar entre a vida e a morte por semanas, Warhol acabou se recuperando. No entanto, as sequelas do atentado o fragilizaram e aceleraram sua morte 19 anos depois, aos 58 anos.

No calor dos acontecimentos, o presidente Johnson apelava para que o Congresso aprovasse o projeto que regulamentava a venda de armas.

Depois de 25 horas de agonia, com centenas de pessoas aglomeradas na porta do hospital esperando por notícias, foi divulgada a morte de Bob Kennedy. Os médicos disseram que tudo tinha sido feito para salvar a vida do senador, mas que ele chegara praticamente morto ao hospital, na véspera. Depois da cirurgia, ele não recuperou a consciência até a morte, provocada pela bala que entrou em seu crânio pela parte posterior da orelha esquerda. Apesar de todos os esforços, o organismo de Kennedy não conseguiu reconstituir os tecidos traumatizados pelo disparo.

De todas as partes do mundo chegavam mensagens de condolências. O presidente Costa e Silva enviou um telegrama ao presidente Lyndon Johnson: "Em nome do povo brasileiro, solidarizo-me com V. Exa. e com o povo norte-americano no profundo pesar e nas homenagens póstumas que serão prestadas ao senador Robert Kennedy, cuja marcante vida pública sempre se inspirou em ideais de paz e solidariedade humana".

Um avião especial, colocado pelo governo à disposição da família Kennedy, levaria o corpo do senador de Los Angeles para Nova York, onde seria velado na Catedral de San Patrick. Numa mistura de dor e incredulidade, o povo norte-americano se despedia do provável futuro presidente do país. Uma média de cinco mil pessoas por hora, em meio a um grande congestionamento na Quinta Avenida, passou pelo esquife do senador numa última homenagem. No dia seguinte, o corpo de Bob Kennedy seguiu para Washington, onde foi sepultado ao lado do túmulo do irmão John Kennedy.

O sonho de ter outro Kennedy na presidência dos Estados Unidos terminava ali, pois Edward Kennedy, o irmão mais novo, então com 36 anos, apesar de ter tido uma longa carreira política no Senado, nunca foi candidato. No máximo, tentou indicação do Partido Democrata nas eleições de 1980, mas perdeu para o candidato à reeleição Jimmy Carter.

O assassino de Bob Kennedy acabou sendo condenado à prisão perpétua e até 2017, com 73 anos, ainda cumpria pena na penitenciária de Corcoran, na Califórnia.

14 jun ESTADO DE SÍTIO NO URUGUAI

Havia dias que o menor país da América do Sul em extensão geográfica vivia uma crise gigante. Seguindo uma tendência mundial, os estudantes uruguaios estavam nas ruas protestando contra a política econômica do governo, e os operários, em greve por melhores salários, faziam o país praticamente parar. No dia 12, uma grande manifestação transformara o centro de Montevidéu numa praça de guerra. Nos protestos, foram feitas nada menos que 266 prisões, e dezenas de pessoas (entre policiais e manifestantes) ficaram feridas. A solução encontrada pelo presidente Jorge Pacheco Areco para reprimir a insurreição foi radical: decretou Estado de Sítio.

Falando por uma cadeia de rádio e televisão, Areco advertia que lançaria mão de "toda a força de sua autoridade constitucional para frustrar as espúrias tentativas de alteração nos poderes constituídos". Justificou a medida ao condenar "o repudiável processo de paralisação gradual do país que culminou com violentos ataques à paz pública". Assinalou ainda que o cargo de presidente lhe atribuía o dever de "impedir que ativismo ou grupos de pressão usem com êxito a violência e a intimidação para desintegrar as bases da sociedade".

Como resultado imediato da decisão presidencial, a greve dos funcionários municipais da capital foi suspensa e uma assembleia de bancários foi dissolvida pela polícia. Os diretores de jornais foram convocados para uma reunião com o chefe de polícia de Montevidéu, coronel Aguirre Gestido, que lhes comunicou a decisão de impor restrições à informação sobre atividades estudantis e sindicais. No entanto, a medida extrema criou uma crise dentro do próprio governo, pois três ministros, inconformados com o Estado de Sítio, pediram demissão.

Eram tempos de turbulência a que pouco estava acostumado o povo uruguaio. Até o fim dos anos 1950, o Uruguai era o país mais pacífico da América Latina, com um padrão de vida comparável ao das nações europeias mais desenvolvidas. As escolas primárias, secundárias e superiores eram gratuitas, e a expectativa de vida chegava aos 68 anos, só menor, nas Américas, que a dos Estados Unidos, 69 anos (a do Brasil, na época, era de 58 anos). O nível de desenvolvimento era notável em todos os sentidos. Desde 1919, a Igreja se separara do Estado, e o divórcio logo fora instituído. A harmonia só era perturbada pelas desavenças, em tempos de eleições, entre os dois partidos principais, os *blancos* e os *colorados*. Era uma república com o título de *Welfare State* (Estado de bem-estar social), no qual o sistema de governo era moldado pelo padrão do Conselho Federal Suíço.

Mas a partir de 1963, o Uruguai começou a viver a realidade comum aos países subdesenvolvidos do continente. Ameaças de golpes

JUNHO | 139

militares, greves, fechamentos de bancos, desvalorização da moeda e altas taxas de inflação – em 1967, chegara a 100%. As exportações também estavam em queda, e o congelamento dos salários deixou atônitos os trabalhadores e a classe média burocrática. Para tentar mudar esse quadro desalentador, nas eleições de novembro de 1966, os uruguaios resolveram dar fim aos 15 anos de governo colegiado, fazendo voltar o sistema presidencialista. O vencedor da eleição foi o general Oscar Gestido, que, ao tomar posse, se defrontou com o país em meio a uma inflação galopante e o valor da moeda caindo dramaticamente.

Diante dessa situação caótica, Oscar Gestido transmitia a imagem de um presidente hesitante, que oscilava entre facções antagônicas dentro do próprio partido, o Colorado: os progressistas e os ortodoxos. O embate entre as tendências ficava nítido ante duas alternativas: ou aceitar as imposições do Fundo Monetário Internacional (FMI) e buscar imediato apoio da economia, reduzindo gastos e buscando empréstimos do próprio FMI, ou seguir uma política econômica independente. No final das contas, ao optar por ceder às pressões do FMI, Gestido enfrentou uma grande crise ministerial. Cinco ministros se demitiram, em solidariedade ao ministro da Economia Amílcar Vasconcellos, que pregava soluções sem a ingerência de organismos financeiros internacionais.

Foi nesse momento de crise aguda que Oscar Gestido sofreu um ataque do coração e morreu, aos 68 anos, apenas nove meses depois de chegar ao poder. Em seu lugar, assumiu Jorge Pacheco Areco, vice de Gestido. No cargo desde dezembro de 1967, Areco logo mostrou o caráter autoritário de sua personalidade. Com dez dias de governo, iniciou uma violenta repressão, fechando dois jornais (*Época* e *El Sol*) e dissolvendo seis grupos de esquerda: a Federação Anarquista, o Grupo Independente, o Movimento de Ação Popular, o Movimento de Esquerda Revolucionário, o Movimento Revolucionário Oriental e o partido Socialista. Apenas o Partido Comunista, que seguia a orientação mais moderada de Moscou, foi poupado.

Portanto, não chegou a ser surpresa quando Pacheco Areco decretou o Estado de Sítio e impôs censura à imprensa. Nos meses seguintes, a repressão se intensificou e, num confronto com a polícia, em 14 de agosto, o jovem Líber Arce, um militante do Centro dos Estudantes de Odontologia, da Federação de Estudantes Universitários do Uruguai e da União da Juventude Comunista, acabou sendo baleado e morto. Uma multidão acompanhou seu enterro, que acabou se transformando em um grande ato de repúdio ao governo.

Eram os primeiros sinais do que aconteceria na década seguinte, quando o Uruguai viveria, de 1973 a 1985, uma violenta ditadura militar. Nesse período, entre 200 e 300 uruguaios, como Líber Arce, tombariam lutando por liberdade e democracia.

16 jun O SONHO DE JOÃO GOULART

Jango nunca se conformou com o exílio. Quando deixou o Brasil, em 1964, imaginava que a intervenção militar seria passageira e que a democracia prevaleceria. Havia quatro anos, no entanto, que vivia amargurado em sua fazenda, no interior do Uruguai. Mas naquele momento, apesar da notícia de que o Estado de Sítio havia sido decretado pelo presidente Pacheco Areco, Jango acreditava que em breve ventos de mais liberdade chegariam de novo à América Latina.

Esse era também o entendimento de um grupo de exilados que vivia em torno do ex-presidente. Com a perspectiva de que a Guerra do Vietnã acabasse em poucos meses, como também a luta entre correntes ideológicas que se digladiavam pelo mundo, apostava-se que, em dois ou três anos, o eixo da disputa internacional se deslocaria para a região de influência do Brasil.

Seria a oportunidade ideal para promover a revisão da política interna brasileira, já que as novas pressões internacionais fariam com que os Estados Unidos passassem a apoiar os sistemas democráticos em países considerados do Terceiro Mundo. Essa seria uma das estratégias de resistência à ofensiva que partiria do mundo socialista, o que teria sido fixado na Conferência dos Partidos Comunistas recém-terminada em Bucareste.

Haveria, portanto, a partir desse novo desenho geopolítico, a oportunidade de retomada de políticas esquerdistas. Nesse caso, seria interessante que houvesse, o mais rápido possível, a reunificação das lideranças ainda divididas. Dentro desse esquema, valorizava-se a experiência recente da Frente Ampla, que, embora fosse considerada um assunto encerrado, teria produzido frutos para o reagrupamento de outra frente popular em condições de agir num futuro próximo.

Dentro dessa linha, João Goulart manifestava a intenção de se reaproximar de Leonel Brizola, com quem não se encontrava havia pelo menos três anos. Segundo alguns interlocutores de Brizola, ele desistira da ideia de voltar ao Brasil apenas no caso do desencadeamento de uma luta revolucionária, nos moldes das guerrilhas urbanas e rurais. O ex-governador do Rio Grande do Sul estaria amadurecendo a possibilidade de soluções políticas para o Brasil e, consequentemente, a atuação do seu grupo dentro da legalidade. Era o que Jango sempre quisera de Brizola. Naquele momento, o ex-presidente ainda acreditava que poderia ajudar a transformar a realidade brasileira. O planeta dividido entre "povos super-ricos e povos superpobres", com os mais carentes sustentando as classes abastadas, o incomodava profundamente. Num pensamento visionário, ele dizia que o mundo vivia "a antevéspera de uma nova revolução tecnológica que terá poderes ainda maiores de transformação do modo de ser e de viver de todos os povos do que a revolução industrial".

Nesse sentido, João Goulart queria buscar contatos, na Europa, com exilados de prestígio que pensassem como ele. Com o ex-governador de Pernambuco, Miguel Arraes, já havia combinado um encontro em Paris no mês de julho. Jango planejava essa viagem também para fazer tratamento dos problemas cardíacos que enfrentava e que haviam sido diagnosticados em exames feitos pelo Dr. Zerbini no Uruguai.

Eram movimentações políticas que aconteciam num momento de indefinição do quadro político brasileiro. A luta contra a ditadura prosseguia. E não se tinha ideia ainda do quanto ela poderia se aprofundar. O tempo provaria que era uma ilusão do ex-presidente João Goulart acreditar num Brasil com mais liberdade nos anos seguintes. E ele não viveria para ver isso acontecer. O fechamento do regime logo ocorreria, embora a resistência dos estudantes no Brasil, como em todo o mundo, continuasse com força total.

20 jun O DIA DA INFÂMIA

Desde as 9 horas da manhã, o clima era de tensão no anfiteatro da Universidade Federal do Rio de Janeiro (UFRJ), onde seria realizada uma assembleia geral de estudantes, professores e membros da reitoria e do Conselho Universitário. Os temas a serem debatidos eram os problemas com as verbas federais e a autonomia e os métodos de defesa interna da Universidade. A atmosfera pesada se justificava pelo cerco ao local, feito por um batalhão de choque da Polícia Militar e por dezenas de carros com agentes do DOPS à paisana.

No entanto, no decorrer das discussões, chegou a notícia de que o governador Negrão de Lima, num acordo com o reitor da Universidade, professor Clementino Fraga Filho, havia ordenado a retirada do contingente policial da área externa da UFRJ. De fato, houve a retirada, mas a vigilância continuou a certa distância: nas imediações do Estádio do Botafogo e próximo ao Túnel Novo, na direção de Copacabana. O encontro se alongou por toda a tarde, com discussões acaloradas, mas apenas sobre temas que diziam respeito à vida universitária. Embora existissem faixas que pediam o fim da ditadura militar, a questão política do país não estava em pauta.

Quando a assembleia chegou ao fim, estava escuro, já passava das 19 horas. Era o momento de os 1.500 alunos presentes ao encontro deixarem o campus e seguirem para suas casas. O reitor tinha a garantia do chefe do policiamento de que não haveria repressão se os estudantes não se manifestassem:

"Eu acredito na palavra porque o dia que não acreditar mais, largo tudo. Vamos sair quietos para não dar motivo a qualquer reação", disse o reitor aos estudantes, professores e deputados que estavam presentes.

Mas quando os primeiros alunos deixaram o campus e alcançaram a Avenida Oswaldo Cruz, na direção da Rua da Passagem e da sede do Botafogo, percebeu-se que o acordo não seria respeitado, dando razão ao líder estudantil Vladimir Palmeira, que havia dito que "gorila não tem palavra". Imediatamente, surgiram policiais com máscaras de gás lacrimogêneo. Quando as primeiras bombas explodiram, houve correria e pânico. Os soldados, sem vacilar, passaram a agredir a todos, indiscriminadamente, com golpes de cassetetes.

Nesse momento, o reitor e alguns professores exigiram aos gritos que os soldados parassem com as agressões, pois havia sido feito um acordo. O sargento que comandava a tropa atendeu ao pedido. Então, com a supervisão do reitor e de professores, os demais estudantes continuaram a deixar a universidade. Porém, quando a maioria já estava na rua, as agressões recomeçaram. A situação ficou fora de qualquer controle. Era uma multidão de estudantes em fuga desesperada sendo atacada por bombas e pancadas de toda espécie. Logo começaram as primeiras prisões, e, diante do cerco de uma polícia em fúria, cerca de cem estudantes pularam os muros do campo do Botafogo para ali se esconderem.

Mas nem assim escaparam. Ao perceberem para onde fugiam os estudantes, agentes do DOPS e policiais iniciaram a invasão do clube. O diretor de futebol Djalma Nogueira ainda tentou impedir, protestando aos gritos:

— Aqui não é a casa de vocês. Por favor, respeitem os sócios e se retirem.

Mas nada freava a disposição dos policiais. Logo eles estavam no gramado do estádio, anexo à sede, abordando os estudantes ali entrincheirados:

– Todos deitados no gramado, com as mãos na nuca – ordenavam os policiais, aos palavrões. Chegaram ao ponto de urinar sobre os jovens detidos.

A um casal que estava sentado, abraçado, um agente do DOPS disse:

– Acabou o namoro, vamos deitando de barriga para baixo. E você, sua vaca, vamos parar de chorar. Você não viu nada ainda.

Outras moças também foram ofendidas e até agredidas com beliscões nos seios e nas nádegas. O tom da abordagem era de completo desrespeito:

– Como é, suas prostitutas? Cadê os livros de esquerda que vocês estudam?

– Olha, pessoal, essa aqui é bem gostosinha, parece até a Lollobrigida, essa vagabunda.

Outras estudantes, além de xingadas, eram forçadas a andar de quatro, enquanto os policiais, entre uma piada e outra, roçavam cassetetes entre as suas pernas. Obrigados a formar uma fila indiana, pouco a pouco, todos foram levados para fora da sede do clube, onde estavam estacionadas as viaturas que os levariam presos. No caminho, passando por uma espécie de corredor polonês, recebiam tapas, socos, chutes e pancadas de cassetetes. Empunhando um revólver, o inspetor do DOPS Mario Borges, que comandava a operação, avisava aos gritos que "tinha ordens para atirar em quem reagisse". Nesse momento, chegou ao clube o presidente do Botafogo, Altemar Dutra de Castilho. Bastante nervoso, ele cobrou explicações sobre a invasão policial:

– Nós não invadimos, presidente, a invasão foi dos estudantes – respondeu o policial.

– Como não invadiram? Vocês entraram aqui e o clube é propriedade privada. Quem deu licença para vocês entrarem?

Surpreso por ser repreendido, o policial se limitou a dizer que "estava cumprindo ordens".

Indignado, Altemar Dutra imediatamente se dirigiu a sua sala e ligou para o governador Negrão de Lima, relatando que o Botafogo "havia se transformado numa praça de guerra":

– Governador, há apenas um policial de baixa categoria aqui e ele me disse, quando lhe pedi explicações, que estava cumprindo ordens. Peço-lhe que mande para cá um policial gabaritado.

Em seguida, o presidente do Botafogo ligou para a casa do seu irmão, o general João Dutra de Castilho, comandante da Vila Militar. Foi informado pela cunhada que o marido saíra havia poucos minutos justamente para uma reunião de emergência na Vila Militar.

Enquanto isso, a notícia dos acontecimentos na UFRJ corria pela cidade. Muitos pais se dirigiram ao local para saber notícias dos filhos. A maioria já estava presa ou escondida pelas redondezas. Naquela mesma noite, o diretor de Documentação, Estatística e Publicidade da UFRJ, professor Pedro Paulo Lomba, mesmo com o braço ferido e intoxicado pelo gás lacrimogêneo, foi até a redação do *Jornal do Brasil* para denunciar a "truculência injustificada" da polícia. Reafirmou que durante cerca de cinco horas a assembleia discutiu temas relativos ao âmbito universitário e que a polícia agiu de forma incompreensível, atirando bombas e agredindo indiscriminadamente alunos e professores.

No fim da noite, por volta das 23 horas, cerca de 400 estudantes estavam detidos na sede do DOPS. E viaturas com novos presos não paravam de chegar. No lado de fora, uma centena de pais ou parentes dos alunos aguardavam que eles fossem soltos. Entre os presos, aproximadamente 80 eram mulheres. Elas ficaram no terceiro andar do prédio, enquanto os homens foram mantidos no pátio interno, sob a mira de policiais armados com metralhadoras. Os menores de idade, quando procurados pelos pais, eram imediatamente soltos. O mesmo acontecia com as mulheres. Os estudantes mais velhos, à medida que iam sendo identificados, eram libertados ou, se tivessem antecedentes, encaminhados para o quartel do CPOR.

O Exército estava de prontidão. Todas as unidades da Guanabara haviam sido mobilizadas para garantir a chamada "ordem pública". Em nota oficial, o general Siseno Sarmento, Comandante do I Exército, dizia que os baderneiros seriam "punidos severamente" e que, por isso, renovava o pedido aos pais e responsáveis pelos jovens para que "esclarecessem a seus filhos e tutelados o perigo deles serem explorados pelos demagogos e agitadores que outras causas não defendem senão a da subversão da ordem".

No entanto, o estrago estava feito. A violência desproporcional e, sobretudo, a forma humilhante com que os jovens foram tratados, depois de saírem pacificamente de uma assembleia universitária, despertara como nunca a rejeição da população aos militares. No ato público marcado para o dia seguinte no pátio do prédio do Ministério da Educação e Cultura, policiais e estudantes estariam frente a frente de novo, num dia que seria lembrado como "sexta-feira sangrenta".

21 jun NO *FRONT* DO CENTRO DO RIO

Os estudantes foram chegando aos poucos, em pequenos grupos. Por volta das 11h30, como estava previsto, o pátio do MEC, na esquina das ruas Araújo Porto Alegre e Graça Aranha, estava lotado. Vladimir Palmeira, a principal liderança do movimento, deu início à assembleia apresentando reivindicações da classe e pedindo aos colegas que não fizessem depredações ou praticassem qualquer ato de vandalismo que desse motivo para repressão e violência.

Vladimir não falou mais que dez minutos, e logo o grupo seguiu em passeata até a Avenida Rio Branco, já interditada. Ao receberem informações de que havia agentes do DOPS espalhados no trecho até o Edifício Avenida Central, os estudantes seguiram no sentido contrário, ao longo da Candelária, na direção da Rua Santa Luzia, onde, das janelas dos escritórios, eram saudados com aplausos e chuva de papel picado – o que, no íntimo de cada um, reforçava o sentimento de que a luta contra a ditadura era a coisa certa a ser feita. Quando chegou à Rua México, a passeata foi interrompida para um comício-relâmpago de Vladimir Palmeira, que pedia que nada fosse feito contra a Embaixada dos Estados Unidos, bem ali em frente.

Mas àquela altura os ânimos estavam bastante alterados, e a resposta foi: "Quebra!", "Quebra!". Nesse momento, dois soldados que estavam nos fundos da embaixada se aproximaram dos estudantes e começaram a atirar. Foi a senha para o início da confusão. Pedras foram lançadas contra os vidros da embaixada, enquanto os tiros não paravam de pipocar. A correria de volta para a Avenida Rio Branco foi imediata. Lá, no entanto, já estavam postados policiais e agentes do DOPS, que passaram a lançar bombas e também atirar contra os estudantes.

Encurralados no estreito trecho da Santa Luzia entre a Rua México e a Avenida Rio Branco, eles entraram em pânico, como se tivessem caído numa armadilha. Diante da nuvem sufocante da fumaça dos gases e do zunir dos tiros, os jovens tropeçavam uns nos outros, e os gritos de palavras de ordem davam lugar aos de desespero. Muitas moças estavam na manifestação, e duas delas tombaram, baleadas nas pernas. Atendidas no ambulatório do IPASE, na própria Rua Santa Luzia, foram em seguida encaminhadas numa ambulância para o Hospital Souza Aguiar.

Dispersados, os estudantes não se intimidaram e, juntando-se a outros grupos, se reuniram novamente perto do prédio do MEC, onde Vladimir Palmeira fez outro comício-relâmpago, no qual convocava a todos para que "não permitissem que a polícia impedisse a luta pela derrubada da ditadura imperialista que domina o país". Enquanto isso, desembarcava na Cinelândia um aparato policial que parecia preparado para enfrentar um exército. Sem qualquer critério, os soldados do Batalhão de Choque começaram a soltar bombas e a agredir indiscriminadamente a população.

Oficiais mais graduados do DOPS, preocupados com a repercussão que teriam as imagens da violência, passaram a atacar também fotógrafos e jornalistas. Um fotógrafo do jornal *O Globo* chegou a ser ameaçado com uma baioneta no peito. Outro, do *Correio da Manhã,* teve o equipamento destruído e, mesmo sem reagir, foi surrado pelos agentes. Do alto dos edifícios, a ação policial recebia uma estrondosa vaia. Irritados, os militares começaram a atirar bombas também na direção das janelas dos escritórios. Como resposta, de lá eram arremessados sacos plásticos com água, garrafas, cinzeiros, tijolos e até máquinas de escrever. Por outro lado, os estudantes, protegidos por barricadas, faziam chover pedras sobre os policiais. Muitos populares, espontaneamente, se juntaram a eles. Estava formado um quadro de guerra.

De um dos prédios, um objeto contundente não identificado atingiu na cabeça o policial militar Nelson de Barros, de 31 anos. Ele foi levado ao hospital, mas, com o afundamento do crânio, morreu durante o atendimento. O centro do Rio era palco de uma autêntica batalha. Em cada esquina eram vistas pessoas feridas, sangrando, caídas nas calçadas à espera de socorro ou sendo carregadas. Todo o comércio fechara as portas, e senhoras apavoradas tentavam se proteger debaixo de marquises. Os policiais, aturdidos, também tiveram várias baixas, e muitos deixavam o local com ferimentos causados por pedradas e objetos lançados dos prédios. Reagiam sempre com truculência, sem distinguir quem era manifestante ou quem era apenas um transeunte. A cavalaria, também acionada para reprimir a manifestação, sofria com o arremesso de bolas de gude na frente dos cavalos. Alguns animais escorregavam e tombavam em plena avenida. Outro foco dos confrontos foi a região da Praça XV, onde estudantes depredaram a Bolsa de Valores e viraram quatro carros oficiais, colocando fogo em dois deles.

O caos perdurou até o anoitecer. Eram policiais espancando quem aparecesse pela frente, efetuando prisões, estudantes atirando pedras por trás de barricadas, objetos sendo lançados do alto dos edifícios, correria, gritos, explosões de bombas, tiros, carros incendiados e o ar impregnado de gás lacrimogêneo. A confusão só chegou ao fim pela exaustão de ambos os lados. O saldo de presos e feridos era enorme. Segundo informação dos principais hospitais da cidade, mais de cem pessoas foram atendidas, 24 delas baleadas e as restantes feridas por pedras, cassetetes, socos ou pontapés. Sem contar com o policial que morreu.

Numa reunião no início da noite, as lideranças estudantis consideraram o movimento "uma grande vitória da classe porque mostrou ao povo o caráter assassino da repressão". Afirmaram que não foram os estudantes os responsáveis por violências e depredações:

"Os estudantes usaram de violência somente quando foram agredidos. O ataque à Embaixada dos Estados Unidos foi apenas uma reação à atitude dos policiais que atiraram numa passeata pacífica. O que acontece nessas situações é que agentes infiltrados, orientados pela própria polícia, provocam a violência para incompatibilizar os estudantes com a população", afirmavam em nota divulgada à imprensa.

Mas a Polícia Militar tinha uma visão diferente. Informava que o conflito fora causado por grupos treinados para "fazer guerrilha urbana, divididos em vários subgrupos, de no máximo quatro elementos, que fustigavam as tropas em diferentes pontos". Quando eram reprimidos "corriam para direções diferentes para se reagrupar mais adiante". Segundo o secretário de Segurança Pública, general Luís França de Oliveira, por volta das 20h30, a situação na cidade já estava inteiramente controlada e o tráfego, que ficara totalmente engarrafado, desde o Centro até a Zona Sul, voltara à normalidade. O general acrescentou que, nos dois dias de confrontos, nada menos do que seiscentas bombas de gás lacrimogêneo foram usadas na repressão aos estudantes. Estimava-se que mais de mil pessoas haviam sido presas.

Eram números assustadores, que traziam um inegável desgaste para o governo. A opinião pública estava do lado do movimento estudantil e até o conservador jornal *O Globo*, mesmo rotulando de "agitadores" os manifestantes e conclamando os estudantes "a iniciar uma campanha de liquidação dessas torpes lideranças", condenava a truculência policial, tanto no episódio da UFRJ quanto no dos conflitos no Centro:

"Nas desordens de ontem, como nas de quinta-feira, a polícia agiu com exagerada violência e despreparo para a missão. Investiu por diversas vezes com ferocidade contra quem se encaminhava para as respectivas casas sem pretender praticar qualquer ação violenta. Nossa reportagem registrou moças sendo espancadas por policiais e agentes do DOPS. Verificou-se que a polícia não se adaptou às táticas de agitação urbana importadas de Havana."

Já o *Jornal do Brasil*, tido como progressista, acusava o governo de ser omisso e de não interpretar adequadamente os últimos acontecimentos: "Há um clima de insurreição nas ruas, há uma situação de fato que, a essa altura, a ninguém é dado ignorar. Não se trata, como pode ou aparenta querer o governo, de mera manobra política para pressioná--lo. A situação tem raízes muito mais profundas do que pode parecer. E o governo certamente não deve ignorar esse dado." Em Brasília, parlamentares do MDB faziam violentos ataques ao governo, a quem responsabilizavam pelas manifestações estudantis. O secretário-geral do partido, deputado Martins Rodrigues, afirmava que os conflitos da Guanabara eram sinais de uma guerra civil em curso: "O povo começa a convencer-se de que não há solução normal e pacífica para a crise brasileira, causada pelo autoritarismo de um regime que sacrifica a democracia e a liberdade", afirmou.

Enquanto isso, o líder do partido, Mario Covas — contrariando o sentimento dominante na Arena, que considerava o silêncio a melhor contribuição dos políticos para não aumentar as tensões — enviava ao deputado José Bonifácio, presidente da Câmara dos Deputados, um documento com o pedido de convocação de uma sessão extraordinária para discutir a crise. Quatro pontos fundamentais mostravam a gravidade do momento político:

"1 - Fatos graves estão ocorrendo na cidade do Rio de Janeiro, com repressão violenta e desumana aos estudantes, mercê de ação conjugada de forças policiais e militares da Guanabara."

"2 - O documentário fotográfico dos jornais brasileiros estampado hoje revela o estado de estagnação e desrespeito à dignidade humana e às liberdades individuais, ferindo contundentemente a Constituição da República."

"3 - Pelas notas emitidas pelas autoridades militares, estamos na iminência de fatos que podem provocar sérias restrições às instituições democráticas do país."

"4 – Não pode o poder legislativo ficar indiferente aos fatos que estão sensibilizando a opinião pública brasileira, com centenas de moças e rapazes vítimas de uma brutal ação policial."

O governador Negrão de Lima tentava ainda colocar panos quentes na crise. Numa declaração em cadeia de televisão, ele pedia a interrupção dos confrontos para que a ordem fosse restaurada:

"A pausa terá o sentido de uma trégua de elevado sentido e esta impõe-se já para o esclarecimento da legitimidade das ações de todos nós, no exercício da vida pública e dos direitos da cidadania. A pior das guerras sempre se conclui pela trégua e pela paz."

O fato é que naquele momento não se podia estimar os desdobramentos da crise. O governo era bombardeado de todos os lados. Podia reagir de várias maneiras. A radicalização era o temor de todos. E, na verdade, era o que estava em andamento, por pressões internas do núcleo do poder militar. Mas ainda havia muita resistência.

Logo as ruas estariam de novo tomadas. Dessa vez, por uma manifestação gigantesca que entraria para a história.

26 jun A PASSEATA DOS CEM MIL

Não por acaso a Avenida Rio Branco era sempre o palco de manifestações contra o governo no Rio de Janeiro. Com 1.996 metros de comprimento e 33 de largura, era o principal centro nervoso da cidade. Por ali transitava a maior parte das 463 mil pessoas que diariamente iam ao centro para trabalhar, fazer compras, resolver pendências no Fórum ou numa das diversas repartições públicas que funcionavam nas redondezas. Seu prestígio era ainda o mesmo daquele que desfrutava meio século antes, quando acabara de ser inaugurada e inspirava novos versos à canção da moda *Gavotte dês Mathurins*: "A Avenida chic/ Eu sou a Central/ Da elegância tic/ Dou à capital".

O fato é que nem a novidade dos grandes túneis construídos com o passar dos anos conseguiu tirar-lhe o tal "tic" e o privilégio de ser a principal ligação entre a Zona Norte e a Zona Sul. O Túnel Rebouças fora inaugurado havia menos de um ano, mas era pela Rio Branco que passava a maioria dos ônibus vindos dos bairros mais distantes com destino à Glória, Laranjeiras, Cosme Velho, Botafogo, Flamengo, Jardim Botânico, Gávea, Copacabana, Ipanema e Leblon.

Contudo, naquele dia 26 de junho de 1968, não havia qualquer ônibus ou carro circulando na Rio Branco. O que se via era uma massa compacta de 100 mil pessoas tomando por completo toda a extensão da avenida. E dessa vez não eram apenas estudantes: a manifestação reunia os mais diversos segmentos sociais, com destaque para a presença maciça de artistas e intelectuais.

A lista era enorme: Chico Buarque, Gilberto Gil, Caetano Veloso, Ferreira Gullar, Edu Lobo, Vinicius de Moraes, Glauber Rocha, Nana Caymmi, Eva Wilma, Grande Otelo, Tônia Carreiro, Leila Diniz, Eva Todor, Odete Lara, Nelson Motta, Ziraldo, Hélio Pellegrino, Cacá Diegues, Nara Leão, Luís Carlos Barreto, Joaquim Pedro de Andrade, Zuenir Ventura, Fernando Gabeira, Marieta Severo, Leonardo Villar, Milton Nascimento, Norma Bengell, Paulo Autran, Pascoal Carlos Magno e Clarice Lispector. Entre os políticos, na ausência dos que estavam no exílio, chamava a atenção a figura sempre carismática de Tancredo Neves. Na liderança estudantil estavam, principalmente, Vladimir Palmeira, Franklin Martins, José Dirceu e Alfredo Sirkis. O clero estava representado por cerca de 150 padres e freiras e pelo bispo auxiliar do Rio de Janeiro, Dom José de Castro Pinto. Até mães de alunos compareceram, dando um tom, ao lado da comissão de religiosos, de acolhimento e tranquilidade. Uma faixa exposta por padres jesuítas expressava o total apoio aos estudantes: "Fazer calar os moços é violentar nossa consciência".

Acuado pela repercussão negativa da violência empregada pela polícia nas manifestações anteriores, o governo tinha autorizado a passeata, organizada a partir de um encontro de intelectuais com o governador Negrão de Lima. Porém, isso não impediu que um contingente de 10 mil homens fosse colocado de prontidão, para agir se fosse necessário. Além disso, agentes do DOPS, à paisana, faziam uma discreta vigilância. Apesar do caráter pacífico, era o maior protesto contra os militares desde o golpe de 1964.

Pela primeira vez, em 1968, era possível participar de uma manifestação sem sofrer o risco iminente de se machucar seriamente ou mesmo de morrer. O trauma da morte do estudante Edson Luís ainda estava vivo na memória de todos, e aquele encontro serviria também para homenagear o jovem que tombara, apenas três meses antes, num enfrentamento com a polícia. Parecia mesmo inacreditável que tanta gente reunida não resultaria em repressão e violência, como acontecera em todos os protestos estudantis daquele ano.

A concentração era na Cinelândia, de onde a marcha partiria, pela Avenida Rio Branco, na direção da Igreja da Candelária. Às 11h45, começaram os primeiros discursos, que alertavam para uma possível infiltração de policiais e advertiam que qualquer orientação partiria apenas das entidades que lideravam o movimento, como UNE, UBES, UME e FUEC. Logo Vladimir Palmeira aparecia: de barba feita e usando um elegante terno azul-marinho, tentava, como se fosse possível, passar despercebido, pois já vivia na clandestinidade. Naquela altura, 50 mil pessoas já se aglomeravam na praça ostentando faixas e cartazes com os mais variados dizeres: "Liberdade para os presos", "Reabertura do Calabouço", "Mais verbas, menos canhões" e "Abaixo o imperialismo". Em cima do palanque armado, Vladimir tirou o paletó, desabotoou o colarinho, afrouxou a gravata cinza e pediu que todos se sentassem para escutá-lo melhor. Em suas primeiras palavras, o líder que arrebatava a juventude estudantil apontava o caminho a seguir:

"Esta manifestação é dos estudantes, do povo, e custou três dias de luta e pancadaria. Os estudantes mostraram que não são cordeiros e o seu movimento adquiriu força e consistência. Mas não nos iludamos. Esse recuo é apenas tático. A repressão está na essência da exploração a que eles submetem o povo. Como é que um governo que sempre nos reprimiu, sempre nos bateu, permite agora essa manifestação? Está na cara: a gente sabe que a longo prazo a violência vai ser usada novamente, nós vamos ser reprimidos, porque isso faz parte de um sistema que a gente conhece. E por conhecê-lo bem, queremos derrubá-lo."

Eram palavras duras que apontavam para um horizonte difícil de ser divisado. A luta armada como solução política ainda não fora adotada oficialmente pela esquerda, embora grupos radicais já estivessem atuando nessa linha. Naquele cenário tão diverso, na verdade, havia um pouco de tudo. Desde os que pregavam o confronto armado, até os que ainda acreditavam que, a partir da pressão popular, a ditadura recuaria e a democracia acabaria por prevalecer. Vladimir não parecia acreditar numa solução pacífica, apesar do clima de tranquilidade que marcava aquela passeata. Até uma representante das mães dos alunos pôde falar, arrancando aplausos dos manifestantes:

"Os verdadeiros baderneiros não são presos pela polícia. Essa cidade é a mais despoliciada do mundo. Os roubos e os assaltos se sucedem a toda hora. Isso a polícia não vê, ou se vê, não reprime. Nossos filhos querem estudar e não conseguem, pois quando chegam às portas da universidade, elas se fecham. Não há vagas ou elas são insuficientes. Onde quer que haja o sangue generoso dos nossos jovens, estaremos lá, pois sabemos que eles querem um país livre."

Logo, a multidão que se acotovelava na praça seguiu pela Rio Branco em direção à Candelária. Do alto dos edifícios, aplausos e papel picado saudavam a marcha que, a cada metro, ganhava mais adesões. Os manifestantes procuravam estimular que as pessoas descessem dos escritórios, gritando para quem assistia tudo das janelas: "Não fique aí parado, você é explorado!".

Vladimir Palmeira seguia na frente, sempre protegido por dois cordões de isolamento, cada um formado por pelo menos dez companheiros. Pouco a pouco os diversos grupos iam-se enfileirando de braços entrelaçados e em blocos compactos. As atrizes Eva Todor, Tônia Carrero, Eva Wilma, Leila Diniz, Odete Lara e Norma Bengell caminhavam de mãos dadas. Atrás delas, o cartaz "Contra a censura, pela cultura". Em outro grupo, que trazia a faixa "Artistas, intelectuais e clero com os estudantes", vinham Gilberto Gil, Nana Caymmi, Caetano Veloso, Edu Lobo, Nelson Mota, Chico Buarque, Marieta Severo e Paulo Autran. Os artistas eram aplaudidos pelos populares e retribuíam com sorrisos e acenos de mão.

Em dado momento, travou-se uma espécie de competição verbal, quando alguns grupos mais conservadores, como o dos padres, freiras e professores, tentaram em vão sufocar os brados de "Abaixo a ditadura" com gritos de "Queremos diálogo". Ficava evidente que, apesar do objetivo comum de protestar contra a repressão do governo, as táticas variavam entre os setores da sociedade ali representados. Cerca de meia hora depois, quando os que iam à frente da marcha chegaram à esquina da Presidente Vargas, a visão do alto dos prédios era a de uma imensa massa humana ocupando a extensão de quase 1 km de avenida.

Tudo correra sem qualquer conflito ou confronto. Mas para isso foi importante o esquema de "pombo correio", que levava ordens dos líderes, que iam mais à frente da passeata, aos que iam mais atrás. Vladimir Palmeira, constantemente, fazia recomendações para que fosse evitada qualquer violência ou que reagissem a provocações. Foi assim que dois agentes infiltrados do DOPS escaparam de ser agredidos. Um deles, flagrado com uma pistola na cintura, chegou a ouvir gritos de "lincha, lincha!", mas acabou apenas sendo retirado da passeata. Como ato final, altamente simbólico, foi queimada uma bandeira dos Estados Unidos, que, para os estudantes, eram os responsáveis pela opressão no Brasil e nos demais países do Terceiro Mundo.

Aliviado com a notícia de que a manifestação transcorrera sem qualquer incidente, o governador Negrão de Lima apressou-se em ligar para o presidente Costa e Silva. Não escondia sua satisfação, pois fora ele que garantira ao presidente que não haveria necessidade de repressão. Mas, como afirmara Vladimir Palmeira, aquele era apenas um recuo estratégico do governo. Julho logo chegaria para mostrar que os ventos de liberdade ainda estavam longe de soprar no Brasil. A Passeata dos Cem Mil entraria para a história como um importante movimento de resistência ao arbítrio. Insuficiente, porém, para evitar o golpe fatal e definitivo que, em breve, seria dado na democracia.

1968 JULHO

Encontro entre a população de Bucareste e as autoridades para lidar com a situação criada pelos eventos na Tchecoslováquia.

Página anterior:
Em uma demonstração de força excessiva típica da época, o Exército reprime manifestação popular usando soldados montados e armados com sabres.

1º jul ATENTADO POR ENGANO

O major do Exército alemão Edward von Westernhagen estava no Brasil desde 20 de janeiro, a convite do governo brasileiro, para participar de cursos na Escola do Comando do Estado-Maior do Exército (ECEME). Ainda bem jovem, em 1942 e 1943, ele lutara no *front* russo durante a Segunda Guerra Mundial. Considerado um herói de guerra, aos 43 anos mantinha o porte marcial dos tempos de soldado; era um homem forte, de boa estatura (1,82 m), cabelo loiro, curto e pele clara.

Aquele dia parecia com os outros da passagem do militar alemão pelo Rio de Janeiro. Às 6 horas da manhã, Edward se despedira da mulher e das duas filhas pequenas e se dirigira à sede da ECEME, no complexo militar da Praia Vermelha. Lá, como era rotina, passara toda a manhã estudando e trocando informações com os militares brasileiros. Já eram 13h45, e o major estava atrasado em cerca de meia hora do horário que costumava voltar para casa, na bucólica Rua Araucária, no bairro do Jardim Botânico, no Rio de Janeiro. No entanto, caminhava despreocupado, com uma das mãos no bolso da calça de veludo e a outra segurando uma pasta de couro. A alguns metros do edifício de quatro andares onde ele morava, dois homens conversavam discretamente. Um era moreno, alto e trajava um terno cinza. O outro era branco e usava uma camisa esportiva com mangas arregaçadas e calça escura.

De repente, sem qualquer motivo aparente, esse segundo homem se aproximou de Edward e descarregou sobre ele a pistola 7.65, atingindo-o com três tiros nas costas, dois no peito, um na face e outro no pescoço.

Já caído, rente ao meio-fio, com o corpo sobre o paralelepípedo, mais dois tiros de misericórdia foram disparados, ambos na cabeça. Em seguida, levando a pasta que o militar carregava, os dois homens saíram andando tranquilamente e só apertaram o passo quando ouviram gritos de uma vizinha que assistira ao crime. Fugiram num automóvel Volkswagen que ficara o tempo todo na esquina, com um motorista dentro mantendo o motor ligado.

Os primeiros policiais a chegarem ao local foram o comissário e o detetive-chefe da 15ª Delegacia Distrital. Deram início às investigações ouvindo as testemunhas. Uma delas, um professor que morava no prédio em frente, e que assistira tudo da janela, afirmara que a ação durara poucos segundos e que a arma do crime, descrita como uma pistola preta, havia sido colocada dentro da pasta roubada do major. Logo chegariam vários militares do Exército e companheiros de estudos de Edward von Westernhagen na ECEME. Havia um mistério no ar: já que a hipótese de latrocínio fora logo descartada, quais seriam os motivos da execução sumária? Numa primeira linha de investigação, as autoridades federais afirmavam que o crime tinha característica de uma "operação-vingança", desencadeada por um grupo internacional com origens políticas ou de negócios.

Enquanto se especulava sobre as motivações do atentado, em um aparelho (esconderijo) perto dali – um acanhado apartamento com poucos móveis no bairro de Botafogo –, três homens chegavam da missão que matara o oficial alemão. À espera deles estava Amílcar Baiardi, um jovem de 26 anos que, como todos os outros, fazia parte do grupo guerrilheiro Comando de Libertação Nacional (COLINA), que já atuava na clandestinidade tentando derrubar a ditadura militar. Os que participaram da ação eram João Lucas Alves, Severino Viana e José Roberto Monteiro. O espanto veio quando os quatro militantes abriram a pasta tomada da vítima. Só havia documentos escritos em alemão e o passaporte de Edward. Eles tinham cometido um terrível engano.

Na verdade, o objetivo do grupo era assassinar o militar boliviano Gary Prado, que havia capturado Che Guevara em 8 de outubro de 1967, nas matas da aldeia de La Higuera.

Gary estava no Rio, tal como Edward von Westernhagen, convidado pelo Exército brasileiro também para participar de eventos na ECEME. O desejo de justiçar Che era tão grande que Baiardi já rascunhara uma carta na qual o COLINA assumiria o atentado. Dizia logo no início que "quase um ano depois, o Comando de Libertação Nacional, em nome dos oprimidos de todo o mundo, vinga o assassinato de Che Guevara". Rapidamente, a carta foi destruída e os quatro guerrilheiros fizeram um pacto de silêncio: nem sob tortura confessariam o crime, pois, com isso, comprometeriam a credibilidade da organização.

O plano se frustrara porque a fonte de informação, um membro do COLINA infiltrado no Exército, havia confundido a identidade dos dois militares. Fisicamente, Gary e Edward eram bastante parecidos: magros, altos, mesma cor de pele. Desconfiado de que poderia ser ele o alvo da desastrada operação, Gary Prado, por recomendação do Exército, passou a morar num edifício militar na Praia Vermelha. Ficaria no Brasil, em segurança, por mais três anos.

Ainda em 1968, João Lucas e Severino Viana seriam presos. O primeiro morreu durante uma sessão de tortura, e o segundo, também depois de ser torturado, apareceu morto em sua cela. A justificativa foi a de que teria se matado. Como combinado, nenhum deles confessou o crime.

A verdade só veio à tona quando, 20 anos depois, em 1988, Amílcar Baiardi, o único sobrevivente dos quatro e hoje professor da Universidade Federal do Recôncavo da Bahia, revelou o que havia de fato acontecido. O major alemão Edward von Westernhagen fora assassinado por um erro grosseiro da esquerda brasileira que havia optado pela luta armada no combate ao regime militar.

04 jul O CÃO NÃO ADERIU

Ainda sob o impacto da Passeata dos Cem Mil, o presidente Costa e Silva resolveu acelerar a reforma universitária – que incluía pontos como a instituição de fundações, a legitimação de representações estudantis e a criação de coordenações estaduais do MEC – como uma forma de acalmar os ânimos e fazer cessarem os protestos nas ruas. Mas não foi suficiente. Àquela altura, o que motivava essencialmente os protestos era a insatisfação com o regime militar. O que se buscava era o fim da ditadura. E isso, para o governo, não estava na pauta de negociações, pois seria como admitir o próprio fim.

Com isso, no dia 4 de julho, novamente uma passeata parou o centro do Rio de Janeiro, assumindo um caráter nitidamente político, com os manifestantes conclamando o povo para a derrubada da ditadura e do imperialismo norte-americano, com o recurso da luta armada, se necessário fosse. Panfletos distribuídos aos milhares proclamavam que o movimento não era apenas estudantil, mas de toda a população, e pregavam, se fosse preciso, o uso da força para instituir um governo popular revolucionário. Os problemas específicos da classe estudantil ficavam em segundo plano nos diversos comícios que aconteceram no trajeto da Cinelândia até a Praça da República, em frente ao Superior Tribunal Militar.

Novamente, não foram registrados incidentes ao longo do trajeto. Policiais faziam uma vigilância discreta, sem interferir na marcha. O número de participantes era bem menor do que na Passeata dos Cem Mil, mas ainda assim havia muita gente, cerca de 30 mil pessoas. Teve de tudo um pouco, mas o foco foi deixar claro que o objetivo do movimento era criar condições para que o conjunto da população se unisse para depor o governo. Palavras de ordem contra a imprensa, considerada vendida aos interesses do grande capital e não do povo brasileiro, e contra os poderes executivo, legislativo e judiciário, na mesma medida, segundo os manifestantes, servindo a interesses antipopulares, eram constantes.

Mais uma vez, a classe artística aderiu à manifestação comparecendo em peso. Chico Buarque bebia uma cerveja ao lado da então namorada Marieta Severo no tradicional Bar Amarelinho. Nas imediações, circulavam Luís Carlos Barreto, Arnaldo Jabor, Ziraldo, Rubens Gerchman, Marcos Vale, Domingos de Oliveira, Antonio Callado, Milton

Nascimento e Ruy Guerra. Glauber Rocha não parava um instante, preparando o equipamento de filmagem para documentar a passeata. No trajeto, entre gritos de guerra e apelos para que a população engrossasse a marcha, uma cena fez com que todos se descontraíssem: na Rua Buenos Aires, da sacada de uma loja de tintas, um cachorro não parava de latir para a passeata. Imediatamente, demonstrando também bom humor, os manifestantes passaram a gritar: "Desce! Desce!", para a gargalhada geral.

Quem também ria à toa era o ambulante que vendia refrigerantes: "Acabou, pessoal, agora só na próxima passeata", avisou, enquanto contava o dinheiro do lucro.

Propositalmente, o fim da passeata foi em frente ao Tribunal Superior Militar (STM), onde Vladimir Palmeira fez um último discurso exigindo do governo a libertação imediata dos estudantes presos durante as últimas manifestações. Ele expressava a indignação de todos, já que, segundo Hélio Pellegrino, membro da comissão da Passeata dos Cem Mil, que fora recebida pelo presidente Costa e Silva, o governo não garantira que isso aconteceria: "O que eles chamam de diálogo é um conchavo de gabinete, que a gente tem que botar fraque. Não serve para nós", disse Vladimir.

Depois, apontando para o STM, afirmou: "Este é o tribunal que condena os que lutam contra as injustiças, que executa as leis feitas pela ditadura e pelos ricos. É o símbolo da opressão". Enquanto isso, as paredes do prédio eram pichadas com dizeres relacionados à detenção dos estudantes. Logo Vladimir, cercado por um grupo de 30 deles, sumia na multidão para não correr o risco de ser preso.

O presidente do STM, general Olímpio Mourão Filho, já havia sido avisado de que a passeata acabaria em frente ao prédio do tribunal. Por isso, desde cedo, mandara fechar todas as portas e janelas. Ouvido numa coletiva de imprensa, ele classificou a manifestação como "uma reunião de bestalhões que não sabiam nem dizer o que queriam":

"Eles pediam pelos estudantes presos, mas quem pede isso não conhece a lei. Eles já foram denunciados e estão numa área que não é mais da competência do STM. Não tenho mais qualquer autoridade sobre esses presos, mas, sim, o Conselho de Justiça Militar."

Já o ministro da Justiça, Gama e Silva, passara a tarde no prédio do MEC, recebendo de assessores as informações sobre o andamento da passeata. Imediatamente as repassava por fax ao presidente Costa e Silva, em Brasília. Transformado em um veículo das pressões de endurecimento, o ministro Gama e Silva tinha sempre na manga um leque enorme de medidas de exceção, prontas para receber o carimbo presidencial. Em todo encontro com Costa e Silva, por exemplo, ele levava no bolso uma cópia recém-datilografada da decretação de estado de sítio.

Havia, na realidade, uma indisfarçável perplexidade do governo, pois havia a ilusão de que o anúncio da reforma universitária faria com que os estudantes baixassem o tom das críticas. Mas era a contestação política que alimentava tanto a revolta dos estudantes quanto o apoio que recebiam da opinião pública. Eles não estavam nas ruas exatamente para exigir melhor educação, embora estivessem também por esse motivo. No fundo, representavam a vanguarda da oposição política, que já não podia mais ser feita de forma eficiente pelos mecanismos constitucionais.

A existência de um partido oposicionista era uma concessão da ditadura apenas para dar uma aparência de que se vivia numa democracia. Na verdade, a classe política estava desmoralizada, havia sido contida na sua expansão e pouco conseguia refletir o que se passava no país. Assim, a rua passava a ter o papel de veículo das insatisfações populares. O governo se mantinha ainda na defensiva, porque sabia que toda possibilidade de passar à ofensiva envolveria mais repressão, mais desgaste junto à opinião pública e o bloqueio das próprias instituições.

Nessa linha tênue, o presidente Costa e Silva ainda se equilibrava, resistindo às pressões do grupo militar de extrema direita e ao mesmo tempo à perda de popularidade provocada pelas manifestações de rua. Era uma encruzilhada que logo o governo teria que encarar e, então, decidir para que lado iria.

05 jul GOVERNO ENDURECE COM OS ESTUDANTES

Depois de se mostrar tolerante nas últimas passeatas, quando menos se esperava, o governo anunciou, depois de acatar uma nota do Ministério da Educação, que qualquer manifestação de rua passava a ser proibida em todo o território nacional. O comunicado da presidência da República ressaltava que a decisão fora tomada porque o que parecia um movimento da juventude estudantil, com objetivo de defender apenas os interesses da classe, "se transformou num movimento com o caráter de verdadeira subversão e desafio às autoridades constituídas, passando a gerar intranquilidade e a prejudicar as atividades econômicas dos estados e dos cidadãos".

O ministro Gama e Silva garantia que o governo não teria dúvidas em "decretar medidas drásticas" caso a segurança nacional fosse de alguma forma ameaçada. Imediatamente, a informação foi repassada a todos os governadores de Estado. O governo fundamentava a decisão no "desvirtuamento dos ideais dos movimentos de protesto". A distribuição de panfletos, a exibição de faixas e cartazes incitando o confronto com as autoridades, os discursos improvisados com expressões verbais provocadoras e as frases lançadas em bens públicos e particulares, segundo Gama e Silva, não seriam mais admitidas.

Na Guanabara, onde aconteceram as passeatas mais importantes, o governador Negrão de Lima reagiu aparentando não saber exatamente o que fazer. Por isso, tinha planos de se reunir o mais rápido possível com o comando da Polícia Militar e autoridades do Exército, para estabelecer estratégias de como seria a repressão: se ostensiva ou à distância, violenta ou moderada, armada ou desarmada.

Para os estudantes, a medida do governo era esperada. Como havia dito Vladimir Palmeira na Passeata dos Cem Mil, cedo ou tarde os estudantes seriam novamente reprimidos. Naquele momento, a ordem era fazer um levantamento das últimas manifestações e preparar, nos centros acadêmicos, a organização de novos protestos, previstos,

JULHO | 165

a princípio, para o mês de agosto. A trégua serviria para serenar um pouco os ânimos, mas não havia dúvida de que as duas forças em breve seriam colocadas em choque, pois as manifestações não sairiam da pauta dos estudantes e a repressão voltaria à pauta da Polícia Militar.

Naquele momento, os estudantes mostravam ser um bloco harmônico que se apresentava como a única força, a despeito das eventuais ações de organizações clandestinas, com disposição para enfrentar, de peito aberto, um estado cada vez mais militarizado. Mas nem sempre fora assim. Por trás da aparente unidade das manifestações, várias correntes, havia muito pouco tempo, divergiam, e não raramente se hostilizavam abertamente. Esse processo de divisão dos grupos, que vinha crescendo, foi superado por três fatores: primeiro, pelo agravamento dos problemas da educação, que no início do ano se tornaram dramáticos a ponto de o reitor da UFRJ afirmar que, por falta de verbas, teria que fechar a universidade em agosto; segundo, pela morte do estudante Edson Luís e o fechamento do Restaurante Calabouço; e terceiro, pela violenta repressão desencadeada pela polícia nas manifestações.

Dessa forma, as posições de Vladimir Palmeira e Elinor Brito – os dois principais líderes estudantis – vinham se afinando. Até então, Vladimir, mais moderado, colocava em primeiro plano as reivindicações específicas dos estudantes e em segundo as questões políticas. Já Elinor, mais radical, pregava abertamente a derrubada do governo, deixando em plano secundário os problemas da classe estudantil. Agora, ambos já falavam a mesma língua e lutavam, antes de qualquer coisa, pelo fim da ditadura.

O ano de 1968 passava da metade, e o segundo semestre prometia novos e definitivos embates entre os estudantes e o governo de Costa e Silva.

14 jul GREVE DESAFIA O REGIME MILITAR

Num tempo em que os sindicatos estavam amordaçados, sem qualquer poder de mobilização, causou surpresa quando eclodiu uma greve que paralisou cinco grandes fábricas – Fósforos Granada, Cobrasma, Braseixo, Lonaflex e Metalúrgica Barreto Keller – no complexo industrial de Osasco, na Grande São Paulo. Foi o ponto culminante de um processo de reação do operariado depois da paralisia provocada pelo golpe de 1964. Em 1967, surgiram duas chapas de oposição sindical metalúrgica em São Paulo, e uma delas venceu as eleições em Osasco, o que fez com que o sindicalismo iniciasse uma resistência às medidas intervencionistas e autoritárias do regime militar.

A principal reivindicação dos trabalhadores era um aumento salarial de 35% e escala móvel de salário, com reajustes a cada três meses. Havia uma grande apreensão do governo de que o movimento se alastrasse por outras fábricas de Osasco, que, na época, já era o quarto município paulista em arrecadação e o segundo parque industrial depois do chamado ABC paulista (Santo André, São Bernardo e São Caetano).

Eram quatro mil operários de braços cruzados e motivados pelo que consideravam uma "guerra santa". Duas fábricas foram ocupadas, sendo que numa delas, a Cobrasma, a diretoria da empresa ficou retida dentro do prédio. Para resistir, os operários obstruíram os três portões de acesso ao interior da fábrica com guinchos de empilhadeiras, enquanto, ao longo dos muros, membros da comissão de segurança bloqueavam as entradas e saídas armados com pedaços de pau. Num comunicado, a direção de greve conclamava a adesão de todos os trabalhadores:

"A fome que ronda nossas casas e o desemprego que nos atormenta tem que ter um fim. Chegou a hora de dizermos não à ditadura dos patrões. Chegou a hora da derrubada das leis de arrocho salarial, do fundo de garantia e das leis antigreve. Nossa luta é de todos. Se você ainda não parou sua fábrica, engrosse nossas fileiras parando agora."

Em tempos em que uma greve, como no início do século, passava a ser de novo caso de polícia, a tensão aumentava a cada instante. Colaborava para isso o fato de que Osasco estava incluído entre os 236 municípios brasileiros considerados área de segurança nacional e que tinham seus prefeitos nomeados pelo governo. Autoridades federais justificavam a medida pela proximidade de importantes unidades do

Exército, como o 4º Regimento de Infantaria e os Grupos de Canhões Antiaéreos.

O receio do governo era que o movimento crescesse e contagiasse as metalúrgicas e as montadoras de automóveis da região do ABC, onde existiam casos de atrasos de salário. Por isso, logo cedo, no entorno das fábricas ocupadas, viam-se viaturas do DOPS e da Polícia Federal. Como era de esperar, o ministro do Trabalho, o coronel reformado Jarbas Passarinho, de seu gabinete no Rio de Janeiro determinava que não houvesse qualquer transigência com os grevistas, pedindo ao delegado regional do Trabalho, general Moacir Gaia, que providenciasse a desocupação das fábricas.

Eram 21 horas quando o pelotão de choque da Força Pública, com trezentos soldados, quarenta cavalarianos, seis caminhões, um "brucutu" e um "tatu" (viaturas de reconhecimento blindadas, armadas com metralhadoras) iniciou a operação de retomada das fábricas. Um jipe conduzia os cinco oficiais que comandavam o procedimento. Cinco minutos foram dados para que os amotinados abandonassem suas posições. Percebendo que não teriam qualquer chance de resistir a tamanho aparato bélico, os grevistas foram deixando suas trincheiras pacificamente. Em trinta minutos, a maioria já estava nos caminhões da polícia para uma triagem, ficando alguns detidos para interrogatório, enquanto outros eram postos em liberdade.

Alguns ainda tentaram se esconder nos galpões, mas com a varredura feita pela polícia logo deixavam o local, sob escolta, com as mãos na cabeça. Duas prisões foram consideradas importantes pela Polícia Federal: a do operário Rui Barbosa, de 22 anos, por desacato e incitação à desordem, e a do estudante José Campos Barreto, de 21 anos, apontado pelo DOPS como um dos líderes da ocupação. Barreto foi encontrado num dos galpões da fábrica armado com um revólver calibre 36 e uma caixa com 20 balas.

A reação do ministro Jarbas Passarinho, ao ser comunicado sobre a desocupação das fábricas, dava o tom do momento político que vivia o Brasil:

"Alguém pensou que o Rio Tietê era o Sena e que a língua falada aqui era o francês, mas se enganou ao manter em cárcere privado um grupo de engenheiros como refém. O governo acolhe todas as reivindicações dos trabalhadores, o que não admite é a provocação e a rapinagem", disse Passarinho, ironicamente, numa alusão ao movimento de protesto que recém acontecera na França.

Já o governador de São Paulo, Abreu Sodré, avisava que não toleraria mais provocações e que greves daquela natureza seriam "reprimidas à força".

Terminava assim o movimento grevista dos trabalhadores de Osasco, sem grandes resultados práticos, mas deixando uma semente que, uma década depois, transformaria, ainda no período ditatorial, a face do sindicalismo brasileiro.

17 jul CULTURA AGREDIDA

A peça *Roda Viva* fazia parte de um momento de grandes novidades na cultura brasileira. Fora escrita por Chico Buarque – que compôs também as músicas do espetáculo – e dirigida por José Celso Martinez, diretor já conhecido pela irreverência e criatividade com que conduzia o Teatro Oficina, palco de espetáculos inovadores e politicamente engajados. A estreia, com Marieta Severo e Heleno Prestes nos papéis principais, foi no Rio de Janeiro, em 15 de janeiro de 1968, no Teatro Princesa Isabel. Logo se transformou num estrondoso sucesso de público.

O enredo narrava a história de um cantor que mudava de nome para agradar ao público, submetendo-se às exigências da indústria televisiva que emergia nos anos 1960. O personagem representava a impiedosa manipulação promovida pelo mercado fonográfico e pela imprensa, promovendo uma reflexão sobre a opressão exercida pela sociedade de consumo. Tudo bem de acordo com o universo pop do Tropicalismo, do qual Chico Buarque buscava se aproximar.

Contudo, da forma como foi encenada, a peça se transformou mais numa obra de José Celso do que propriamente de seu autor. Chico aprovou o resultado e participou diretamente da montagem. Agradava a ele ter seu nome associado à selvageria cênica que Martinez introduziu no espetáculo: "Antes que brigassem com o Chico, já briguei com ele", confessaria Chico Buarque alguns anos depois. Assim sendo, o compositor rompia um pouco com a imagem de bom rapaz que o cercava, principalmente depois do sucesso de *A Banda*.

Dessa forma, o texto da peça foi modificado sem qualquer culpa, passando a ter características que desconcertavam e incomodavam: "Você já matou seu comunista hoje?", perguntavam os atores à plateia. Entre muitas provocações e ironias, havia também uma cena em que um fígado cru era exibido, chegando a respingar sangue no público; em outra simulava-se um grupo de estudantes sendo reprimido pela polícia. Mas nada chocava tanto quanto a cena em que Nossa Senhora rebolava, de biquíni, diante de uma câmera de televisão. As reações eram diversas, mas o público lotava o teatro para assistir.

No núcleo da polêmica estabelecida na cultura brasileira naquele momento, *Roda Viva* representava, como afirmou Caetano Veloso, "uma oportunidade de revelar os conteúdos inconscientes do imaginário brasileiro".

Nesse contexto em que o espetáculo rompia com sólidas tradições, não foi surpresa que se tornasse um incômodo particularmente para os setores mais conservadores da sociedade. Mesmo assim, não se imaginava que passasse a ser alvo de uma violência tão explícita. Já na temporada de São Paulo – com Marília Pera no lugar de Marieta Severo e Rodrigo Santiago no de Heleno Prestes –, o Teatro Ruth Escobar, onde a peça era encenada, foi invadido por dezenas de integrantes da organização de extrema-direita Comando de Caça aos Comunistas (CCC), que, armados até de cassetetes, atacaram indistintamente espectadores e integrantes do elenco, além de destruírem o cenário. A atriz Marília Pera chegou a ser despida à força e colocada do lado de fora do teatro. Toda a ação não demorou mais que três minutos, mas suficiente para produzir um grande estrago.

Nem isso impediu que no dia seguinte a peça fosse encenada. Mesmo com muitas cadeiras quebradas, o cenário destruído e os atores traumatizados, num ato de resistência, tão peculiar da época, *Roda Viva* empolgou o público novamente. E com o teatro lotado.

Em Porto Alegre, no dia 3 de outubro, numa nova montagem, o mesmo aconteceria, e de forma ainda mais violenta. O pianista do espetáculo, José Borelli, chegou a ter os dentes quebrados por um golpe de soco-inglês. Diante da ameaça de novas agressões, a temporada foi interrompida, e os componentes do elenco tiveram que deixar a cidade escoltados pela polícia. A fachada do Teatro Leopoldina amanheceria inteiramente pichada com dizeres como "Arte sim, pornografia, não", "Chega de subversão" e "Fora comunas".

Logo *Roda Viva*, considerada "degradante" e "subversiva", seria censurada pelo governo. No parecer do censor responsável, Chico Buarque "criou uma peça que não respeita a formação moral do espectador, ferindo de modo contundente todos os princípios de ensinamento de moral e de religião herdados de nossos antepassados". O diretor José Celso Martinez passou a ser perseguido e, segundo ele, acusado de hipnotizar a plateia com as mesmas técnicas de hipnose que Mao Tsé-Tung teria usado para fazer a revolução chinesa e implantar o comunismo no país.

Foi o preço que a obra de Chico Buarque pagou por expressar, numa época de intolerância e resistência ao novo, sentimentos que mexiam com conceitos sociais e religiosos fortemente consolidados no Brasil.

19 jul BISPOS EMPAREDAM O GOVERNO

O arcebispo de Teresina, Dom Avelar Vilela, irmão do deputado Teotônio Vilela, fora eleito, em 1967, presidente do Conselho Episcopal Latino-Americano que se reunia em Medellín, na Colômbia, naquele julho de 1968. Num momento de turbulência em toda a América

Latina, a posição da Igreja em relação à política do continente era esperada com grande expectativa, e certamente influenciaria nas decisões governamentais, criando, no mínimo, um novo mecanismo de pressão.

No documento divulgado, em vários pontos o Conselho colocava em cheque os governos da região, que nada faziam para transformar a realidade na qual, no processo de desenvolvimento econômico, imensas massas humanas eram relegadas a um segundo plano. Diante desse quadro, já se notava uma mudança de comportamento da igreja, colocando-se como um agente social catalisador: "Nas circunstâncias atuais, o cristianismo não pode estar ausente e muito menos neutro", dizia o documento assinado por Dom Avelar.

De fato, os indicadores sociais e econômicos na América Latina explicavam o clima de insurreição em vários países e, consequentemente, a necessidade da existência de regimes ditatoriais para a manutenção do status quo. O índice mais usado para medir o desenvolvimento econômico já era então o nível médio de renda. Na América Latina, alcançava apenas 300 dólares. Essa renda equivalia a um terço do que obtinham os europeus e a um sétimo do que os norte-americanos conseguiam. Nos últimos anos, portanto, o ritmo de crescimento dos países latino-americanos era bem inferior daquele prometido pela "Aliança para o Progresso", o projeto criado, ainda no governo de John Kennedy, com o objetivo de integrar os países da América nos âmbitos político, econômico, social e cultural no sentido de barrar o avanço de doutrinas socialistas.

O medo desse tipo de influência se deu, principalmente, depois que a Revolução Cubana teve a cooperação direta da URSS. Passaram a ser necessárias, do ponto de vista dos Estados Unidos, ações que diminuíssem as desigualdades sociais e a miséria no continente. Assim, imaginava-se que fosse criada a imagem de que os Estados Unidos estavam à frente dessas inciativas, barrando notícias de que países dentro da esfera de influência da União Soviética tinham mais qualidade de vida.

Mas, na prática, pouco ou nada foi conseguido. Os bispos apontavam problemas crônicos do subdesenvolvimento, como o aumento gradativo da população marginal urbana, formada, em grande parte, por emigrantes rurais que fugiam da fome no campo e vinham para a cidade grande sonhando com uma vida nova. Acabavam por ficar à margem do desenvolvimento, pois, segundo os bispos, "não participavam dos diversos bens e serviços da sociedade, como o acesso à educação, à saúde e a uma moradia digna". Despertar a consciência dessa condição social degradante era um dos objetivos do encontro. Não era mais possível conviver com o que os bispos chamavam de "sujeição da economia latino-americana aos capitais estrangeiros" que "compram matéria-prima por baixo preço e vendem produtos manufaturados a preços cada vez mais elevados".

Nessa mesma linha, os bispos que participaram da IX Assembleia Geral da CNBB, no Rio de Janeiro, lançavam um manifesto à nação brasileira. Preocupado com o teor desse documento, o presidente Costa e Silva chegou a enviar um emissário ao evento para solicitar moderação aos bispos. Não adiantou muito. Numa referência aos últimos acontecimentos no país, quando as manifestações estudantis foram reprimidas e depois proibidas, a CNBB dizia não concordar "com desrespeito aos direitos fundamentais do homem, principalmente ao direito de livre expressão e reunião e ao direito de justa remuneração e defesa".

Num outro trecho, ressaltava que a não violência não poderia ser resultado de um conformismo perante as injustiças estabelecidas sob as mais diversas formas e pretextos:

"Esse não conformismo se manifestará por uma ação corajosa e constante para conseguir reformas profundas, urgentes e audazes das estruturas, o mais rapidamente possível, como exigência da própria justiça."

Na mesma direção que o movimento estudantil, os bispos pediam uma profunda reforma educacional, voltada "para a dignificação do homem". A promoção das massas marginalizadas através da educação de base era considerada tarefa essencial para tornar o povo capaz de participar efetivamente do processo de desenvolvimento nacional:

"A reforma do ensino elementar, médio e universitário, o incentivo à pesquisa científica e tecnológica devem igualmente estar voltadas para as exigências desse desenvolvimento. Essa renovação educacional, inadiável, deve ser realizada com o empenho e a competência dos que exercem o magistério, com a participação das reais lideranças estudantis, a cooperação eficiente dos pais, a ação imprescindível do governo e o apoio de quantos têm responsabilidade nesse setor. Conclamamos os responsáveis pelos meios de comunicação social para que resistam aos abusos do sistema econômico vigente, e, fiéis à verdade e à moral, cumpram seu papel relevante e decisivo na educação do povo."

O bispo de João Pessoa, Dom José Maria Pires, um dos principais líderes da ala progressista da igreja, foi bem enfático e responsabiliza-va o governo pela violência institucionalizada no país, dando como exemplo a forma como foram reprimidos estudantes e operários: "O governo não tem se mostrado disposto a dialogar com as minorias. É representado por uma minoria", acusou.

Firme em suas posições, ele deixava claro como via seu papel social: "Não tenho medo de ser chamado de subversivo ou agitador. Não pode haver evangelização sem conscientização. Aquele que conscientiza, mesmo não sendo cristão, está prestando um serviço ao povo. Não há radicali-zação. O que nos interessa é dar consciência ao homem democrático".

Essa nova posição da igreja, que se consolidaria nos anos seguintes, criava embaraços para o presidente Costa e Silva. Num momento em que o regime se fechava ainda mais, indo na contramão dos ventos de liberdade, em toda a América Latina, a Igreja se tornava mais crítica e peregrina, "caminhando ao encontro do homem e não ficando à espera de que venham até ela", como dizia Dom José Maria, que em 2017, aos 98 anos, ainda estava ativo. Como arcebispo emérito da Paraíba, era o bispo (em ordenação episcopal) mais antigo do Brasil.

28 jul PRIMAVERA DE PRAGA SOB PRESSÃO

A tensão que cercava a Tchecoslováquia por tentar se libertar das diretrizes impostas pela ortodoxia marxista-leninista acabaria por respingar até nas relações entre União Soviética e Estados Unidos. Moscou, que já mantinha tanques nas proximidades de Praga, pela primeira vez acusava Washington de apoiar a insurreição tcheca. Num discurso durante a entrega da Ordem da Revolução de Outubro à Federação da Rússia, o presidente Nikolai Podgorny declarava que forças hostis que atuavam no exterior tentavam desviar a Tchecoslováquia dos princípios da comunidade socialista.

O Departamento de Estado Americano, além de desmentir as insinuações de manobras do país nessa direção, negava-se a fazer qualquer comentário oficial sobre a crise que dividia o bloco comunista na Europa. Era uma situação delicada, e cada vez mais a Tchecoslováquia ficava isolada. Na Hungria, que sofrera violenta intervenção em 1956, o jornal *Magyar Nemzet*, órgão da frente popular húngara, dizia que os comunistas tinham o dever de persuadir todos os partidários "no sentido de atuarem para que as posições do socialismo permaneçam firmes e para que a unidade política e militar dos países comunistas se mantenha sem atritos".

Mas a Tchecoslováquia não aceitava qualquer imposição de como deveria governar a si própria. A movimentação de tropas soviéticas em seu território era vista como uma tentativa de obrigar Praga a um recuo em sua linha de redemocratização, o que não era mais admitido. Alexander Dubcek, secretário do Partido Comunista, antecipava que não aceitaria, por exemplo, a exigência do Kremlin para a restauração da censura. O impasse estava armado e a impressão que se tinha era a de que se esgotavam as possibilidades de entendimento. Praga avisava, inclusive, que sem a retirada das tropas soviéticas não haveria qualquer diálogo.

E não faltava sustentação interna para essa postura firme, já que o Presidium do Comitê Central do PC tcheco contava com o apoio majoritário dos 1.539 delegados que participariam, em setembro, do Congresso Extraordinário do Partido. Eles teriam sido eleitos justamente por suas posições favoráveis ao processo de democratização. Em nota distribuída à imprensa depois de uma reunião em Praga, o

Presidium informava que as sessões regionais do partido reafirmaram sua amizade com a União Soviética e outros países socialistas, ao mesmo tempo em que ressaltavam como inevitável o prosseguimento de uma política de estado soberano e independente. Em transmissão nacional por rádio e televisão, Dubcek afirmava que, para não recuar no projeto de liberalização, o país necessitava do apoio e da confiança de seu povo, de sua "doçura e disciplina", para que não cedesse a nenhuma "ação histérica e passional" de quem quer que fosse. A Tchecoslováquia "vai caminhar sozinha, sem que lhe imponham soluções", garantiu.

Por outro lado, o *Estrela Vermelha*, órgão oficial das Forças Armadas da URSS, noticiava que os soldados soviéticos estavam prontos para defender o socialismo e "profundamente inquietos com as atividades antissocialistas na Tchecoslováquia". E garantia: "Como toda a população da URSS, os soldados soviéticos cerram fileiras ainda com maior firmeza em torno de seu partido leninista".

O que havia era o temor de que ventos democráticos trouxessem um desequilíbrio ao mundo socialista. Isso ficou expresso como um verdadeiro ultimato na carta formulada depois da Conferência de Varsóvia, realizada em 14 de julho: "Jamais consentiremos que o imperialismo abra uma brecha no sistema socialista e modifique a correlação de forças na Europa em seu favor".

Ainda assim, as medidas liberalizantes tchecas contavam com a simpatia de romenos e iugoslavos; mas o que importava mesmo era o olhar de Moscou. Se na visão soviética existisse qualquer risco de a situação fugir de seu controle, a intervenção seria inevitável. E tudo apontava para isso. Além da presença ostensiva de tropas, o Kremlin proibia que qualquer cidadão soviético atravessasse a fronteira da Tchecoslováquia, até mesmo para fazer turismo.

No dia 29 de julho, a caminho de um encontro derradeiro com líderes soviéticos para tentar sanar a crise, dirigentes tchecos prometiam à população que não recuariam diante das exigências de Moscou. Agosto prometia fortes emoções. Finalmente, o inverno chegaria para a Primavera de Praga.

1968 AGOSTO

Ana Maria Ribas Palmeira, esposa de Vladimir Palmeira, deixa o Superior Tribunal Militar (STM) depois de tentar sem sucesso se encontrar com o marido, detido pelo DOPS.

Página anterior:
Brigitte Bardot, mesmo ainda casada com Gunter Sachs, desfila com o ator e *playboy* italiano Gigi Rizzi, em Saint-Tropez. Foi censurada pelo excesso de liberdade e pelos muitos casamentos.

02 ago POLÊMICA DA PÍLULA CHEGA AO BRASIL

Dentre tantos fenômenos transformadores ocorridos nos anos 1960, um dos mais emblemáticos foi, sem dúvida, o da invenção da pílula anticoncepcional. O impacto que ela teve na sociedade estava diretamente ligado ao momento em que a revolução sexual moderna chegava ao seu ponto máximo. O sexo deixava de ser apenas um meio de reprodução, o que assustava um mundo ainda extremamente conservador e machista. A liberdade que a mulher adquiria para decidir quando e como queria ter filhos era uma grande reviravolta no conceito da sexualidade, pois incorporava o prazer como elemento protagonista – o que, aliás, era uma bandeira dos pioneiros movimentos feministas da década de 1950.

Com a mulher invadindo as universidades, participando ativamente da vida estudantil e, posteriormente, conquistando espaço no mercado de trabalho, a sociedade ganhava uma nova face, completamente diferente daquela que os tempos áridos da Guerra Fria impunham. Esse modelo revolucionário de emancipação feminina, com consequências na formação religiosa da família tradicional, logo chamou a atenção da Igreja, que não tardou em condená-lo.

Na histórica encíclica *Humanae Vitae*, de 25 de julho de 1968, o papa Paulo VI proibira aos quinhentos milhões de católicos do mundo o uso de pílulas anticoncepcionais e de qualquer método mecânico ou químico de controle de natalidade. Num dos trechos do documento da Igreja, ficava evidente uma preocupação acima de tudo machista:

"Os homens retos poderão convencer-se ainda mais da fundamentação da doutrina da Igreja neste campo, se quiserem refletir nas consequências dos métodos da regulação artificial da natalidade. Considerem o caminho amplo e fácil que tais métodos abririam à infidelidade conjugal e à degradação da moralidade. Não é preciso ter muita experiência para conhecer a fraqueza humana e para compreender que os homens – os jovens especialmente, tão vulneráveis neste ponto – precisam de estímulo para serem fiéis à lei moral, e não se lhes deve proporcionar qualquer meio fácil para eles eludirem a sua observância. É ainda de recear que o homem, habituando-se ao uso das práticas anticoncepcionais, acabe por perder o respeito pela mulher e, sem se preocupar mais com o equilíbrio físico e psicológico dela, chegue a considerá-la como simples instrumento de prazer egoísta e não mais como a sua companheira, respeitada e amada."

Em tempos de explosão demográfica e aumento da miséria e das desigualdades sociais, essa posição, guiada apenas pelo aspecto moral e pelo ponto de vista masculino, passou a ser questionada e até vista como irresponsável.

Foi essa a posição de uma comissão da Organização dos Estados Americanos (OEA), que, naquele início de agosto, através de seu secretário-geral, Galo Plaza, declarou que a postura do papa Paulo VI não era coerente com a realidade dos novos tempos. Plaza chegou a afirmar que sua missão ficaria incompleta se se calasse diante da situação gerada pelos termos da encíclica em relação ao uso de métodos anticoncepcionais.

Imediatamente, a declaração de Plaza gerou uma reação do governo brasileiro, que entendia que a OEA não poderia se pronunciar sem ouvir os países membros. Dessa forma, o presidente Costa e Silva, no dia 2 de agosto, orientou o chanceler Magalhães Pinto para que esclarecesse a posição brasileira ao secretário-geral Galo Plaza. Em um comunicado à imprensa, o Itamaraty informava que o Brasil não fora representado na comissão que condenou o veto papal à pílula e considerava que a OEA não deveria se pronunciar sobre questões de ordem religiosa e moral, ainda mais sem o endosso de seus filiados:

"A OEA é um organismo essencialmente político que pelo tempo de sua criação já deveria ter aprendido alguma coisa sobre diplomacia", afirmava a nota dura do Itamaraty.

A polêmica estava no ar, mas sem impedir que as mulheres aderissem em massa ao uso da pílula, o que trazia mais um elemento na mudança de comportamento naqueles dias de tantas novidades.

03 ago PRISÃO NA NOITE DE COPACABANA

Foi numa ronda de rotina em Copacabana, na madrugada de um sábado, que o líder estudantil mais procurado do Brasil foi encontrado. Quando foi abordado, segundo a versão policial, Vladimir Palmeira distribuía panfletos contra o governo perto de um bar, na Rua Santa Clara, em Copacabana. Tentou escapar, mas não conseguiu. Foi então encaminhado para a 13º DP, dali para o DOPS e, em seguida, para a Vila Militar, onde ficou incomunicável. Seu advogado, o futuro governador do estado do Rio, Marcelo Alencar, entrou rapidamente com um pedido de habeas corpus que seria julgado no Superior Tribunal Militar, tendo como relator, escolhido por sorteio, o general Peri Bevilaqua.

Considerado um militar nacionalista e legalista, Bevilaqua tinha em seu currículo a defesa intransigente da posse de João Goulart como presidente em 1961, durante a chamada Campanha da Legalidade, e, no STM, sempre se colocava contra os inquéritos policiais-militares, assim como também contra o julgamento de civis por militares. Os embates com o general Ernesto Geisel – também ministro do STM e sempre mais rígido com civis – ficaram famosos, e não foi surpresa quando, em 1969, acabou sendo cassado com base no AI-5. Por isso, era dada como certa, cedo ou tarde, a libertação de Vladimir Palmeira.

Mas como era de esperar, ao tomarem conhecimento da notícia, os estudantes reagiram imediatamente. No próprio sábado, contrariando a determinação do governo, foram para as ruas protestar. Primeiro paralisaram o tráfego na confluência das Avenidas Pasteur e Venceslau Brás, em Botafogo, para arrecadar fundos, de carro em carro, em favor dos movimentos pela libertação de Vladimir. Depois se dirigiram a Copacabana, onde protestaram durante cerca de meia hora, picharam muros, até serem dispersados por bombas e cassetetes de dois choques da Polícia Militar. No trecho entre as ruas Miguel Lemos e Sá Ferreira, aconteceu o momento de maior violência, quando até repórteres que faziam a cobertura da manifestação foram agredidos.

Para o governo, a prisão de Vladimir Palmeira tinha um importante simbolismo. O líder estudantil, com sua oratória sedutora, era visto como um incendiário, capaz de inflamar multidões de alunos contra o regime. Logo ele foi enquadrado na Lei de Segurança Nacional, artigo 21, que previa pena de quatro a doze anos de prisão para quem tentasse subverter a ordem ou a estrutura político-social do país. Mas Vladimir não era um estudante qualquer. Seu pai era o senador Rui Palmeira, da UDN, de uma família tradicional de Alagoas. Por essa razão ou porque o regime ainda não adotara a tática do terror total contra seus adversários, Vladimir Palmeira não sofreu nenhuma agressão física enquanto esteve preso:

"Não cheguei a ser torturado fisicamente", lembrou Vladimir. "O que os caras fizeram foi me ameaçar de morte várias vezes. Quando me transferiram para a Vila Militar, me amarraram braços e pernas, vendaram meus olhos e me disseram que iam me jogar no Rio Guandu. Depois, senti água em todo o corpo, cheguei a achar que ia ser afogado mesmo. Na Vila Militar, o clima no começo era muito ruim, mas depois melhorou. Nos primeiros dias, chegou perto de mim um tenente, com um menino de uns 5 anos pelo braço. Me apontou para o menino e disse: 'Olha bem esse sujeito, meu filho. É por causa dele que seu pai fica sempre de prontidão e não pode passar mais tempo contigo. Minha vontade é dar um tiro nele, mas o coronel proibiu'. Depois a situação mudou. No fim, o mesmo tenente já brincava comigo: 'Por que você não dá um jeito de o Franklin, o Muniz e o

Marcos Medeiros e outros virem para cá? Assim a gente fazia um jogo de estudantes contra a Vila Militar'".

Mas a brincadeira parava por ali. Existia uma pressão muito grande da ala mais radical do Exército para que ele ficasse preso até ser julgado e, esperava-se, condenado. Depois de várias sessões suspensas, apesar do voto favorável do general Bevilaqua, o primeiro pedido de habeas corpus foi negado. Nesse meio tempo, o Conselho Permanente de Justiça da 2ª Auditoria da Aeronáutica decidiu decretar prisão preventiva de Vladimir Palmeira por 30 dias, "por considerá-lo responsável por vultosos prejuízos à vida da cidade". A medida deu uma feição legal à prisão de Vladimir, que era contestada por Marcelo Alencar, e acabou influenciando na decisão do STM de não conceder o habeas corpus. Imediatamente, o advogado de Vladimir impetrou um novo pedido de liberdade.

Enquanto isso, o pai de Vladimir vivia um drama que talvez tenha contribuído para sua morte meses depois, em dezembro de 1968, aos 58 anos. Num discurso no Congresso Nacional, ele falou sobre a difícil situação que vivia:

"Meu silêncio até o momento decorre da coincidência de ser pai e homem público. Ele é um dos meus seis filhos, criados todos numa escola de independência e de retidão. Não lhes demos, nem a mãe nem eu, educação baseada em privilégios."

Rui Palmeira assinalou que o líder estudantil jamais se valeria da condição de filho de um parlamentar para ter tratamento diferente, assim como nunca havia usado o nome do senador para lutar pelas reivindicações dos estudantes. Para ele, a demora no encaminhamento das reformas propostas pelo governo acentuava as aflições e inquietações, agravando as crises entre o regime militar e os estudantes:

"Ninguém lhes aprova a violência quando delas se valem, mas a ninguém é dado desconhecer-lhes a razão no pedir reformas que, por tardarem, os levam ao radicalismo. No mundo inteiro, em qualquer das suas bandas, a juventude inquieta, apressada, aflita, impetuosa, imprudente, desdenha da comodidade, da riqueza, da tranquilidade, do que há de amorável nos dias que antecedem os 20 anos, para lutar menos por si do que por todos. E tomam atitudes revolucionárias que eram românticas para as gerações mais velhas. Querem um mundo novo, que não definem, mas sentem. Por isso, não calarei meu filho", declarou expressando bem o sentimento dos jovens daquela época.

Quando Vladimir já estava havia quase um mês preso, um novo habeas corpus era negado pelo STM. Foi quando o advogado Marcelo Alencar decidiu recorrer ao Supremo Tribunal Federal, impetrando um novo pedido. Ao mesmo tempo, temendo que o STF desse parecer favorável a Vladimir Palmeira, o Conselho Permanente de Justiça da 2ª Auditoria da Aeronáutica, em reunião secreta, prorrogou por mais 30 dias a prisão preventiva do líder estudantil. Alegava o Conselho que tomara tal decisão porque desde a prisão de Vladimir as manifestações de rua haviam diminuído de intensidade e, caso fosse solto, ele poderia voltar a estimular novos protestos contra o governo.

Passaram-se mais algumas semanas, e só então o Supremo Tribunal Federal finalmente concedeu o habeas corpus a Vladimir Palmeira. Foram 47 dias de prisão até que sua mulher, Ana Maria Palmeira, acompanhada de um Oficial de Justiça, correu para a Vila Militar com o alvará de soltura. Tiveram que agir rápido, pois naquele momento o Conselho de Justiça da 2ª Auditoria da Marinha estava reunido com o objetivo de decretar nova prisão preventiva de Vladimir Palmeira. De fato isso aconteceu, e delegacias do DOPS e regiões militares logo recebiam a informação por telex.

Embora solto, Vladimir continuou obrigado a viver na clandestinidade. Só apareceria em público novamente em outubro, no 30º Congresso da UNE em Ibiúna, São Paulo, quando aconteceria mais um *round* da luta entre os estudantes e a polícia.

06 ago EXÉRCITO FECHA O CERCO

Agosto seria o mês da retomada das passeatas, e tudo levava a crer que elas aconteceriam até com mais intensidade por causa da prisão de Vladimir Palmeira. Esse era um grande motivo para os estudantes se reorganizarem e voltarem às ruas ainda mais inflamados. Uma grande manifestação foi marcada para o dia 6, uma quarta-feira. Seria a primeira depois da proibição oficial do governo. Contudo, dessa vez, nem foi preciso haver qualquer repressão, pelo menos repressão com violência: a estratégia do governo para evitar qualquer protesto foi colocar nas ruas desde cedo, preventivamente, um aparato policial jamais visto antes em circunstâncias semelhantes.

Tropas do Exército, agindo em conjunto com a Marinha, a Aeronáutica e as Polícias Militar e Civil, ocuparam pontos estratégicos da cidade, sob a coordenação direta do comandante do I Exército, general Siseno Sarmento. A ocupação abrangeu também as zonas Norte e Sul e até alguns pontos dos subúrbios, tendo sido empregados na ação 3.600 homens do Exército, 800 da Marinha, 400 da Aeronáutica e 9.300 soldados da Polícia Militar, além de agentes do DOPS.

O aparato bélico era impressionante. Só na Avenida Presidente Vargas, estavam estacionadas duas companhias do 2º Batalhão de Infantaria Blindada, com 18 carros de combate equipados com metralhadoras ponto 30. Do outro lado da avenida, em frente ao Panteão de Caxias, estavam parados 14 tanques do 1º Batalhão de Combate, equipados também com metralhadoras. Só essas duas unidades tinham 480 homens prontos para agir. Do outro lado do Campo de Santana, em frente ao Quartel do Corpo de Bombeiros, estacionaram mais 800 homens do 1º Batalhão de Guardas, armados com fuzis e metralhadoras belgas do tipo utilizado pelas tropas da OTAN.

Na Cinelândia, local onde os estudantes pretendiam se concentrar ao meio-dia, a intervenção começou às 9h30, com a chegada de dois choques da PM e viaturas do DOPS. Qualquer suspeito que passasse pelo local era revistado. Só nesse procedimento, 126 pessoas foram presas para interrogatório. O motivo de duas detenções foi no mínimo inusitado e mostrava como o Estado se tornava paranoico, relacionando qualquer coisa a atividades subversivas. O estudante secundarista Franklin Camilo foi preso porque trazia no bolso um recorte do jornal *Última Hora* com o título "O golpe do dólar". Já Paulo de Tarso Pinheiro foi levado para triagem por agentes do DOPS, mesmo tendo apresentado a carteira de trabalho, que indicava que ele trabalhava numa corretora. No entanto, fora encontrado com Paulo de Tarso um papel escrito simplesmente "INPS". A polícia achou que poderia se tratar de um código para um encontro entre manifestantes. Em outras situações, testemunhadas por jornalistas, estudantes eram parados, revistados e presos sem qualquer motivo aparente. Se protestassem, os agentes simplesmente os mandavam grosseiramente "calar a boca".

Sentindo-se sufocadas pela operação gigante que ocupava praticamente todo o Rio de Janeiro, as lideranças estudantis, um tanto desorientadas, decidiram suspender a manifestação na Cinelândia e em outros pontos do Centro.

À noite, foi divulgado um manifesto convocando os estudantes para voltar às ruas "mais organizados e menos iludidos". Uma greve geral também seria votada. O fracasso da manifestação foi um golpe duro no ânimo estudantil e ameaçou, inclusive, provocar um racha na classe, já que grupos radicais queriam fazer a manifestação a todo custo, discordando da sua suspensão.

Essa estratégia preventiva do governo, além da proibição em si, acabaria por ser decisiva para que pouco a pouco as manifestações diminuíssem. Logo o movimento estudantil estaria praticamente imobilizado, como qualquer outra voz de oposição ao regime militar. Na reta final de 1968, os sonhos de liberdade no Brasil pareciam ser cada vez mais impossíveis.

07 ago BARDOT QUEBRANDO TABUS

Num momento de grandes transformações culturais e de emancipação da mulher, ninguém brilhava mais que Brigitte Bardot. Prestes a completar 34 anos, ainda espetacularmente bela, era sem dúvida a maior celebridade feminina em todo o mundo. Não dava um passo sem que ele fosse registrado por *paparazzi*, e logo sua foto estava nas capas dos principais jornais e revistas. Desde que, em 1964, estivera no Rio de Janeiro, causando grande *frisson*, passara a ser também uma estrela para o público brasileiro.

Não foi surpresa, portanto, quando, em meio a uma grande crise política, sua foto com um novo namorado apareceu estampada na primeira página do *Jornal do Brasil*, na época talvez o jornal mais conceituado do país.

Era um escândalo, mas Brigitte parecia muito à vontade. Mesmo casada desde 1966 com o milionário industrial alemão Gunter Sachs, ela, deixando claro que o casamento não ia bem, apareceu desfilando de mãos dadas em Saint-Tropez, na badalada Riviera Francesa, com Gigi Rizzi, um playboy italiano quase dez anos mais moço, herdeiro de um grande construtor naval.

Brigitte parecia mesmo não se impressionar com o que diziam dela. Logo depois de seu quarto casamento, com Gunter Sachs, ficou famosa uma carta do padre Bouyer, da Ordem de São Francisco, publicada no semanário *Vie catholique illustrée*. A atriz era advertida publicamente "por passar de mão em mão, de cama em cama", e condenada pelos casamentos de "oito minutos" e pelo péssimo exemplo que isso representava para outras mulheres:

"Queira ou não, BB é um ídolo de milhões de pessoas que desejam imitá-la, e não se pode permitir dar-lhes um exemplo que equivale a brincar com o amor. Oito minutos em Las Vegas e você já está casada. Você não é mais do senhor Vadim, nem do senhor Charrier, nem está com o senhor Zaguri. Agora você é do senhor Sachs. Durante oito minutos você jurou fidelidade por toda a vida. Você tinha dito que não voltaria a casar-se, mas logo depois declarou aos jornais que só os idiotas não mudam de opinião... que não sabia que existia Gunter Sachs. Você se casaria outra vez se aparecesse outro cuja existência ainda ignora?"

O que Brigitte ignorava mesmo, e solenemente, eram as alegações do padre católico, seguindo, sem qualquer culpa cristã, sua fervilhante vida amorosa. Mas numa entrevista à *L' Express,* deu sua resposta: "É preciso conhecer tudo. De cada relacionamento aprendi alguma coisa". E relatava peculiaridades de cada um.

Do primeiro marido, Roger Vadim, Brigitte dizia ter aprendido o ofício de atriz: "Ele planejou um filme por conta própria que me levou ao estrelato absoluto, um salto sensacional. Assim surgiu *E Deus criou a mulher".*

O segundo, o ator Jacques Charrier, Brigitte conhecera num set de filmagem. Apesar de ter tido um filho com ele, Brigitte logo notou problemas que impediriam a continuação do casamento: "Havia rivalidade artística e grandes diferenças de temperamento que já na lua de mel se manifestaram".

De Bob Zaguri, o brasileiro com ascendência argelina, BB guardou as melhores lembranças:

"Minha vida mudou muito desde que o conheci. Só não nos casamos por causa das minhas próprias hesitações. Mas nos demos muito bem sem uma cerimônia solene. Tínhamos medo de quebrar o encanto e estragar tudo. A ele devo dias de felicidade passados no Brasil, principalmente em Búzios, perto de Cabo Frio, onde, pela primeira vez em todos esses anos agitados, pude gozar um pouco de solidão. Adorei o Brasil."

Sobre seu marido de então, BB declarava que não se sentia bem em ter que acompanhá-lo a eventos sociais:

"Para mim o amor é a coisa mais importante na vida. Depois do amor vêm outras coisas, muito abaixo. Para Gunther, o amor não vem em primeiro lugar. Ele gosta muito de festas e recepções, de ter amigos. Mas sou terrivelmente tímida. Quando entro em um restaurante ou teatro e todo mundo fica olhando para mim, sinto vontade de desaparecer".

Pois lá estava BB, não tão desaparecida assim, com seu namorado italiano em Saint-Tropez, já anunciando o divórcio de Sachs e, assim, continuando a ditar um novo tipo de comportamento, que acabaria por influenciar várias gerações de mulheres. Nenhum casamento era mais importante do que sua vontade de ser feliz.

12 ago MATANÇA DE BALEIAS

Era uma segunda-feira; a praia não estava cheia, mas logo ficou. O motivo foi o aparecimento, quase na mesma hora, de duas baleias – uma cinzenta e outra negra – nas praias do Leme e do Leblon, nas proximidades do Vidigal. Ambas ultrapassaram a arrebentação e não conseguiram mais voltar para o alto-mar. A primeira acabou morta com seis tiros de uma pistola Colt calibre 45 disparados por um oficial do Forte Duque de Caxias, e a segunda foi abatida a facadas por um pescador local.

No Leme, a luta para trazer a baleia para a areia demorou meia hora e teve a ajuda de três banhistas, que usaram barras de ferro e cordas para puxá-la. Como a baleia ainda se debatia, o oficial do Exército disparou os tiros contra ela, que ainda agonizou por alguns instantes até morrer. Inúmeros curiosos a cercaram, pensando inicialmente tratar-se de um tubarão, e, quando se certificaram de que havia mesmo morrido, passaram a tirar fotos ao seu lado e pular sobre ela. Pelos cálculos dos guarda-vidas, a baleia media 4,50 m e pesava cerca de duas toneladas. Ali mesmo ela foi retalhada, e os pedaços, vendidos a qualquer preço.

No Leblon, a baleia encontrada não teve sorte diferente. O filhote negro de cerca de cinco metros estava encalhado e foi retirado de perto da água com cordas de nylon e a ajuda de banhistas e crianças. Acabou abatido a golpes de facão, e seus pedaços, empilhados em cima da pedra. O trânsito na Avenida Niemeyer chegou a ficar congestionado pela grande quantidade de motoristas que paravam para assistir à cena:

"Antes mesmo de o animal morrer, os guarda-vidas e banhistas já estavam abrindo seu corpo com um machado e afiadas facas, para retirar grandes porções de couro", relatou o *Jornal do Brasil*.

Na reportagem, tudo era narrado com a maior naturalidade, o que deixava claro que na época, mesmo na imprensa, não havia ainda qualquer sentimento de preservação dos animais. Em situações semelhantes, nos dias atuais, acontece exatamente o contrário. Ou seja: as pessoas se mobilizam para salvar e devolver ao mar peixes que encalham nas praias. Não só baleias, mas também tubarões, golfinhos ou pinguins.

O fato é que o debate sobre os direitos dos animais acontece desde o século XI a.C., quando o filósofo e matemático Pitágoras já levantava a questão do respeito ao animal, acreditando na "transmigração das almas". Já no século XVII, René Descartes pensava diferente. Ele argumentava que os animais não tinham almas, não pensavam e não sentiam dor e que, por isso, maus-tratos não poderiam ser condenados. Voltaire se indignou e respondeu a Descartes no seu *Dicionário Filosófico*:

"Que ingenuidade, que pobreza de espírito, dizer que os animais são máquinas privadas de conhecimento e sentimento, que procedem sempre da mesma maneira, que nada aprendem, nada aperfeiçoam!"

Um contemporâneo de Voltaire, o escritor escocês John Oswald, no livro *The Cry of Nature or an Appeal to Mercy and Justice on Behalf of the Persecuted Animals*, afirmou que um ser humano é naturalmente dotado de sentimentos de misericórdia e compaixão: "Se ele tivesse que testemunhar a morte do animal que ele come", dizia ele, "a dieta vegetariana seria bem mais popular". A divisão do trabalho, porém, permitiu que o homem moderno pudesse comer sem passar pela experiência que John Oswald chamava de "alerta para as sensibilidades naturais do ser humano, enquanto a brutalização do homem moderno faz dele um acomodado com essa falta de sensibilidade".

Mais tarde, no século XVIII, o filósofo britânico Jeremy Bentham argumentou que a dor animal é tão real e moralmente relevante como a dor humana e que "talvez chegue o dia em que o restante da criação animal venha a adquirir os direitos dos quais jamais poderiam ter sido privados, a não ser pela mão da tirania". Bentham argumentava ainda que a capacidade de sofrer e não a capacidade de raciocínio deveria ser o parâmetro de como os homens tratam outros seres: "A questão não é: eles pensam? Ou: eles falam? A questão é: eles sofrem?".

Mas até o fim dos anos 1960, essas questões estavam restritas a círculos de grandes pensadores. A população em geral, mesmo a dos grandes centros urbanos – mais escolarizadas –, não tinha essa noção de respeito à vida animal, como ficou provado no episódio da morte brutal das baleias em duas das mais famosas e bem frequentadas praias do Rio de Janeiro. No entanto, isso não estava longe de mudar. Já nos anos 1970, também como reflexo dos movimentos libertários de 1968, começaram a surgir organizações de proteção aos animais que se multiplicariam ao longo do tempo, criando, em todo o mundo, uma nova consciência.

A Declaração Universal dos Direitos dos Animais acabaria por ser proclamada em assembleia, pela UNESCO, no dia 27 de janeiro de 1978. Por isso, nos dias de hoje, certamente aquelas baleias que encalharam no Leme e no Leblon causariam nada mais que deslumbramento e um esforço coletivo para que fossem devolvidas ao mar. Foi o que aconteceu, por exemplo, em agosto de 2015.

Na mesma Praia do Leme em que, 47 anos antes, uma baleia foi morta a tiros por um oficial do Exército, mergulhadores da Unidade de Policiamento Ambiental Marítimo e Fluvial, da Polícia Militar, socorreram um filhote de baleia da espécie jubarte que estava com uma rede de pesca presa nas nadadeiras. Os próprios pescadores também colaboraram para que o animal fosse salvo. Libertada, a baleia seguiu seu destino para alto-mar.

Dois anos depois, em agosto de 2017, na Praia Rasa, na Armação dos Búzios, no estado do Rio, aconteceu algo parecido: um verdadeiro mutirão de pessoas participou do salvamento dramático de outra baleia jubarte filhote, de aproximadamente sete toneladas, que estava encalhada na praia. Até retroescavadeiras foram alugadas para retirar areia ao redor do animal e facilitar sua remoção. Enquanto isso, os populares utilizavam pás e enxadas para ajudar na operação e também jogavam baldes d'água sobre seu corpo para evitar que ela se desidratasse. Equipes da Defesa Civil, do Corpo de Bombeiros e do Instituto Estadual do Ambiente (Inea) coordenavam a operação de salvamento.

Durante 24 horas, o trabalho foi incessante. Finalmente, no momento em que muitos já perdiam as esperanças, pois, segundo um biólogo de uma das equipes, ela tinha dificuldades de respirar, a baleia, levada próximo à arrebentação, conseguiu nadar. Quando estava a cerca de 200 metros da praia, levantou as nadadeiras como se acenasse, agradecida, aos que tanto lutaram pela sua vida. Eram centenas de pessoas que gritavam, aplaudiam e se abraçavam de emoção: "Desde ontem trabalhando para ajudar a tirar a baleia. Foi emocionante. Muito bom", declarou, comovido e com os olhos marejados, o pescador Ciro da Costa.

Tudo bem diferente do que aconteceu com as baleias que encalharam na orla carioca naquele agosto de 1968. Tempos difíceis em que se cobrava um preço alto por liberdade.

20 ago O INVERNO DA PRIMAVERA DE PRAGA

Embora não faltassem indícios de que a aventura liberalizante da Tchecoslováquia poderia ser abortada a qualquer momento, foi um choque no mundo inteiro quando a Rádio Praga anunciou que tropas soviéticas iniciaram a invasão ao país a partir das 23 horas daquele histórico dia 20 de agosto. Informava-se, inclusive, que aviões de guerra já pousavam no aeroporto da capital. A repercussão foi imediata. O presidente dos Estados Unidos, Lyndon Johnson, logo convocou o Conselho de Segurança, e o primeiro-ministro britânico, Harold Wilson, interrompeu as férias para reunir seu gabinete.

A Rádio Praga relatava ainda que o Exército soviético, apoiado por contingentes poloneses, búlgaros e alemães orientais, começou a ocupação "sem o conhecimento do presidente, do primeiro-ministro ou de qualquer membro da Assembleia Nacional", o que caracterizava agressão à soberania e à independência do país. De qualquer forma, em boletins com intervalos de dez minutos, pedia que a população se mantivesse calma e que os funcionários e trabalhadores continuassem em seus postos.

Mas era impossível manter a tranquilidade, ainda mais quando chegou a informação de que haviam sido presos o presidente do Conselho de Ministros, Oldrich Cernic; o presidente da Assembleia Nacional, Joseph Smrskovsky; e o grande mentor do processo de rede-mocratização, o primeiro-secretário do Partido Comunista, Alexander Dubcek. Apesar disso, o presidente da República, Ludvík Svoboda, fez um pronunciamento afirmando que sua política correspondia aos interesses do país e que ela era irreversível. Svoboda convocava também o povo a evitar provocações e resistir pacificamente.

Em nota emitida pelos cinco embaixadores tchecos do Pacto de Varsóvia, eles afirmavam que a presença de tropas estrangeiras impedia o funcionamento normal dos poderes constitucionais e que já havia relatos de "derramamento de sangue em várias cidades". Quatro minis-tros, entre eles o vice-presidente do Conselho e membro do Comitê Central, Ota Sik, que estavam de férias em Belgrado, na Iugoslávia, emitiram um comunicado condenando a "agressão brutal".

E ao contrário da orientação do presidente Svoboda, o povo tche-co não reagiu pacificamente a essa agressão. Mesmo desarmadas, em diversos pontos do país, aos gritos de "Viva Svoboda! Viva Dubcek!", as pessoas saíam às ruas, empunhando bandeiras nacionais, para vaiar e apedrejar as tropas soviéticas com seus tanques de guerra. As conse-quências foram trágicas. A Rádio Praga – último foco de resistência – caiu sob o fogo de canhões e rajadas de metralhadoras, que deixou um rastro de inúmeros mortos e feridos. As construções ao seu redor ficaram reduzidas a escombros. A ocupação da capital foi total, e de nada adiantaram as barricadas e as pichações de "Fora russos!". O máximo que a resistência conseguiu foi incendiar dois tanques. Mas eram centenas. Praga ficou inteiramente isolada do resto do país, com todos os meios de transporte e de comunicação interrompidos.

A Tchecoslováquia entrava em completa desordem. A ocupação provocava a quase total paralisação das atividades produtivas. Fábricas deixavam de funcionar porque os operários entraram em greve, e as grandes cidades apresentavam um aspecto desolador: comércio fechado, ruas tomadas por tanques e carros blindados. Nos céus, jatos soviéticos faziam voos rasantes, lançando panfletos em que avisavam que o presidente legal era Antonín Novotný – defensor da linha dura stalinista substituído em março por Alexander Dubcek na Secretaria Geral do Partido Comunista –, e não mais Ludvík Svoboda.

Com o passar dos dias, quando já eram 500 mil os soldados invasores, o Exército e a Polícia Secreta da Tchecoslováquia começavam a esboçar reação, ajudando na resistência popular. Dez estações de rádio clandestinas operavam em todo o país, passando mensagens que encorajavam a população a repelir as tropas inimigas. Pequenas publicações circulavam, exortando à resistência e à obediência apenas ao governo legal. Os muros de Praga já estavam tomados de inscrições de repúdio. Estrelas vermelhas soviéticas apareciam pichadas com a estrela nazista, e alguns cartazes comparavam a invasão russa com a dos Estados Unidos ao Vietnã. Trens procedentes da URSS, sempre que possível, eram interceptados pelos ferroviários e a carga, apreendida, sobretudo quando se tratava de alimentos e armas. Com isso, os invasores redobravam a repressão e, por conta própria, pilhavam os mercados das cidades em busca de comida.

Era um quadro caótico que fazia com que o mundo se perguntasse qual teria sido o erro que propiciara a invasão soviética. Essa questão se levantava porque em nenhum momento a Tchecoslováquia ameaçara voltar às suas tradições democráticas, abolindo o regime socialista de governo baseado na doutrina marxista-leninista. Não havia, na realidade, razão concreta para que o Kremlin temesse o surgimento de uma democracia liberal no coração do bloco socialista. Nos últimos meses, Praga afirmara reiteradamente sua fidelidade aos princípios do socialismo reinante na Europa Oriental, e Dubcek jamais colocara em dúvida suas convicções socialistas. Talvez seu grande erro, se assim se podia dizer, fora admitir em seu país o despertar da liberdade, o que, para a anacrônica visão stalinista de Moscou, se tratava de um crime inaceitável.

Apesar de algumas conjecturas de que soviéticos e tchecos poderiam se reunir para tentar um acordo, as condições para isso já estavam estabelecidas. O Kremlin exigia que a fronteira da Tchecoslováquia com o Ocidente não apenas marcasse o limite geográfico entre esse país e seus vizinhos do Oeste, mas também delimitasse uma explícita divisão entre o socialismo e o capitalismo. Ficando isso claramente definido, os soviéticos concordavam em se retirar e estacionar suas tropas na fronteira com a República Democrática Alemã (RDA). Era uma questão complexa, pois, a princípio, o governo tcheco estava disposto a tomar todas as medidas que reforçassem a segurança no campo socialista, mas sem abrir mão de manter o rumo interno decidido em janeiro.

Enquanto isso, os conflitos de rua continuavam. Em Praga, tanques soviéticos abriram fogo contra jovens que queimavam panfletos lançados por helicópteros e que tentavam explicar os motivos da ocupação. As informações davam conta de que 84 tchecos já haviam morrido e mais de 300 estavam feridos só em hospitais de Praga. Àquela altura, o presidente Ludvík Svoboda, percebendo a gravidade da situação e o caos em que o país mergulhava, com o número de vítimas se avolumando, já havia viajado para Moscou, onde negociou a liberdade de Alexander Dubcek. O trauma das duas guerras mundiais que testemunhara no *front* acabou sendo determinante para que ele acabasse por ceder às pressões do Kremlin, concordando em negociar também um acordo de paz.

Um dos pontos desse acordo previa uma limitação "adequada" para o rádio, a imprensa e a televisão no país. Além disso, Brejnev impôs a nomeação de um governo de trabalhadores camponeses, como também a assinatura dos chamados Protocolos de Moscou, que obrigavam o presidente tcheco a promover mudanças políticas e culturais no sentido de interromper o processo reformista, o que incluía um grande expurgo no Partido Comunista. Não por acaso, uma das primeiras vítimas foi Ota Sik, o principal teórico das reformas econômicas que promoveriam a abertura da Tchecoslováquia aos mercados ocidentais. Foi imediatamente destituído da vice-presidência do Conselho e acabou nem retornando de Belgrado, pois corria o risco de ser preso. Svoboda também foi obrigado a apoiar o ministro da defesa Martin Dzúr, que dava ordens ao exército tcheco para não resistir. Dubcek continuou no governo, mas meses depois foi substituído, caindo no ostracismo político. Sua imagem só foi reabilitada em novembro de 1989, quando foi aclamado por uma multidão na Praça Letna de Praga, sendo em seguida eleito presidente do parlamento. Já Ludvík Svoboda seguiu como presidente da Tchecoslováquia até 1975, quando, adoentado, deixou o cargo. Até morrer, em 1979, Svoboda justificou sua submissão a Brejnev alegando que agiu daquela forma para salvar milhares de vidas e evitar consequências incalculáveis que uma resistência prolongada traria ao povo tcheco. Defendia essa política conciliatória invocando as próprias lembranças dos horrores da guerra.

Até o dia 4 de novembro de 1968, as tropas auxiliares dos exércitos polonês, alemão, húngaro e búlgaro permaneceram em território tcheco. O exército soviético, entretanto, manteve a ocupação até 1991, com um número estimado em 150 mil soldados em 33 diferentes localidades. Diversas áreas foram transformadas em espaço militar. No distrito de Milovice, a 38 km de Praga, estabeleceu-se a sede do Grupo de Tropas Centrais. Era praticamente uma nova cidade, com milhares de apartamentos construídos especialmente para moradia dos soviéticos. Enquanto soldados se estabeleciam, centenas de intelectuais tchecos deixavam o país. Nesse período, pelo menos 600 deles pediram asilo político na Áustria.

Tudo fazia parte de marchas e contramarchas de um longo processo de afirmação, mas, ao mesmo tempo, de desgaste do comunismo, sob a liderança repressiva do premier Kossiguin e do secretário do partido Leonid Brejnev. Mais de duas décadas ainda seriam necessárias para que tudo ruísse, e a Tchecoslováquia, como todos os demais países do Leste Europeu, se libertasse para cumprir seu destino sem qualquer interferência externa. Ficou para a história a lembrança daquela primavera em Praga, quando o sonho de liberdade deixou sua semente no coração do povo tcheco.

29 ago UNB INVADIDA PELA POLÍCIA

Parecia mais um dia na rotina de professores e estudantes da Universidade de Brasília. Estavam todos entregues às atividades escolares corriqueiras. Nenhuma assembleia marcada, nenhum debate sobre política, nenhum sinal de agitação. Mas 1968 avançava, e a escalada repressiva do regime militar aumentava progressivamente. Já não bastava aos estudantes saírem às ruas para serem agredidos: dentro do próprio campus universitário eles passavam a ser alvo da truculência policial. Foi o que aconteceu quando cem agentes do DOPS, com a cobertura de duzentos soldados da polícia militar, invadiram a Universidade de Brasília para prender os estudantes José Prates, Paulo Sérgio Cassis, Samuel Baba, Lenine Bueno Monteiro, Mauro Burlamaqui e o líder Honestino Guimarães, todos considerados subversivos e com a prisão preventiva decretada.

Foi um Deus nos acuda. O assalto à universidade se deu com os policiais brandindo metralhadoras e com cassetetes prontos para entrar em ação. Ao ser localizado, Honestino foi imobilizado com tanta violência que teve o braço quebrado. Quando ele gritou por socorro, os estudantes reagiram lançando pedras. Estava desenhado um quadro de guerra. O contingente policial, armado com fuzis, partiu para cima de cerca de quinhentos estudantes, que se refugiaram no Instituto Central de Ciências, iniciando uma luta que durou cerca de vinte minutos. Os soldados faziam buscas até em laboratórios, arrancando de lá os alunos na base da pancada e destruindo equipamentos de pesquisa. Na confusão, a polícia atirou contra a massa estudantil e atingiu de raspão a testa de Valdemar Alves da Silva, que foi hospitalizado e, após passar por uma cirurgia, corria o risco de ficar cego de um olho. Samuel Baba conseguiu evitar a prisão escondendo-se dentro de um caixote no porão da universidade. A maioria não teve a mesma sorte.

Após se renderem, os estudantes foram levados para uma quadra esportiva, onde esperariam viaturas que os levariam presos. Foi quando chegaram alguns parlamentares, que passaram a também sofrer agressões. Um deles, o deputado do MDB Santilli Sobrinho, tentou defender o filho de ser espancado e acabou sendo atingido por um violento golpe de cassetete num dos braços. Depois, no parlamento, ele exibia a marca da pancada e fazia um forte pronunciamento contra as arbitrariedades ocorridas na UNB.

Nesse quadro caótico, as aulas foram suspensas por tempo indeterminado. Restou a professores, alunos e funcionários assinarem um manifesto de repúdio à invasão. Durante toda a operação, Costa e Silva recebeu constantes relatórios dos órgãos de segurança. O presidente sabia com detalhes de tudo o que ocorria. O que significava dizer que o Estado assumia oficialmente o papel de opressor, e sem qualquer limite.

Nos bastidores de Brasília, corria a informação de que partira do próprio ministro da Justiça, Gama e Silva, a ideia de a polícia invadir a UNB e tirar de lá os estudantes com prisão preventiva decretada. Não se sabia se o nível de violência empregado era o desejado por Gama e Silva, mas, segundo os observadores políticos, os resultados práticos da agressão estavam de acordo com os objetivos do ministro, considerado aquele que mais pleiteava, junto a Costa e Silva, medidas de exceção. A ordem, executada com requintes de violência, eliminava qualquer perspectiva de que o governo estivesse disposto a criar no país uma atmosfera minimamente democrática. Ao contrário, recolocavam no ambiente nacional os componentes dos que ansiavam pela radicalização.

Numa alusão ao que acontecia na Tchecoslováquia, o jornalista Castelo Branco, em sua tradicional coluna no *Jornal do Brasil*, repudiava os acontecimentos em Brasília:

"A polícia que entrou na Universidade, como se fossem russos entrando em Praga, bateu, quebrou, prendeu e abateu um estudante com um tiro na testa. Suas versões, por isso mesmo, não merecem fé. Elas têm a mesma qualidade dos comunicados emitidos pela Rússia após a invasão. É claro que haveria mil maneiras de cumprir a ordem judicial de prisão preventiva. Nenhuma delas, porém, desalteraria melhor a sede de violência do dispositivo policial do que essa de assaltar de metralhadoras na mão o campus universitário."

A invasão em Brasília, naqueles moldes, atingindo não só estudantes, mas também parlamentares que se dirigiram para a universidade, era um duro golpe no Congresso. A Arena, partido do governo, chegou a preparar uma defesa envergonhada do que acontecera na UNB, mas seus líderes receberam de todos os lados, inclusive de correligionários, apelos para que se abstivesse. O Congresso estava revoltado e humilhado. E o que mais causava indignação, segundo o líder do MDB, Mario Covas, era a "impotência diante de tudo isso". E concluiu amargurado, prevendo tempos ainda mais difíceis: "Não podemos fazer nada, rigorosamente nada".

De fato, o Congresso estava sendo cozinhado em banho-maria. Estando aberto, dava ares de que uma democracia ainda funcionava no Brasil. Mas na prática era apenas como uma alegoria decorativa. Em pouco mais de três meses, seria definitivamente engolido pela onda do AI-5.

| 1968 | SETEMBRO

Geraldo Vandré se apresenta no Festival Internacional da Canção Popular e pede que a audiência pare de vaiar *Sabiá*, canção de Tom Jobim e Chico Buarque escolhida como vencedora.

Página anterior:
Na visita ao Rio de Janeiro, em 1968, Indira Gandhi mostrou todo o carisma que a transformou numa das lideranças políticas mais importantes da época.

03 set O DISCURSO FATAL

O episódio da invasão ao campus da Universidade de Brasília fazia prevalecer a tese do núcleo de sustentação do governo de que o país enfrentava um processo de guerra revolucionária. Era, segundo essa visão, um suposto encadeamento subversivo, orientado por forças estrangeiras, que tinha o envolvimento da juventude de modo geral – fornecedora dos principais contingentes para a luta contra o regime – e, especialmente, dos estudantes, utilizados como vanguarda ou "ponta de lança" desse projeto de tomada do poder.

Essa convicção era como um lema entre os militares que faziam parte do chamado dispositivo revolucionário, que garantia a manutenção dos preceitos que levaram ao movimento de 31 de março de 1964. Por isso, nas rodas de conversas informais, generais de renome advertiam que não era o melhor caminho, para a classe política, dar cobertura ao que denominavam "agitações estudantis".

Constituía, portanto, uma doutrina oficial, disseminada por todo o aparelho de segurança do governo: a ideia da guerra em curso e da revolução ainda em andamento. Uma doutrina que trazia tensão e insegurança jurídica ao país e conduzia a uma escalada de endurecimento do regime. As autoridades da máquina repressora consideravam que os políticos não percebiam os perigos que rondavam o governo, e nisso incluíam até mesmo parlamentares da Arena, que, em muitos casos, eram considerados omissos por não defenderem de modo mais enfático as medidas de repressão aos estudantes.

Para o comando dos órgãos de segurança, o governo, como responsável pelo combate à subversão, não poderia recuar da chamada "técnica repressiva", ainda que tivesse que exercê-la a despeito da compreensão de seu próprio partido. Ou seja, caminhava-se numa linha tênue, e qualquer deslize poderia significar uma queda brusca. O fato é que o Congresso estava intimidado e sob constante ameaça caso não se comportasse como desejavam os militares.

Por isso, quando o deputado do MDB Márcio Moreira Alves subiu à tribuna do Congresso Nacional, no dia 3 de setembro, e fez um incisivo discurso contra o governo, a reação foi a pior possível. Aos 32 anos, Márcio era um impetuoso parlamentar que não aceitava as amarras que o regime queria impor à classe política, fazendo questão de afirmar que sua missão consistia em formular respostas às inquietações que se traduziam em protestos e agitações sociais.

Destemido, em 1967, participara de uma comissão parlamentar que foi até Juiz de Fora apurar informações sobre tortura a presos políticos em quartéis do Exército. Não tinha papas na língua, propunha abertamente um boicote aos desfiles comemorativos do dia 7 de setembro. De quebra, ainda pedia às jovens brasileiras que não namorassem cadetes e oficiais do Exército:

"Senhor presidente, senhores deputados, todos reconhecem ou dizem reconhecer que a maioria das forças armadas não compactua com a cúpula militarista que perpetra violências e mantém este país sob regime de opressão. Creio ter chegado a hora, após os acontecimentos de Brasília, da grande união pela democracia. Este é o momento também do boicote. As mães brasileiras já se manifestaram. Todas as classes sociais clamam por este repúdio à polícia. No entanto, isto não basta. É preciso que se estabeleça, sobretudo por parte das mulheres, como já começou a se estabelecer nesta Casa, por parte das mulheres parlamentares da Arena, o boicote ao militarismo. Vem aí o 7 de setembro. As cúpulas militaristas procuram explorar o sentimento profundo de patriotismo do povo e pedirão aos colégios que desfilem junto com os algozes dos estudantes. Seria necessário que cada pai, cada mãe, se compenetrasse de que a presença dos seus filhos nesse desfile é o auxílio de que os carrascos que os espancam e os metralham nas ruas precisam. Portanto, que cada um boicote este desfile. Esse boicote pode passar também, sempre falando de mulheres, às moças. Aquelas que dançam com cadetes e namoram jovens oficiais. Seria preciso fazer hoje, no Brasil, que as mulheres de 1968 repetissem as paulistas da Guerra dos Emboabas e recusassem a entrada à porta de sua casa àqueles que vilipendiam-nas. Recusassem aceitar aqueles que silenciam e, portanto, se acumpliciam. Discordar em silêncio pouco adianta. Necessário se torna agir contra os que abusam das forças armadas, falando e agindo em seu nome. Creia-nos, senhor presidente, que é possível resolver esta farsa, esta 'democratura', este falso impedimento pelo boicote. Enquanto não se pronunciarem os silenciosos, todo e qualquer contato entre civis e militares deve cessar, porque só assim conseguiremos fazer com que este país volte à democracia."

O discurso causou um impacto enorme e irritou profundamente o governo, que, através do ministro da Justiça, Gama e Silva, enviou ao Supremo Tribunal Federal (STF) um pedido de autorização para que Márcio Moreira Alves fosse processado. Como o deputado estava em pleno exercício da sua função, o Supremo alegou que não havia provas suficientes que justificassem a medida extrema e passou o caso para a própria Câmara dos Deputados. A crise foi se aprofundando, fazendo aumentar cada vez mais o abismo entre o governo e o parlamento.

Cópias do discurso do deputado passaram a circular nos quartéis, provocando uma animosidade ainda maior entre os militares e o meio político. Só em 11 de dezembro de 1968 os deputados votaram o pedido, recusando-o. Foi a gota d'água para o golpe que eliminaria o último resquício de democracia no Brasil. Dois dias depois, o presidente Costa e Silva baixaria o AI-5, que, entre outras medidas, fecharia o Congresso Nacional. A ditadura, então, já não teria qualquer disfarce.

10 set O CANTO DO PASSARINHO

Em tempos em que se enxergava subversivo em cada esquina, não causou surpresa quando o ministro do Trabalho, Jarbas Passarinho, reuniu a imprensa para denunciar a existência de um plano de agitação no país destinado a desencadear greves e atos de violência, sob o pretexto de forçar o reajuste dos salários das categorias profissionais mais organizadas. Segundo o ministro, todos os itens do esquema de subversão sindical, que constavam em um documento apreendido pelos órgãos de segurança, vinham sendo executados nos mínimos detalhes.

Passarinho advertia "a minoria radical" de que o governo não teria dúvidas em responder qualquer violência com uma severa aplicação de lei: "Se algum sindicato quiser lutar por melhorias e reivindicações dentro das regras democráticas, o governo nada oporá. Subversão, porém, não será tolerada".

Era uma situação delicada para os trabalhadores, que viviam sob a imposição de um implacável arrocho salarial. Como agir, cobrar, pressionar um governo que encarava qualquer manifestação como um ato de sublevação? O trabalhador vivia, na prática, um momento de completa insegurança, tanto no que dizia respeito às baixas remunerações quanto em relação ao amordaçamento a que era submetido.

O ministro revelou que tudo o que havia ocorrido na greve de Osasco estava previsto no documento apreendido pelo governo, desde o "apito para começar até o de largar o trabalho":

"O governo não pode aceitar que uma minoria utilize os sindicatos como meios para uso da violência. Essa minoria alega que o sindicato não representa os trabalhadores", disse Passarinho.

Mas na realidade o que ocorria é que, depois do golpe em 1964, vários sindicatos sofreram intervenção do governo, o que fazia com que os trabalhadores muitas vezes não se sentissem representados, acusando de "pelegas" grande parte das lideranças sindicais.

Passarinho defendia o governo dizendo que tudo já tinha sido feito para atender às reivindicações salariais e que não era compreensível que se utilizasse de violência "contra quem quer matar a sede e enquanto não tem água suficiente oferece um copo d'água":

"Os salários que estão sendo pagos ainda não são justos, e por isso continuo estudando a reformulação da política salarial de acordo com o que propuseram patrões e empregados em comissão paritária com o Ministério do Trabalho."

As declarações de Jarbas Passarinho acabaram se refletindo no Congresso Nacional, onde o senador Edmundo Levi, do MDB, questionou o ministro:

"Não posso compreender que um cidadão de tanta amplitude intelectual e de formação cristã entenda que se constituem inimigos do governo aqueles que, chefiando áreas do trabalho, busquem melhorias dos salários dos seus companheiros."

Levi contestava também os estudos do Ministério do Trabalho que indicavam que o custo de vida em 1968 não ultrapassaria 24,5%. Segundo ele, de acordo com dados da Fundação Getúlio Vargas, o custo de vida atingiria no mínimo 30%, pois até agosto já se elevara a 17,5%:

"Quem vai ao mercado percebe claramente que o custo de vida não está contido e sim em constante elevação", garantiu.

E concluiu: "O ministro não precisa usar chavões que ficam muito bem quando explorados por certos ministros, mas não nele, um homem inteligente, culto e de grande poder de convencimento".

O senador Edmundo Levi não era um crítico de última hora da política salarial do governo. Desde 1966, condenava iniciativas do Ministério do Trabalho de tentar substituir, por exemplo, a estabilidade do empregado por indenização à base do tempo de serviço. O fato é que o arrocho salarial não era uma iniquidade a mais do regime ditatorial, e sim um elemento importante do modelo econômico de crescimento e investimento. O regime militar duraria 21 anos e, nesse período, segundo o Departamento Intersindical de Estatística e Estudos Sócioeconômicos (Dieese), o salário mínimo perdeu, em termos reais, mais de 50% do seu valor.

Mas o ministro Jarbas Passarinho ficaria marcado na história não apenas por ter participado desse projeto de restrições salariais da classe trabalhadora. Na reunião do AI-5, que se aproximava, ele afirmou a Costa e Silva: "Às favas, senhor presidente, nesse momento, todos os escrúpulos de consciência". Décadas depois, Passarinho ainda sustentava a necessidade do AI-5, mas afirmava que os militares deveriam ter deixado o poder em 1973.

11 set A VISITA DO POETA

Embora ainda não tivesse recebido a consagração do Prêmio Nobel de Literatura, que viria em 1971, Pablo Neruda havia muito tempo já era considerado um dos mais importantes poetas de língua castelhana do século XX. Era um homem do mundo, extremamente requisitado. Por onde passava, era convidado para eventos e solicitado para entrevistas. Todos queriam saber o que Neruda pensava. Foi assim quando ele desembarcou no Rio de Janeiro, acompanhado da mulher, Matilde Urrutia, para uma breve visita aos amigos Rubem Braga e Fernando Sabino, que estavam publicando sua *Antologia Poética* pela Editora Sabiá.

Na famosa cobertura de Rubem Braga, na Rua Barão da Torre, em Ipanema, onde ficou hospedado, Neruda recebeu jornalistas, para uma entrevista coletiva, com o jeito cordato e amistoso característico de sua personalidade. Usando uma gravata verde com listras amarelas, o poeta respondia pausadamente a todas as perguntas. Como tinha vivido tanto na União Soviética quanto na Tchecoslováquia (país onde nascera, inclusive, o poeta Jan Neruda, em quem Pablo Neruda – cujo nome de batismo era Ricardo Basoalto – se inspirara para criar seu pseudônimo), a Primavera de Praga foi um tema inevitável. No momento em que havia a condenação quase unânime da invasão das tropas dos países do Pacto de Varsóvia, liderados pela União Soviética, Neruda se esquivou de assumir a defesa de qualquer um dos lados.

Considerava que tanto soviéticos quanto tchecos tinham suas razões, e apenas torcia para que o conflito não tivesse mais desdobramentos. Lembrou que fizera grandes amigos nos dois países e ainda lamentava a morte de um deles, o escritor e jornalista ucraniano Ilya Ehrenburg, em 1967. Ambos haviam sido agraciados com o prêmio Lênin da Paz – Ehrenburg em 1952 e Neruda, em 1953.

A conversa descambou para a morte recente de outro personagem que Neruda admirava: o guerrilheiro Ernesto Che Guevara, também falecido em 1967, durante um cerco do exército em selvas bolivianas:

"Teve uma vida consagrada por um ideal, figura que tem grande influência atualmente e é cada vez mais respeitada pelos seus amigos, principalmente os mais jovens", elogiou o poeta.

Quando falava de si mesmo, sempre lembrava sua origem pobre, tendo começado a vida trabalhando como operário no cais do porto e na rede ferroviária:

"Toda a minha família tem origem humilde. Tenho muitos parentes operários. Minha mulher também, seus irmãos são todos carpinteiros."

Isso certamente influenciava a visão política de Neruda, um comunista convicto, que se orgulhava de conhecer todas as cidades e recantos de seu país: "onde levei minha poesia sempre fui muito bem recebido pelo povo".

Da poesia brasileira, dizia gostar de Carlos Drummond de Andrade, Jorge de Lima, Ferreira Gullar e Vinicius de Moraes – os dois últimos, amigos pessoais. Nessa passagem pelo Rio, Neruda pretendia apenas descansar, comer camarão, passear na praia de Ipanema e rever os escritores brasileiros amigos. Na primeira noite, já se encontrara com Clarice Lispector, além de Braga e Sabino. Passaram bons momentos ouvindo Vivaldi e Bach e bebendo uísque.

Do Rio de Janeiro, Neruda seguiria até São Paulo para a inauguração de um monumento em homenagem ao poeta espanhol García

Lorca; depois, pretendia ir à Bahia para se encontrar com Jorge Amado. Era uma vida boa que, no entanto, terminaria de modo amargo.

Já sofrendo de câncer na próstata, assistiu, em 1973, à derrubada do governo democrático do presidente Salvador Allende e à ascensão da ditadura do general Augusto Pinochet. A casa de Neruda em Santiago chegou a ser saqueada dias depois do golpe. Seus livros foram apreendidos e incendiados pela polícia. Em 2011, em um artigo do jornal *Clarín*, Manuel Araya Osorio, assistente do poeta desde novembro de 1972 até sua morte, garantiu que Neruda havia sido assassinado com uma injeção letal na clínica em que estava internado. O funeral do poeta teve a participação de dirigentes do Partido Comunista, mesmo estando, todos eles, ameaçados pelo regime ditatorial de Pinochet.

Apesar da vigilância ostensiva de soldados armados, gritos desafiantes em homenagem a Pablo Neruda foram ouvidos, assim como foi entoado *A Internacional*, hino que movia e mobilizava esquerdistas de todo o mundo. Ao final da solenidade, muitos dos que estavam presentes foram presos, vindo a engrossar a lista de mortos e desaparecidos do regime terrorista que assaltara o poder. Se vivesse mais, a tristeza certamente acabaria por matar o poeta.

24 set O DISCRETO CHARME DE INDIRA GANDHI

Ela era talvez a mulher mais poderosa do mundo em 1968. Aos 50 anos, Indira Gandhi, a carismática primeira-ministra da Índia, chegava ao Brasil com o objetivo de firmar o Acordo Cultural Indo-Brasileiro, que passaria a promover e estimular a cooperação entre universidades, instituições científicas, bibliotecas e museus dos dois países. Fisionomia serena, mãos postas do lado do coração e ligeiro inclinar da cabeça, como se fizesse uma reverência, ela desembarcou do Boeing da Air India às 9h30, na Base Aérea do Galeão, depois de uma longa viagem de dois dias. Viajar, aliás, era uma rotina para Indira: desde que assumira o poder, já havia percorrido toda a Índia, além de ter visitado a União Soviética, a Romênia, o Ceilão e o Egito.

Vestindo um elegante sári cor de açafrão (amarelo-dourado), a roupa tradicional das mulheres indianas, Indira logo impressionou pelo discreto charme, pela delicadeza e pela elegância. No rosto fino, a primeira-ministra tinha uma maquiagem suave. A única joia que ostentava era um relógio de ouro, com uma pulseira larga que se estreitava nas extremidades, onde ficavam os fechos. Um manto deixava aparecer apenas a parte da frente dos cabelos, que se destacavam por alguns fios brancos – o que, com o tempo, se tornaria uma marca da estadista.

Foi recebida pelo chanceler Magalhães Pinto e logo iniciou uma maratona de compromissos no Rio de Janeiro. Ainda na pista de pouso, ouviu os hinos nacionais do Brasil e da Índia, executados pela banda da Polícia Militar do Exército, passou em revista a tropa e foi apresentada ao corpo diplomático estrangeiro, no qual predominavam os embaixadores da região asiática – Paquistão, Indonésia e Ceilão – e de países árabes – Síria, Marrocos e Egito. Uma menina, filha de um funcionário da representação diplomática da Índia no Brasil, lhe ofereceu uma *corbeille* de rosas vermelhas, e ela agradeceu com um leve e carinhoso sorriso.

A cerimônia no aeroporto não durou mais que 10 minutos, e logo Indira Gandhi embarcava num Rolls-Royce do Itamaraty que a levou ao Copacabana Palace, onde ficaria hospedada. Diversos outros automóveis oficiais levaram a comitiva oficial da primeira-ministra, composta de 28 membros de seu governo. Indira não se demorou no hotel e logo seguiu para um tour pela cidade. Batedores abriam caminho para a comitiva da primeira-ministra em direção ao Cristo Redentor. No caminho, encantada com a paisagem, ela pediu para parar na altura da Vista Chinesa, onde, enquanto contemplava a cidade, ouvia do embaixador Renato Mendonça explicações sobre as características geográficas do Rio de Janeiro. Com muita simplicidade e atenção, Indira ouvia tudo em silêncio, interrompendo apenas quando, observando o verde da floresta, referiu-se, em inglês, à floração exuberante da primavera.

No alto do Corcovado, ela parecia ainda mais encantada. Diante da estátua do Cristo Redentor, mais uma vez interrompeu o silêncio e exclamou: "*This is beautiful!*". Por instantes, fechou os olhos e, como numa prece, permaneceu imóvel. Chamou-lhe também a atenção a Baía de Guanabara e a distante cidade de Niterói. Reconhecida por turistas das mais variadas nacionalidades, foi aplaudida. Retribuía o carinho com acenos e sorrisos.

Na sequência da programação, Indira foi até o Itamaraty assinar os acordos de cooperação e depois ainda visitou o Monumento aos Mortos da Segunda Guerra Mundial, o Museu de Arte Moderna (MAM), onde inaugurou uma exposição fotográfica sobre a Índia, e a Praça Mahatma Gandhi. Nessa última parada, Indira se emocionou quando, diante de um batalhão de fotógrafos, que teve paciência para esperar que se posicionasse, depositou uma coroa de flores na estátua do grande líder espiritual e pacifista hindu.

Cercada por uma multidão, precisou ser escoltada até chegar ao carro oficial que a levou de volta ao hotel para um breve descanso, pois à noite ainda teria um jantar no tradicional e exclusivo Country Club, em Ipanema, com o governador Negrão de Lima. Lá, a surpresa foi a presença do cantor Jair Rodrigues, que, com seu jeito descontraído, chegou a sentar-se no braço da cadeira onde Indira se acomodara. Foi um susto para sua segurança pessoal, que pediu que Jair evitasse tanta proximidade. No dia seguinte, Indira seguiria para Brasília, para se encontrar com o presidente Costa e Silva e cumprir uma nova agenda de compromissos.

Todo o carisma que Indira demostrara na sua passagem pelo Brasil teria grandes efeitos na história indiana e, por que não dizer, mundial. Por trás daquela mulher de poucas palavras e gestos suaves, havia uma política brilhante e determinada que se impunha numa sociedade tradicionalmente patriarcal. Com mãos de ferro, Indira logo tomou as rédeas do governo indiano – havia chegado ao poder em janeiro de 1966 –, promovendo um grande programa de nacionalização dos bancos. Muitos deles eram operados por companhias *holding*, o que trazia a desconfiança de que o dinheiro depositado não estava sendo bem usado. A rede nacionalizada criada por Indira garantiu instituições financeiras sólidas que até hoje têm toda a credibilidade do povo hindu.

Entre outras decisões importantes, Indira assinou um tratado de amizade com a União Soviética e prestou apoio militar ao movimento separatista da parte leste do país, que fez surgir a República de Bangladesh. Indira foi, em grande parte, responsável pela vitória da Índia no conflito contra o Paquistão e pelo desenvolvimento da indústria nuclear no país, o que lhe rendeu, especialmente, prestígio e popularidade. Ao mesmo tempo, estabeleceu uma plataforma de governo que tinha como slogan *Garibi Hatao* (Abaixo a pobreza), para tentar erradicar a corrupção e a miséria causada pelo vertiginoso crescimento populacional e pelo sistema de castas que vigorava no país. Quando perguntada se o governo hindu era socialista, ela dizia que a palavra tinha sentidos variados:

"Significa uma coisa na Inglaterra, outra na Holanda, na Suécia, e outra totalmente diversa na União Soviética. Aqui na Índia nós escolhemos um sistema para enfrentar as necessidades do nosso povo. Não pedimos um sistema emprestado de outro país. Ajustamos o sistema à nossa realidade."

Seu prestígio, porém, começou a declinar quando foi acusada, em 1975, de ter se utilizado de práticas ilegais durante sua campanha eleitoral. Indira reagiu decretando estado de emergência, passando a governar com poderes excepcionais.

Nas novas eleições, em 1977, Indira foi derrotada, mas conseguiu se eleger novamente em 1980, com maioria absoluta de votos, mostrando que seu carisma e habilidade política continuavam intactos. Nessa época, entretanto, os conflitos internos na Índia entre os diferentes grupos religiosos se acirraram. Em 1984, eclodiu uma rebelião de militantes do grupo Sikh. Para contê-la, Indira enviou tropas que invadiram o Templo Dourado, em Amritsar, causando centenas de mortes. Como retaliação, Indira Gandhi foi assassinada por dois membros de sua guarda pessoal que pertenciam ao grupo Sikh.

Na véspera, ao discursar durante um ato político, ela afirmou premonitoriamente: "Mesmo que eu morra a serviço da Nação, me orgulharei disso. Cada gota de meu sangue contribuirá para o crescimento da Índia". Como Mahatma Gandhi, com quem não tinha parentesco, mas que conhecera na juventude, Indira foi morta no jardim de sua própria residência.

28 set PORTUGAL SEM SALAZAR

A saúde já não permitia que António de Oliveira Salazar, ou simplesmente Salazar, o mais longevo ditador do século XX, continuasse dirigindo com mãos de ferro os destinos de Portugal. Aos 79 anos, recuperava-se de uma cirurgia, depois de sofrer uma trombose cerebral, quando foi anunciado que deixaria o cargo de presidente do Conselho de Ministros, dando lugar a Marcelo Caetano, um professor de direito e figura proeminente do regime salazarista. Caetano contava 62 anos. Era o início do fim de uma era.

Àquela altura, os primeiros movimentos da carreira política de Salazar já pareciam um tempo remoto: tinham acontecido 47 anos antes, em 1921, quando, aos 32 anos, ele se elegeu deputado pelo partido Centro Católico. Em 1926, um golpe militar derrubou o governo republicano e Salazar – catedrático em ciências econômicas na Universidade de Coimbra, em 1919 – foi nomeado ministro das Finanças. O sucesso conquistado ao sanear as finanças do estado, impondo uma rígida austeridade, fez com que angariasse prestígio tanto entre os militares quanto entre a população em geral.

Com o país financeiramente saudável, apresentando um superávit considerado milagroso nas contas públicas, Salazar recebeu a responsabilidade de governar o país a partir de 1932. Com a Constituição de 1933, criou o chamado Estado Novo português, caracterizado por um sistema de governo centralizador, de partido único, que reprimia violentamente grupos que não se alinhassem com a ideologia de inspiração nitidamente fascista. Apesar da neutralidade na Segunda Guerra Mundial, Salazar admirava Benito Mussolini e tinha, na parede de seu gabinete, uma foto em destaque do ditador italiano. Não fazia, portanto, a menor questão de disfarçar sua identificação com regimes autoritários.

Na Guerra Civil Espanhola, deflagrada em julho de 1936, não hesitara em apoiar o generalíssimo Franco desde o primeiro momento. Tal como o ditador espanhol, Salazar era assumidamente um conservador católico e anticomunista. Nessa toada, governou Portugal durante 36 anos; por um lado, mantendo a economia estabilizada, mas, por outro, restringindo as liberdades no país e resistindo aos movimentos de emancipação de Angola, Moçambique e Guiné-Bissau, as antigas províncias ultramarinas. Embora enviasse o Exército para combater na África, o regime do Estado Novo jamais reconheceu a existência de uma guerra propriamente dita, pois encarava os movimentos de libertação como ações terroristas e não como uma legítima luta por independência.

Marcelo Caetano assumiu avisando que adotaria as reformas necessárias para criar um sistema em que todos os portugueses tivessem lugar. Em um discurso de mil palavras, pronunciado em cadeia de rádio e televisão, o novo primeiro-ministro elogiava Salazar, considerando-o um "gênio da política", mas, ao mesmo tempo, enfatizava que nenhum governo poderia depender de uma só pessoa e que, naquele momento, Portugal deveria começar a se acostumar a ser governado por "homens". Observadores políticos de Lisboa interpretavam o discurso de Marcelo Caetano como o indício de que "as coisas iriam mudar".

Contudo, o novo primeiro-ministro dava a entender que não mexeria no essencial. A Guerra Colonial na África prosseguiria, como também a censura férrea aos meios de comunicação:

"Enquanto as Forças Armadas lutam no ultramar, enquanto a diplomacia portuguesa enfrenta incompreensões, é preciso pedir sacrifício de todos, inclusive no setor das liberdades, das quais se desejaria a restauração", avisou.

Acrescentou que gostaria de dirigir uma nação fundada na tolerância, porém fez uma ressalva:

"Pelo exemplo de outros países, sabemos que se essa tolerância se estender ao comunismo, cavaríamos então a sepultura da liberdade individual e da própria nação."

Na prática, Caetano encontrava um país bem diferente daquele de décadas atrás. O número de estudantes do liceu havia quintuplicado, e o das universidades, triplicado. Isso fez com se formasse, nos centros urbanos, uma nova classe média, que esperava do primeiro-ministro a adoção de eleições livres e a abertura da economia. De fato, sentindo a necessidade de contar com o apoio dessa classe emergente, em 1969, Caetano permitiu que a oposição concorresse às eleições legislativas. Passou também a fazer frequentes aparições na televisão, para explicar à população suas ideias em relação à política e ao futuro do país. Do ponto de vista social, criou pensões para trabalhadores rurais, que passaram a descontar para a Segurança Social. Paralelamente, fez grandes investimentos, como a criação da refinaria petrolífera de Sines, que se tornaria uma das mais importantes da Europa, e a barragem de Cahora Bassa, construída em Moçambique, que teria a quarta maior albufeira, ou represa (2.500 km^2), entre todas as barragens do continente africano.

A economia reagiu positivamente, e a popularidade de Marcelo Caetano aumentou tanto que seus primeiros anos de governo foram chamados de Primavera Marcelista, o que lhe rendeu, em 1971, a honraria da Grã-Cruz da Ordem da Torre e Espada. Mas nem isso garantiu sua permanência no poder por muito tempo mais. A insatisfação dos portugueses crescia com a recusa, da ala mais conservadora do governo, em fazer verdadeiras reformas políticas. E aumentou de modo significativo quando, em 1973, explodiu no mundo a crise do petróleo, que teve um forte impacto na economia do país. A Guerra Colonial também não tinha fim, e, para ser sustentada, sangravam-se os cofres do governo.

Em 25 de abril de 1974, veio a famosa Revolução dos Cravos, que, ao restaurar a democracia, destituiu Marcelo Caetano de todos os cargos e obrigou-o a exilar-se no Brasil, onde trabalhou como professor universitário até morrer no Rio de Janeiro, em 1980, aos 74 anos, vítima de um ataque cardíaco. Salazar, seu mentor, já havia morrido em 1970, aos 81 anos. Virava-se uma grande página de uma era política na história de Portugal.

29 set VAIAS PARA SABIÁ

Aqueles eram os tempos dos grandes festivais da canção, cujos concorrentes representavam a fina flor da música popular brasileira. A edição de 1968, particularmente, entraria para a história por trazer das ruas todo o clima de insatisfação contra o regime militar, o que acabou se refletindo tanto nas letras das músicas quanto no comportamento do público. Entre os compositores que participaram estavam Chico Buarque, Tom Jobim, Caetano Veloso, Jorge Ben, Toquinho, Sérgio Ricardo, Geraldo Vandré, Tom Zé, Gilberto Gil, Renato Teixeira, Johnny Alf e Os Mutantes de Rita Lee e Sérgio Dias. Todos artistas já bastante conhecidos.

Em São Paulo, onde se realizou uma das fases eliminatórias, foi registrado o primeiro incidente que mostrava que os ânimos estavam para lá de exaltados. Durante a apresentação da música *É proibido proibir*, Caetano Veloso, acompanhado dos Mutantes, virou as costas, em sinal de protesto, para a plateia que o vaiava:

"Mas é isso a juventude que quer tomar o poder? Vocês estão por fora, não estão entendendo nada, nada, absolutamente nada. Vocês estão parecendo sabem quem? Aqueles que foram na *Roda Viva* e espancaram os atores. Não diferem em nada deles", bradou o compositor baiano, ao som estridente de uma guitarra.

Na verdade, ali estavam em confronto duas visões de mundo. Uma, representada basicamente por jovens engajados de esquerda e outra, pela vanguarda artística que Caetano Veloso e Gilberto Gil propunham com a grande novidade do Tropicalismo. Eram concepções de vida e propostas estéticas que não combinavam em nada. O choque foi inevitável.

Mas a grande polêmica estava reservada para o último dia do festival. Quando o apresentador Hilton Gomes anunciou o segundo lugar para *Pra não Dizer Que não Falei das Flores (Caminhando)*, de Geraldo Vandré, o público de mais de 20 mil pessoas que lotava o Maracanãzinho explodiu numa vaia estrepitosa. É que a canção refletia como nenhuma outra o momento político de opressão e, por isso mesmo, era a grande favorita da torcida. Seus versos traduziam como nenhum outro o sentimento da juventude da época:

"Caminhando e cantando e seguindo a canção/ Somos todos iguais braços dados ou não/ Nas escolas, nas ruas, campos, construções/Vem, vamos embora que esperar não é saber/ Quem sabe faz a hora não espera acontecer."

O público ia ao delírio. Com isso, o próprio Vandré precisou intervir, defendendo os vencedores, que sequer ainda haviam sido anunciados:

"Antônio Carlos Jobim e Chico Buarque de Hollanda merecem o nosso respeito. A nossa função é fazer canções. A função de julgar, neste instante, é do júri que ali está". Nesse momento, com a referência aos jurados, a vaia voltou com toda a força. Vandré esperou o volume baixar e completou: "Pra vocês, que continuam pensando que me apoiam vaiando, tem uma coisa a mais. A vida não se resume a festivais".

E a multidão respondeu agitando lenços brancos, como se despedindo de Vandré, autor da música que falava mais alto ao coração da plateia, uma espécie de chamamento à ação naqueles tempos duros de repressão.

Ao fim, quando *Sabiá* foi anunciada como a canção vencedora, as vaias voltaram com tanta intensidade que as intérpretes Cynara e Cybele mal puderam cantá-la. Na verdade, a vaia não era exatamente para a composição de Chico Buarque e Tom Jobim, e sim para a derrota de *Caminhando*.

Ficou no ar a suspeita de que o governo, através do ajudante de ordens do general Siseno Sarmento, comandante do I Exército, teria pedido à direção da TV Globo, promotora do festival, para que nem a canção de Vandré, nem *América! América!*, de Cesar Roldão Vieira, ficasse com a primeira colocação. Em sua autobiografia, Walter Clark, na época diretor-geral da empresa, confirmou essa informação, mas garantiu que jamais a repassou aos jurados. José Bonifácio Sobrinho, o Boni, também assegurou que o júri não sofreu pressão: "O Walter nunca me mencionou este fato, talvez para não me preocupar. O júri foi soberano".

Para Boni, a qualidade musical foi preponderante na escolha da canção vencedora do festival: "Como amante da música, eu também ficaria com *Sabiá*, mas como homem de marketing eu preferiria *Caminhando*". Boni narra que saiu chateado do Maracanãzinho: "Ver Tom e Chico sendo vaiados era doloroso, e Vandré ter perdido dava uma sensação de vazio".

O júri contava com o pesquisador Ary Vasconcelos, a atriz Bibi Ferreira, o maestro Isaac Karabtchevsky, o escritor Paulo Mendes Campos, o compositor Billy Blanco, o diretor do Museu da Imagem e do Som (MIS) Ricardo Cravo Albin e o cartunista Ziraldo. Bibi deu nota maior para *Caminhando*, mas não foi poupada pelo público. "Lembro que quando saí eu estava triste, acabrunhada. Mas fiquei muito mais quando ouvi os palavrões para cima de mim", conta. "Eles gritavam 'vaca, vaca'", recordou Bibi, com bom humor.

Ziraldo lembra que deu nota dez para *Caminhando* e cinco para as demais concorrentes, inclusive *Sabiá*: "O que ninguém percebeu na época, nem eu, é que a letra de *Sabiá* era também inconformista, uma canção de protesto. 'Me deitar à sombra de uma palmeira que já não há, colher a flor que já não há... as noites que eu não queria... anunciar o dia!' Estava tudo lá, de maneira velada", recordou.

Como a maioria, Ziraldo identificou o aspecto heroico na composição de Vandré: "Era uma emoção ver aquele cara sozinho naquele palco enorme enfrentando apenas com seu violão a fúria dos militares, imensa naquela época".

O desenhista confirmou que os jurados não foram pressionados. Também segundo Billy Blanco, não houve qualquer interferência: "Os jurados julgaram o que quiseram", afirmou o compositor, falecido em 2011. Ele preferia a vitória de Vandré, mas deu nota 10 para as duas: "A música de Tom e Chico era perfeita", explicou.

Tom Jobim, na verdade, não acreditava que poderia vencer, tanto que apostou uma caixa de uísque com Vinicius de Moraes na sua própria derrota. Por ironia, o prêmio principal pagaria muitas rodadas do melhor uísque escocês. Era o valor correspondente ao preço de um Ford Galaxie ou de dois Fuscas. E Tom foi comemorar em casa, no Leblon, com a família, amigos e as intérpretes Cynara e Cybele. Chico Buarque não apareceu porque estava em Paris. Ao saber da vitória, no entanto, enviou a Tom um telegrama brincando com o nome da música: "Eu sabiah, eu sabiah". A história estava feita.

1968 | **OUTUBRO**

O ano 1968 marcou a despedida de Manuel Bandeira, um dos maiores poetas brasileiros de todos os tempos.

PÁGINA ANTERIOR:
Vladimir Palmeira foi algemado e escoltado por policiais quando tentou fugir de uma viatura do DOPS, em São Paulo, depois de ser preso no Congresso da UNE, em Ibiúna.

1º out A NATUREZA ÉTICA DO CAPITÃO "MACACO"

A notícia divulgada pelo jornal *Correio da Manhã* teve o efeito de uma bomba. Narrava um episódio ocorrido em junho, no auge das manifestações de rua contra o governo. Foi quando o brigadeiro João Paulo Burnier, chefe do Serviço de Informação da Aeronáutica, ligado ao gabinete do ministro da Aeronáutica, Márcio Mello e Souza, convocou a equipe do capitão Sérgio Ribeiro Miranda de Carvalho (conhecido como Sérgio Macaco), Comandante do Para-Sar ('Para' de paraquedistas e 'Sar' do inglês *Search and Rescue*, "Busca e Salvamento"), unidade de elite de paraquedistas da Aeronáutica, para uma reunião numa sala do 11º andar do prédio na Avenida Churchill, no Rio de Janeiro, onde funcionava o Ministério da Aeronáutica. Curto e grosso, como era o seu estilo, Burnier foi direto ao assunto:

– O senhor tem quatro medalhas por bravura, não tem? – perguntou o brigadeiro Burnier ao capitão Sérgio.

– Sim – respondeu.

– Pois a quinta quem vai colocar no seu peito sou eu – avisou o brigadeiro, antes de emendar uma segunda pergunta:

– Capitão, se o gasômetro da Avenida Brasil explodir às 6 horas da tarde, quantas pessoas morrem?

– Nessa hora de muito movimento, no mínimo, umas 100 mil pessoas – respondeu o capitão Sérgio, trabalhando com a hipótese de uma catástrofe.

– É, vale a pena para livrar o Brasil do comunismo – concluiu.

O plano arquitetado por Burnier incluía ainda a explosão de bombas na loja de departamento Sears, numa agência do City Bank, na Embaixada dos Estados Unidos e na Represa de Ribeirão das Lajes, no interior do estado. E tudo ficaria na conta dos que lutavam contra o regime militar: "A população iria caçar os comunistas como ratos e matá-los a paulada nas ruas", teria dito Burnier.

Assim também se criariam condições para o assassinato de figuras proeminentes que se opunham ao governo, como Juscelino Kubistchek, Carlos Lacerda, Jânio Quadros e Dom Hélder Câmara. Na cabeça de Burnier, essa era uma forma de queimar etapas históricas, brecando de vez o avanço do comunismo no Brasil, que ele julgava estar acontecendo.

Aos 37 anos, com um currículo de seis mil horas de voo e cerca de novecentos saltos em missão, o capitão Sérgio Macaco era um dos oficiais mais respeitados da Aeronáutica. Não ligava para o apelido, e os amigos mais íntimos o chamavam carinhosamente de "Caquinho". Estava acostumado a viver situações de risco, salvando muitas vidas, em regiões inóspitas no interior do Brasil, onde fizera amizade com os índios amazônicos – que o chamavam de Nambigua Caraíba (homem branco amigo) – e ganhara a admiração de sertanistas como os irmãos Villas-Bôas: "O Capitão Sérgio nos faz lembrar Rondon, com uma vantagem. É alado", dizia Cláudio.

O cronista Rubem Braga, que havia visto o *front* de perto, como correspondente na Segunda Guerra Mundial, se referia a um paraquedista do Para-Sar como "um cavaleiro da esperança num palco de dor".

Mas naquele início de tarde do dia 14 de junho, a ordem de Burnier era justamente que o capitão Sérgio traísse todo o sentido das missões humanitárias que tanto o motivavam. Pasmo, o capitão Sérgio ainda argumentou: "Nós temos um governo militar, o presidente é o marechal Costa e Silva…".

Burnier, porém, o interrompeu bruscamente: "Costa e Silva, não. Bosta e Silva". Irritado com a resistência de Sérgio Macaco, dirigiu-se ao brigadeiro Hyppolito da Costa, também presente na reunião, e emendou desrespeitosamente: "Olha, Hyppolito, o Sérgio virou filho de Maria, bichona".

A reprimenda era também pela queixa do capitão, feita ao Comandante da Escola da Aeronáutica, por causa da utilização de quinze homens do Para-Sar em uma operação durante a manifestação de protesto pela morte do estudante Edson Luís. Eles tiveram a incumbência de identificar e prender quem lançasse, das janelas dos prédios do centro da cidade, objetos sobre os soldados da Polícia Militar. Na ocasião, houve a invasão de um prédio na Avenida 13 de Maio, de onde teria sido atirado um saco plástico com água. Era justamente aquele que sediava o Conselho Nacional do Petróleo. Os homens do Para-Sar foram expulsos dali, de forma humilhante, pelos generais e coronéis que estavam no comando do órgão. Nessa época, o capitão Sérgio estava de férias, em Manaus.

A atmosfera da reunião era pesada. No entendimento de Burnier, a escalada de terror teria tanto impacto que o Brasil acabaria por se beneficiar de uma espécie de "novo Plano Marshall". Com ajuda econômica semelhante à que os Estados Unidos deram para reconstruir a Europa depois da Segunda Guerra Mundial, o país alcançaria rapidamente um "padrão de vida europeu". Ao finalizar a preleção, o brigadeiro passou a perguntar a cada oficial se concordava com seu plano. Após quatro respostas positivas, perguntou: "E o senhor, capitão Sérgio?". O clima ficou ainda mais tenso quando Sérgio respondeu com palavras duras e firmes. "Enquanto eu estiver vivo, nada disso acontecerá". Aos gritos, Burnier mandou o capitão calar a boca. Em seguida, deixou a sala furioso, cuspindo fogo, sem dizer mais nada.

À noite, porém, o brigadeiro ligou para o capitão Sérgio dizendo que admirava sua coragem em contestá-lo, que se quisesse o esmagaria "como um piolho", mas que ficasse de boca fechada, "porque senão nela entraria mosca".

O capitão Sérgio Macaco, coerente com sua personalidade corajosa, não se intimidou com a ameaça velada de morte. Temendo que o brigadeiro Burnier levasse adiante seu plano, cinco dias depois, escreveu uma carta dirigida ao ministro da Aeronáutica, relatando tudo o que ouvira na reunião do dia 14 de junho:

"Tendo participado no dia 14 de junho de 1968, às 13 horas, no Gabinete do Exmo. Sr. Ministro da Aeronáutica, de uma reunião presidida pelo Exmo. Brigadeiro Chefe do Gabinete, onde foi abordado um tema, na presença de todos os militares do 'PARA-SAR, que pela gravidade da sua intenção, causou-me pasmo: PARA SALVAR É PRECISO SABER MATAR'. 'A MÃO NÃO DEVE TREMER'. 'DEVE-SE SENTIR O GOSTO DE SANGUE NA BOCA'. 'PARA CUMPRIR MISSÕES DE MORTE NA GUERRA É PRECISO SABER MATAR NA PAZ'. 'FIGURAS POLÍTICAS COMO CARLOS LACERDA DEVERIAM JÁ ESTAR MORTAS'. 'ORDENS DESSA NATUREZA NÃO COMPORTAM PERGUNTAS, NEM DÚVIDAS: CUMPREM-SE SEM COMENTÁRIOS POSTERIORES'."

Embora tivesse o apoio dos brigadeiros Délio Jardim de Matos, de quem fora assessor, e Eduardo Gomes, o patrono da Aeronáutica, o capitão Sérgio pagou caro por enfrentar Burnier. Em um dos relatórios que escreveu sobre o episódio, ele registrou que tinha consciência de que passaria a sofrer "todo o peso dos galões do senhor brigadeiro Burnier". Foi o que aconteceu. Entre os oficiais do Para-Sar, o único a se colocar ao lado do denunciante foi o capitão médico Rubens Marques dos Santos, o Doc, de *Doctor*.

"Para mim, o Sérgio foi um herói. Se não fosse ele, teria acontecido uma tragédia no Brasil. Dos oficiais do Para-Sar, fui o único que o apoiou, mas, no âmbito dos subalternos, houve muitos outros. Apesar de não ser o mais graduado, o brigadeiro Burnier tinha o Ministério da Aeronáutica na mão. Dizia que se batesse o pé no chão, os outros brigadeiros sairiam correndo. Era um homem autoritário. Já o Sérgio era um líder natural, sem radicalizações ideológicas, bastante compenetrado", contou num depoimento em 2014.

Na prática, a coragem do capitão Sérgio lhe custou 25 dias de prisão e três inquéritos sigilosos em 1968: na FAB, no Serviço Nacional de Informações (SNI) e no Ministério da Justiça. Foi, porém, absolvido em todos. Mas isso pouco adiantou para que deixasse de sofrer represálias quando veio o AI-5. Acabou cassado e reformado em setembro de 1969, perdendo a patente e os rendimentos como militar. Tudo porque ousou se opor ao plano do brigadeiro Burnier de desviar o Para-Sar das missões de salvamento para as de terrorismo político.

Mesmo depois do episódio, conhecido como "Caso Para-Sar", Burnier continuou por mais três anos com todo o prestígio no meio militar. Só foi colocado na reserva por causa de outro caso obscuro. Ele era comandante da 3ª Zona Aérea quando o estudante Stuart Angel Jones, filho da estilista Zuzu Angel, morreu durante uma sessão de tortura em um quartel de sua jurisdição. Burnier morreria em junho de 2000, aos 80 anos, negando que pretendia explodir o gasômetro do Rio. Garantia que tudo havia sido uma invenção com o objetivo de minar sua autoridade.

O capitão Sérgio Miranda "Macaco" morreu antes. Em 1994, aos 63 anos, vítima de câncer no estômago. Ficou para a história como militar de integridade inabalável, reconhecido como um verdadeiro herói nacional:

"Ele protestou contra aquele mundo de trevas, contra a infâmia, contra a miséria. Foi aquela reação do capitão Sérgio que impediu que o Para-Sar se tornasse um esquadrão da morte", atestou o historiador Hélio Silva.

Em 1992, o Supremo Tribunal Federal reconheceu seus diretos de capitão, estabelecendo que ele deveria ser promovido a brigadeiro, posto que alcançaria se não tivesse sido afastado da Aeronáutica pelo AI-5. No entanto, o então ministro da Aeronáutica, brigadeiro Lélio Lobo, desobedeceu a decisão do Supremo. Ao receber do STF um ofício que o obrigava a cumprir a lei, Lobo transferiu a responsabilidade para o presidente em exercício Itamar Franco, que relutou em acatar a decisão. O capitão Sérgio morreu sem ter reconhecida sua patente ou receber a promoção referendada pela Justiça. Cinco dias depois, quando ainda se chorava a perda do capitão, finalmente, o governo acatou a determinação do STF e indenizou a família de Sérgio com os valores e vantagens que ele tinha deixado de receber de 1969 até 1994.

O jornalista Zuenir Ventura, que fez várias reportagens sobre o caso, resumiu bem o que fez o capitão Sérgio recusar uma ordem de um superior poderoso como o brigadeiro João Paulo Burnier: "Foi uma força misteriosa que fez ele dizer não. Para mim, é uma força de natureza ética".

02 out O MASSACRE DE TLATELOLCO

Na esteira dos grandes movimentos de rebeldia por todo o mundo, os estudantes mexicanos aproveitavam a proximidade dos Jogos Olímpicos para chamar a atenção para suas demandas por melhores condições de ensino e por uma sociedade mais justa e livre. O governo do presidente Gustavo Díaz Ordaz Bolaños, embora eleito democraticamente, vinha tratando os protestos como movimentos de subversão, passando a exercer uma dura repressão. Em setembro, Bolaños autorizou a invasão, pela polícia, do campus da Universidade Nacional Autônoma do México (UNAM), a maior da América Latina, localizada na capital, Cidade do México. Os estudantes foram violentamente espancados e centenas deles, arbitrariamente presos em locais desconhecidos.

As denúncias de detenções ilegais, perseguições, desaparecimentos, torturas e execuções extrajudiciais fizeram com que as manifestações se encorpassem ainda mais. Havia indignação pela forma com que o governo lidava com reivindicações consideradas legítimas, algo semelhante ao que havia ocorrido meses antes em Paris, quando a repressão só fez com que o tom dos protestos aumentasse. Ainda não se sabia, mas o presidente Bolaños tinha uma estreita relação com a CIA, que fornecia ao México equipamento de comunicações, armas, munições e material de treino para controle de motins. Internamente, tudo era justificado pela preocupação com a segurança durante as Olimpíadas.

Em greve havia dois meses, cerca de 15 mil estudantes tomaram as ruas da Cidade do México, levando cravos vermelhos como sinal de protesto pela ocupação militar da UNAM. Quando já se vislumbrava o pôr do sol, milhares deles se juntaram a uma manifestação pacífica de trabalhadores na Praça das Três Culturas, em Tlatelolco. Muitos estavam acompanhados de seus filhos e mulheres. Cânticos clamando por mais liberdade eram entoados, e logo foi percebida a presença de um monumental aparato militar, com tanques e blindados cercando a praça.

Sem qualquer tipo de provocação, a não ser o fato de estarem reunidos em uma praça pública, os manifestantes passaram a ser alvo das forças policiais, sendo atingidas também mulheres, crianças e pessoas que simplesmente estavam por ali de passagem, saindo do trabalho. Com o fogo aberto contra a multidão, o desespero tomou conta de todos e, rapidamente, viram-se corpos amontoados pelo chão da praça. A repressão foi tão brutal que, sem recuar diante de centenas de vítimas, os policiais invadiram residências das redondezas em busca de manifestantes que fugiam da saraivada de tiros. Mais tarde, caminhões de lixo foram acionados para retirar os corpos tombados.

O repórter Paul Wyatt, da UPI, que estava no local, disse ter visto uma luz vermelha vinda de um helicóptero, e em seguida o fogo pesado do Exército, com o lançamento até de granadas. Afirmou que viu também muitas pessoas caindo mortas ou feridas; ele mesmo estava com as roupas manchadas de sangue, apesar de não ter sido atingido. Já a jornalista italiana Oriana Fallaci foi gravemente ferida por um disparo e encaminhada, em estado crítico, a um hospital militar. Era um massacre que lembrava tempos remotos da história do México, quando, naquela mesma praça, em 13 de agosto de 1521, conquistadores espanhóis e seus aliados indígenas fizeram uma matança contra os "mexicas", que era como o povo asteca se denominava.

Na versão oficial do governo, os policiais começaram a atirar para se defenderem de franco-atiradores posicionados no alto dos edifícios. Quase 30 anos depois, em 1997, o congresso mexicano reabriu o caso, criando uma comissão para investigar mais profundamente o que de fato acontecera. Muitas testemunhas foram ouvidas, inclusive o ex-presidente da República entre 1970 e 1976, Luis Echeverría Álvarez, que, em 1968, era ministro do Interior. Echeverría confessou que os estudantes estavam desarmados e que a tese de autodefesa dos policiais fora uma farsa do governo. O objetivo da ação militar, segundo ele, era o de acabar de vez com o movimento estudantil, pelo receio de que houvesse manifestações de protesto durante as Olimpíadas.

Em junho de 2006, Luis Echeverría foi acusado de genocídio por causa do massacre. Então com 84 anos, ele ficou em prisão domiciliar esperando o julgamento. No mês seguinte, o juiz deu seu parecer considerando que Echeverría não poderia sequer ser julgado, pois, pelas leis mexicanas, o processo já havia prescrito.

Até os dias de hoje são controversas as estimativas de quantos morreram no Massacre de Tlatelolco. Algumas fontes indicam mais de mil mortos, mas a maioria delas sustenta que foram entre duzentos e trezentos. Já o governo contabilizou vinte mortos e quarenta feridos. Seja como tenha sido, o episódio na Cidade do México foi mais uma prova de que ir para as ruas protestar, em 1968, era uma aventura arriscada que, em qualquer parte do mundo, poderia custar a própria vida.

03 out A BATALHA DA MARIA ANTÔNIA

Nada simbolizava de maneira mais eloquente a luta ideológica que se travava no Brasil do que os endereços da Faculdade de Filosofia da Universidade de São Paulo (USP) e da Universidade Mackenzie. Ambas as tradicionais instituições de ensino se localizavam na Rua Maria Antônia, que ocupa uma extensão de apenas 500 metros no bairro da Vila Buarque, no centro da capital paulista. Para quem vinha da Rua da Consolação, a USP ficava no lado direito e a Mackenzie, no lado esquerdo, praticamente uma em frente à outra. Porém, ironicamente, a linha de pensamento que predominava nas duas faculdades era o contrário: os estudantes da USP eram, em sua maioria, militantes de esquerda que lutavam contra a ditadura, e os da Mackenzie, em grande parte, simpatizantes ou membros de organizações de direita, especialmente do grupo paramilitar do Comando de Caça a Comunistas (CCC). Naquele tempo de intensa participação política, aquela proximidade geográfica não poderia mesmo dar certo.

Os estudantes de filosofia da USP, com o apoio do corpo docente, havia alguns meses ocupavam o prédio da universidade. Estavam sempre em alerta, pois temiam que, a qualquer momento, houvesse uma invasão dos rivais da Mackenzie, acusados de ter, entre eles, agentes do DOPS infiltrados. Como muitos professores estavam do lado dos alunos, endossando suas reivindicações, mesmo durante a ocupação eram ministradas aulas livres. Cursos sobre marxismo, revolução e história da arte faziam parte da rotina da faculdade. Na Mackenzie, por outro lado, as aulas prosseguiam normalmente, e o curso mais procurado era o de direito, sobretudo por aqueles que sonhavam se tornar um dia delegado de polícia.

O clima de animosidade era tão forte que, mesmo nos momentos de paz, não era prudente que alunos e professores da USP estacionassem seus carros na calçada do lado da Mackenzie. Assim como também não se recomendava o oposto. Quem ousasse fazer isso corria o risco de ter o seu automóvel arranhado:

"Não podia mesmo. Nem frequentar os mesmos lugares a gente frequentava. Não assistíamos os mesmos shows, não sentávamos nas mesmas mesas. Éramos adversários nos esportes e em tudo mais. Aquilo tinha tudo para terminar do jeito que terminou", atestou o escritor Mário Prata, ex-aluno de economia da USP.

Em tudo os dois grupos eram diferentes. Os alunos que pertenciam ao CCC, especialmente, não suportavam o clima de descontração que se via do outro lado da rua: jovens mais conectados com os novos tempos, de cabelos longos, barbas por fazer, meninas usando minissaias. Conforme o tempo passava, ficava mais claro que, cedo ou tarde, um confronto de maiores proporções acabaria acontecendo.

O estopim foi aceso quando, no dia 2 de outubro, estudantes ligados à União Brasileira de Estudantes Secundaristas (UBES) estavam parando os carros que passavam na Maria Antônia para pedir aos motoristas colaboração para o Congresso da UNE, que estava sendo organizado. No momento em que abordaram estudantes da Mackenzie, a reação não foi nada amistosa. Discussões, xingamentos e empurrões foram inevitáveis.

No auge das escaramuças, um ovo foi arremessado do prédio da Mackenzie, atingindo uma estudante de filosofia que ajudava na cobrança do "pedágio". Mas não ficou nisso: logo foram lançadas também pedras e até pedaços de tijolos, que atingiram o prédio da Filosofia. Ao escutarem o barulho da confusão, um grande número de estudantes, liderados por José Dirceu, Luiz Travassos e Edson Soares, deixou o prédio e tomou de assalto a rua. Como reação, coquetéis molotov foram atirados no pátio da Mackenzie.

O conflito foi ganhando proporções cada vez maiores. Professores de química chegaram a abrir as portas do laboratório, onde membros do CCC pegaram tubos de ensaio com ácido sulfúrico para despejar sobre os estudantes inimigos. Foi quando a reitora da Mackenzie, Esther de Figueiredo Ferraz, decidiu entrar em contato com o governador Abreu Sodré para solicitar a presença de policiamento, pois, segundo ela, a universidade estava sob ameaça de invasão e sendo depredada.

Com a chegada de uma tropa de choque com cem homens, os ânimos se acalmaram um pouco, embora tenha ficado evidente de que lado os policiais estavam. Eles ficaram sobre o muro da Mackenzie, de costas para o prédio e de frente para os estudantes da USP. Embora hostilizados, permaneceram numa postura apenas defensiva, protegendo as instalações da Mackenzie. Durante a tensa madrugada, os alunos da Filosofia fizeram várias reuniões e decidiram não continuar o enfrentamento. Concluíram que aquela batalha só interessava à ditadura:

"Aquela não era uma briga de estudantes da USP contra os da Mackenzie. Mas uma briga do movimento estudantil contra a ditadura e os integrantes do CCC", lembrou José Dirceu.

Obedecendo a essa orientação, na manhã do dia seguinte foram colocadas duas faixas na frente da faculdade: "CCC, FAC e MAC = Repressão (Caça aos Comunistas, Frente Anticomunista e Movimento Anticomunista) e "Filosofia e Mackenzie contra a Ditadura". Não demorou para que os cartazes fossem arrancados por membros do CCC. Indignados com a ousadia, os alunos da USP reagiram e o conflito recomeçou.

Dessa vez, os coquetéis molotov acertavam em cheio o prédio da USP. Surgiram os primeiros focos de incêndio, que os estudantes não conseguiam apagar. A sensação era a de que os estudantes da Mackenzie tinham se preparado para um confronto durante toda a noite. Porém, a polícia, que cercava a rua, nada fazia, mantendo-se totalmente passiva diante do ataque. Comandados por Fábio Tortucci, presidente do diretório acadêmico da Faculdade de Direito, os alunos da Mackenzie se encaminharam para vários pontos das redondezas. Todos estavam armados, e, de um prédio em construção ao lado da faculdade, onde muitos se entrincheiraram, ouviu-se um tiro, em meio a estrondos de bombas. Do outro lado, onde estavam os estudantes da Filosofia, imediatamente tombou um rapaz. Era José Guimarães, de 20 anos, aluno secundarista do Colégio Marina Cintra. A bala que o atingiu atravessou a cabeça, entrando por um ouvido e saindo do outro lado. Foi levado às pressas para o Hospital das Clínicas, mas provavelmente morreu na hora em que foi alvejado.

A essa altura, o prédio da Filosofia da USP já estava em chamas. Os estudantes decidiram abandonar o local e saíram em passeata pela cidade em protesto contra a morte de José Guimarães e contra o ataque, com grande poder de fogo, dos estudantes da Mackenzie, assistido passivamente pela polícia. Revoltados, eles passaram a destruir tudo o que viam pela frente. Carros oficiais foram virados e incendiados e agências bancárias, depredadas. No caminho, vários comícios-relâmpago foram realizados, enquanto muros eram pichados com dizeres contra a ditadura. Os estudantes passaram pela Avenida Ipiranga, pela Rua Conselheiro Crispiniano, pela Praça do Correio, pela Rua 15 de Novembro, pela Praça da Sé, onde viraram e queimaram um carro do DOPS, e pelo Largo de São Francisco. Quando chegaram à Praça da Bandeira, defrontaram-se com um pelotão de choque da Força Pública. Era o momento de dispersar. Dividiram-se em vários grupos e bateram em retirada. Sem qualquer critério, os policiais passaram a prender, aleatoriamente, pessoas que estivessem por perto, mesmo sem ter certeza de que participavam do protesto. Até repórteres e fotógrafos, apesar de apresentarem documentos, foram colocados no caminhão da polícia e levados para a delegacia, ao lado de estudantes detidos. Mas tanto José Dirceu quanto Edson Soares, que lideravam a passeata, conseguiram escapar.

Como acontecera no Rio de Janeiro com o estudante Edson Luís, a família de José Guimarães concordou em entregar seu corpo aos estudantes, que o velaram no Conjunto Residencial da Cidade Universitária. Seu assassino, segundo testemunhas, foi o estudante de direito da Mackenzie e membro do CCC, Osni Ricardo. Mas as investigações não se aprofundaram, e o crime ficou sem punição.

O prédio da Filosofia acabou praticamente destruído pelo fogo. Só voltou a ser ocupado anos depois, tendo sido tombado pelo Patrimônio Histórico e transformado no Centro Cultural Maria Antônia. A Faculdade de Filosofia foi transferida para um prédio dentro da Cidade Universitária.

A Rua Maria Antônia nunca mais seria a mesma.

03 out GOLPE SOBRE O GOLPE NO PERU

Como praticamente era regra em toda a América Latina, o Peru também vivia um clima de instabilidade política que acabou culminando com um golpe militar que depôs o presidente Fernando Belaúnde Terry. Desde que assumira o poder, em 1963, Belaúnde encontrara um país fortemente influenciado pelas disputas de classe que tanto caracterizaram aquele período. Sob influência da Revolução Cubana de 1959, os peruanos lutavam pelo direito à terra e estabeleciam esse objetivo como essencial para que houvesse mais justiça e desenvolvimento social. Sob o lema de "Tierra o Muerte", cerca de 300 mil camponeses, colonos e trabalhadores rurais se mobilizavam para ocupar as grandes propriedades do país, inclusive algumas tidas como produtivas.

A reação dos latifundiários foi imediata. Com o receio de que estivesse em andamento uma "revolução castrista", eles passaram a cobrar do governo providências enérgicas contra os invasores. Como havia vencido as eleições com uma plataforma reformista, que incluía a resolução dos problemas do campo, o presidente Belaúnde tratou de enviar ao Congresso um projeto de reforma agrária. No entanto, não tendo maioria no parlamento, além de ver seu projeto rejeitado (na verdade, ele foi completamente desfigurado, perdendo o caráter reformista), o presidente ainda se viu atacado pela oposição, que o acusava de ser o responsável pelas invasões de terras.

Desgastado por não ter conseguido seu intento, Belaúnde viu crescer o movimento independente dos camponeses, que já não acreditavam que, através do poder executivo, poderia ser desenvolvido um amplo processo de reforma agrária. Ao mesmo tempo, era também pressionado pelos donos de terras para tomar medidas repressivas contra os trabalhadores do campo, que se organizavam cada vez mais. Naquela altura, eles ainda recebiam o reforço de jovens de esquerda que, descrentes da política tradicional, decidiram formar focos guerrilheiros no interior do país.

Nas primeiras ações desses grupos, houve, por parte do governo, uma postura de passividade: ele chegou a anunciar que se tratava apenas de um bando de ladrões de gado, e que não cabiam medidas radicais. Mas quando, em maio de 1965, aconteceu um ataque a uma mina – para conseguir dinamite – e a uma grande fazenda, as pressões aumentaram a ponto de o principal jornal do Peru, *La Prensa*, passar

OUTUBRO | 235

a fazer uma campanha sistemática denunciando o imobilismo do presidente. A situação piorou quando uma tropa da Guarda Civil, que fazia um tímido trabalho de repressão, sofreu uma emboscada. Nove policiais foram mortos e doze, aprisionados.

Com o governo enfraquecido, sem apoio popular e muito menos dos setores mais conservadores, Belaúnde resolveu ceder às pressões e autorizou os militares a atuarem livremente no combate aos guerrilheiros. Foi quando o governo dos Estados Unidos entrou em cena, concedendo um crédito de 3 milhões de dólares para as Forças Armadas peruanas. Além disso, despachou para Lima conselheiros militares com experiência de combate antiguerrilha na Guerra do Vietnã. O apoio foi complementado com o envio de um porta-aviões que ficou ancorado no porto de Talara, a poucos quilômetros de Lima, com 2.500 fuzileiros prontos para agir.

No âmbito interno, as elites peruanas também se mobilizaram, criando uma lei que considerava traição à pátria qualquer envolvimento ou ajuda à guerrilha. E mais: os partidos de oposição sancionaram a emissão de bônus no valor de 200 milhões de soles (7,5 milhões de dólares) para financiar as operações militares. Grandes empresários, associações financeiras e corporações peruanas e norte-americanas, sem demora, compraram todos os bônus. A máquina repressiva estava pronta para funcionar.

Sem apoio logístico entre os camponeses e também sem maiores estruturas, os focos rebeldes foram rapidamente aniquilados. Por outro lado, isso levou os militares a refletirem sobre como um pequeno grupo de insurgentes obrigou-os a mobilizar milhares de soldados das três armas e a fazer gastos vultosos. Imaginaram quanto custaria uma operação que se prolongasse e chegaram à conclusão de que havia a necessidade de reformas na sociedade. Estava amadurecendo a ideia de um golpe militar.

O momento certo chegou quando o governo do presidente Belaúnde se envolveu num grande escândalo. Foi quando fechou o chamado Acordo de Talara com a International Petroleum Company (IPC). Depois de anunciar estrategicamente, no dia da independência do Peru (28 de julho), a nacionalização das jazidas petrolíferas de Breas e Pariñas, descobriu-se que o acordo, ao invés de trazer vantagens ao país, era extremamente prejudicial. A revelação foi do gerente-geral da estatal Empresa Petroleira Fiscal (EPF), que denunciou em rede nacional o desaparecimento da página 13 do acordo.

Na página extraviada, estavam registrados os preços em dólares pelos quais a EPF deveria vender o petróleo para a IPC. O problema era que, de acordo com a tabela, os preços fixados ficavam abaixo do que estabelecia o mercado, o que traria prejuízos inevitáveis à economia peruana. Como se não bastasse, segundo o Acordo de Talara, as jazidas seriam entregues ao Peru em contrapartida ao perdão de uma dívida de 144 milhões de dólares.

A negociata foi a senha para que tanques de guerra e centenas de soldados cercassem a Casa de Pizarro, sede do governo, com ordens de retirar de lá o presidente Fernando Belaúnde. Não houve qualquer contestação, muito menos resistência. Tal era o desprestígio de Belaúnde que, segundo narraram os jornais, ele foi tirado do palácio aos safanões, ainda descalço e com a barba por fazer. Nessas condições, foi levado ao aeroporto de Lima e imediatamente deportado para a Argentina.

O novo presidente era o general Juan Velasco Alvarado, que assumiu o governo acusando seu antecessor de "imoralidade e entreguismo das riquezas nacionais". E, ao contrário do padrão conservador e geralmente reacionário das ditaduras militares, segundo muitos cientistas sociais, peruanos e estrangeiros, Velasco atuou de forma nacionalista e progressista, atendendo a demandas sociais que vinham de longa data.

Isso era resultado de análises elaboradas pelo Centro de Altos Estudos Militares (CAEM), que, desde o fim da Segunda Guerra Mundial, relacionavam o conceito de segurança nacional com propostas nacionalistas e desenvolvimentistas. Os oficiais das três armas peruanas deduziram que "para combater os subversivos e eliminar o perigo comunista" era necessário desenvolver minimamente o país. Entenderam que a miséria era o palco perfeito para o surgimento de focos revolucionários de esquerda. Com isso, Velasco Alvarado governou o Peru de 1968 a 1975, confrontando várias vezes os interesses dos Estados Unidos e de suas multinacionais.

No fundo, acabou realizando muitas reformas desejadas pelo presidente que havia derrubado, como a tão esperada reforma agrária. Quando anunciou sua implantação, o general Alvarado, simbolicamente, repetiu uma frase do líder indígena Tupac Amaru, que liderou uma rebelião camponesa no século XVIII: "Campesinos, el patrón ya no comerá más de tu pobreza" (Camponeses, o patrão já não comerá mais de tua pobreza). Logo foram vistas tropas federais ocupando terras em poder de empresas estrangeiras e de latifundiários peruanos. Porém, depois de alguns anos, o reformismo militar acabou perdendo fôlego e acabando por contemplar apenas 25% da população rural. Em 1975, com o general Alvarado fragilizado por sérios problemas de saúde – amputou uma perna por causa de uma gangrena oriunda de um aneurisma aórtico abdominal –, foi dado um golpe em cima do golpe. Assumiu o general Morales Bermúdes, com a missão de corrigir as medidas reformistas e redirecionar o Estado para um modelo de crescimento com controle dos gastos públicos assistenciais. Terminava o ciclo reformista autoritário do general Alvarado, que morreria aos 67 anos, dois anos depois.

Em 1980, depois de doze anos de governo militar, Fernando Belaúnde, deposto de forma humilhante em 1968, voltaria ao poder através de eleições diretas. Dessa vez, terminou seu mandato, deixando o governo em 1985. Morreu em 2002, aos 89 anos, demonstrando que, na política, como na vida, a roda gira muitas vezes de modo surpreendente.

13 out O ADEUS A BANDEIRA

Quando fez 80 anos, em 1966, o poeta Manuel Bandeira foi homenageado no mundo inteiro. Nos Estados Unidos, na Alemanha, na Espanha, na Itália, em Portugal e até no Havaí, terra do surfe, onde, em Honolulu, um jornal estudantil editou um número especial sobre ele. Era a prova da universalidade da poesia do pernambucano

Manuel Carneiro de Sousa Bandeira Filho. Nascido no Recife em 1886, ele veio bem novo para o Sudeste, com a família, para começar uma trajetória que o transformaria num dos maiores poetas brasileiros de todos os tempos. Morou no Rio e em São Paulo, levado sempre pelos passos do pai, engenheiro civil do Ministério da Viação.

Em 1904, quando foi estudar arquitetura na Escola Politécnica de São Paulo, depois de ter terminado o curso de humanidades, começaram os primeiros sintomas de tuberculose. Teve que interromper os estudos para se tratar em cidades da região serrana do Rio de Janeiro, como Teresópolis e Petrópolis. Como não melhorasse, seu pai juntou todas as suas economias, levando o filho para a Suíça, onde ficou por dois anos (1913 e 1914).

O acirramento da Primeira Guerra Mundial trouxe a família de volta ao Brasil. Foi quando seu dom para a literatura começou a se manifestar. O estilo simples e direto era sua marca, mas mantendo sempre a rigidez nas composições poéticas, a riqueza nas rimas e a métrica perfeita. Tanto em *A cinza das horas* (1917), cuja tiragem, custeada por ele próprio, foi de apenas duzentos exemplares, quanto em *Carnaval* (1919), suas duas primeiras obras, essa tendência ficava bem clara.

Logo vieram os elogios e também as críticas. *Carnaval* foi recebido com aplausos pelos modernistas e, ao contrário, com vaias pelos passadistas:

"O senhor Manuel Bandeira inicia seu livro com o seguinte verso: 'Quero beber! Cantar asneiras!'. Pois conseguiu exatamente o que desejava", ironizou uma revista de literatura da época.

Mas logo Bandeira era defendido por gente como José Oiticica e João Ribeiro. Já envolvido no mundo das letras, na casa do também poeta Ronald de Carvalho, conheceu Mário de Andrade, um dos ícones do modernismo brasileiro, de quem se tornou grande amigo, passando a trocar cartas com ele até à morte de Mário, em 1945. E foi através da influência de Mário de Andrade que Bandeira ingressou de vez no movimento modernista. Apesar de não estar presente na Semana de Arte Moderna, em 1922, teve o poema "O Sapo" (uma sátira aos parnasianos) lido por Ronald de Carvalho nas concorridas sessões do Teatro Municipal de São Paulo. O poema chegou a ser vaiado por uma parte da plateia, mas criou polêmica e ajudou a ecoar as novas vozes do movimento.

Mas foi em 1924, com *O ritmo dissoluto*, que Manuel Bandeira começou a fazer a transição definitiva da poesia tradicional para a modernista. O toque final de sua poética vem em 1930, com *Libertinagem*. As obras de sucesso foram se sucedendo – *Estrela da Manhã* (1936), *Poesias Escolhidas* (1937), *Crônicas da Província do Brasil* (1938), *Guia de Ouro Preto* (1938) e *Poesias completas* (1940) –, até que, em 1940, foi eleito membro imortal da Academia Brasileira de Letras, ocupando a cadeira 24.

Nessa trajetória, o poeta foi também nomeado inspetor federal do ensino e teve publicada uma coletânea de estudos sobre sua obra, assinada por alguns dos maiores críticos da época, alcançando, assim, a consagração definitiva do grande público. Seu poema "Vou-me embora pra Pasárgada" acabou sendo um dos mais lidos e celebrados do país, presente até hoje em qualquer antologia poética. E não por acaso: segundo Bandeira, foi o de mais longa gestação de toda a sua obra:

"Vi pela primeira vez esse nome de Pasárgada quando tinha os meus dezesseis anos e foi num autor grego. Significa 'campo dos persas' e suscitou na minha imaginação uma paisagem fabulosa, um país de delícias. Mais de vinte anos depois, quando eu morava só na minha casa da Rua do Curvelo, num momento de fundo desânimo, da mais aguda doença, saltou-me de súbito do subconsciente esse grito estapafúrdio: Vou-me embora pra Pasárgada! Senti na redondilha a primeira célula de um poema", contou Bandeira.

O poeta foi também professor de literatura no Colégio D. Pedro II. Posteriormente, assumiu a cadeira de literaturas hispano-americanas na Faculdade de Filosofia da Universidade do Brasil, cargo do qual se aposentou, em 1956.

Enquanto isso, sua obra era cada vez mais lida, tendo sido traduzida para os mais diversos idiomas. Apesar do sucesso, Manuel Bandeira manteve uma rotina pacata. Morava sozinho em um apartamento na Avenida Beira Mar, perto da Lapa, no Rio de Janeiro, numa simplicidade monástica. Saía basicamente para fazer pequenas compras, incluindo o jornal, que não podia faltar e que lia de cabo a rabo. Pelo telefone, falava todos os dias com os amigos. Tudo num ritmo que misturava alguma melancolia com intensa busca de enxergar alegria no mundo. Depois de uma vida de lutas e de intensa indignação, sobreveio uma lúcida tranquilidade, que Bandeira definiu como "o apaziguamento das minhas insatisfações e das minhas revoltas pela descoberta de ter dado à angústia de muitos uma palavra fraterna".

A poesia de Bandeira o tomava de roldão, e muitas vezes vinha na rua, no ônibus, numa esquina. Nessas horas, o poeta sempre tinha caneta e papel à mão, para não deixar que a inspiração escapasse. Foi assim até quando, aos 82 anos, Manuel Bandeira levou um tombo em casa e quebrou o fêmur. Internado no Hospital Samaritano, passou por uma cirurgia bem-sucedida, mas, quando já se preparava para ficar sentado novamente, teve uma forte hemorragia causada por uma antiga úlcera no duodeno. Várias transfusões de sangue foram feitas, sem qualquer efeito. A morte chegou por anemia aguda, como constou no atestado de óbito.

Quando a notícia se espalhou, muitos amigos correram ao hospital, como se ainda fosse possível fazer alguma coisa. Mas já eram, apenas, movidos pela saudade de quem, até o fim, mesmo na dor, guardava sempre um leve sorriso nos lábios. Finalmente, Manuel Bandeira partia para sua sonhada Pasárgada, onde era "amigo do rei" e tinha "a mulher que eu quero, na cama que escolherei".

13 out O PESADELO DE IBIÚNA

De repente, a rotina da pacata Ibiúna, a 70 km de São Paulo, mudou. Do nada, apareciam no açougue, na farmácia e na padaria da cidade grupos de jovens barbudos e cabeludos, trajando jeans surrados. Faziam compras, sempre em grandes quantidades. Só de pão, numa das ocasiões, levaram o correspondente a NCr$ 200. Dava para alimentar uma tropa com sanduíches. Na farmácia, os itens mais procurados eram sabonetes e pasta de dentes. Nas esquinas do pequeno município, o povo se perguntava de onde teriam vindo tantos rapazes e moças e o que estariam fazendo por ali. Até uma Kombi chamou a atenção quando foi levada a uma oficina para ser reparada. A placa era de São Paulo: 24-44-80.

Mas quando um sitiante foi até o sítio Muduru para fazer um pagamento ao proprietário, o mistério começou a ser desvendado. O homem foi barrado por estudantes armados que vigiavam o local onde cerca de setecentos deles participavam, clandestinamente, do 30º Congresso da UNE. Desconfiado, quando voltou a Ibiúna o lavrador narrou ao prefeito o que tinha visto. De imediato, o delegado Otávio de Camargo foi informado sobre a movimentação estranha àquelas bandas. Não tardou para que fosse feito contato com a Secretaria de Segurança Pública e com o DOPS. Já se sabia que os estudantes estavam na região. Com a denúncia do local exato, a operação de tomada do sítio foi decidida.

Tudo foi meticulosamente planejado. Eram 120 homens da Polícia Federal cercando todas as saídas da BR-2. Outras tropas bloquearam as passagens de Cotia e Caucaia. Para a invasão, foram destacados 135 policiais, com o apoio de 80 homens do DOPS. Os preparativos para a operação tiveram início às 22 horas do dia 12, quando a maior parte dos seis mil habitantes da pequena Cotia já se preparava para dormir. Mas só no meio da madrugada as tropas partiram em direção ao sítio. Fazia frio, havia chovido muito durante a semana e a estrada estava completamente enlameada.

O comboio era extenso. À frente vinha uma perua Chevrolet com seis agentes. Em seguida, um ônibus, levando soldados equipados com escudos, cassetetes e capacetes. Logo atrás, dois carros-choque, uma ambulância, três jipes, quatro Kombis e duas caminhonetes da marca Rural Willys. Cinco minutos depois, ainda foram vistos mais dois ônibus repletos de soldados. Mais atrás vinha a turma da Força Pública do 7º Batalhão Policial, de Sorocaba, com um arsenal bélico de quem ia para uma guerra. Além de metralhadoras, muita munição e várias caixas com bombas de gás e explosivos. Eram 7h30 da manhã quando, numa elevação de terreno, os comandados do coronel Divo Barsotti, do 7º BP de Sorocaba, finalmente avistaram o acampamento dos estudantes.

Os soldados se posicionaram, e logo foram ouvidas rajadas de metralhadoras disparadas para o alto. Os estudantes ainda estavam acordando e foram pegos de surpresa. Não havia muito o que fazer diante do cerco implacável. Com poucos alojamentos, sem muita estrutura, muitos deles dormiam no chão de barro, em barracas, em meio à lama (até um curral foi usado como dormitório). Na revista feita pelos policiais, algumas armas foram descobertas: uma pistola Luger, duas Berettas e uma carabina. Os livros sobre guerrilha eram em maior quantidade. Vistoriando as malas que foram deixadas para trás, foi encontrado *A guerra de guerrilhas, Che Guevara*. O capitão que achou a obra estava exultante:

"Faço questão de levar isso para entregar ao comandante da II Região Militar, para que ele saiba quem são esses moços."

Porém, mais do que o livro sobre Che Guevara, chamou a atenção dos policiais um envelope endereçado a Luís Travassos, presidente da UNE, com documentos assinados por José Jarbas Cerqueira, representante da UNE na Organização Continental Latino-Americana de Estudantes (OCLAE), com sede em Havana, dando diretrizes aos movimentos estudantis brasileiros. Proclamava que chegara a hora "de levar para as ruas a luta de libertação do povo contra a ditadura de traição nacional". A orientação era para que fossem criados no Brasil "um, dois, três Vietnãs, fazendo matraquear as metralhadoras". Tudo foi enviado para o DOPS, para depois ser anexado aos processos contra os estudantes presos.

Os estudantes renderam-se sem oferecer qualquer resistência. Embora muitos tenham conseguido fugir em direção à mata, sem ter para onde ir, logo se entregaram. Segundo a polícia, quase mil prisões foram feitas, mas o número exato ainda não poderia ser determinado. Os policiais do DOPS passaram a procurar os líderes. Inicialmente só identificaram um: José Dirceu. Ar cansado, barba por fazer, ele foi levado direto para o DOPS, ficando à disposição da Justiça, pois estava com prisão preventiva decretada. Vladimir Palmeira, Luís Travassos e Franklin Martins também tiveram o mesmo destino.

Não era pouca encrenca para quem chegara a Ibiúna com todos os sonhos do mundo e deixava a cidade caminhando, em grandes colunas de quatro, com as mãos sobre as cabeças, cabisbaixos, enrolados em cobertores, sem esboçar nenhuma reação. Só até o local onde os caminhões estavam estacionados, foram duas horas de caminhada em terreno escorregadio, tomado pela lama.

De Ibiúna, os estudantes foram levados para o presídio da Avenida Tiradentes, no centro da capital paulista. Lá, foram colocados em celas de 3 x 6 metros, nas quais se acotovelavam, em cada uma, pelo menos 50 deles. Após uma semana de interrogatórios, a maioria foi enviada, presa, para seus respectivos estados; alguns poucos foram liberados.

Vladimir Palmeira ainda tentou fugir, saindo pela janela do ônibus que o levava para o DOPS. Inconformado, depois de recapturado, desabafou: "Nunca pensei que cairíamos de forma tão vexatória".

O desalento de Vladimir era a tônica entre os estudantes, principalmente pela forma com que foi organizado o Congresso, num local que não seguia os mais básicos requisitos de segurança – só havia uma saída, não se dispunha de higiene nem de condições de subsistência para tanta gente. Além disso, a visão dos arredores era praticamente inexistente. Ficavam praticamente ilhados.

Ibiúna representou o fim de um sonho. Um dos últimos espasmos de jovens idealistas que queriam mudar o Brasil de forma ainda pacífica. Não mudaram, caíram de forma melancólica, mas deixaram plantada a semente da rebeldia característica daqueles tempos.

14 . out CIVILIZAÇÃO É ALVO DO TERROR

A livraria Civilização Brasileira, na Rua Sete de Setembro, centro do Rio de Janeiro, talvez fosse o principal foco de resistência ao "terror cultural" (expressão cunhada por Alceu Amoroso Lima) que passou a ser praticado pelo regime militar logo nos primeiros dias do golpe de

1964. Desde que fora fundada, em 1955, tornara-se ponto de encontro de autores da casa e de alguns dos mais importantes artistas, escritores e intelectuais do país, tais como Nelson Werneck Sodré, Fernando Sabino, Antonio Callado, Dias Gomes, Carlos Heitor Cony e Di Cavalcanti.

O cartaz no alto da fachada, com os dizeres "Quem mal lê mal fala, mal ouve, mal vê", exemplificava o espírito crítico que emanava da livraria e que tornava seu proprietário, Ênio Silveira, um homem marcado pela ditadura. Referência no mercado editorial, não só como livreiro, mas também como editor – responsável pela publicação de obras com um claro viés de esquerda –, Ênio logo se transformou em um dos maiores inimigos do regime que o considerava persona non grata.

Seus livros eram apreendidos pela polícia política como se fossem objetos contagiosos, muitas vezes por razões risíveis, como apenas por terem capas vermelhas ou por serem traduções do russo. Dessa forma, Ênio passou a ser visto como um "elemento perigoso". Perseguido, não poucas vezes foi parar na prisão. E por motivos banais, como quando foi detido por oferecer uma feijoada em homenagem a Miguel Arraes, no curto período em que o ex-governador de Pernambuco ficou no Brasil depois de passar um ano preso na ilha de Fernando de Noronha – antes que fosse preso novamente, tinha sido aconselhado por seus advogados a seguir para o exílio.

Nessa ocasião, um abaixo-assinado com mais de mil nomes, de tradicionais militantes de esquerda a artistas como o compositor Pixinguinha, pediu pela liberdade de Ênio Silveira. E por mais paradoxal que possa parecer, até o então presidente, o marechal Castelo Branco, o apoiou, como se soube tempos depois, com o envio de um bilhete ao seu chefe de gabinete, general Ernesto Geisel:

"Por que a prisão do Ênio? Só pra depor? Apreensão de livros. Nunca se fez isso no Brasil. Só de alguns (alguns!) livros imorais. Os resultados são os piores possíveis contra nós. É mesmo um terror cultural", escreveu Castelo Branco.

Mas a vigilância a Ênio escapava da alçada do presidente e era tão ostensiva que ele chegou a ter a casa invadida por policiais em busca de obras proibidas. Por isso, não foi de surpreender quando, na madrugada do dia 14 de outubro de 1968, uma bomba explodiu, destruindo parcialmente a fachada de sua livraria. Era a prova de que a escalada repressiva aumentava a cada dia com a complacência do governo Costa e Silva, que se mostrava totalmente desinteressado em punir os responsáveis por ataques desse gênero.

Já se sabia à época que esse tipo de ação era característico do Comando de Caça aos Comunistas (CCC), a organização paramilitar de extrema-direita criada, em 1963, pelo policial civil e estudante de direito Raul Nogueira de Lima. Foi quando, em oposição ao avanço das esquerdas, passou-se a incutir nas classes médias o medo de que o Brasil estivesse num processo de cubanização, sendo alvo de articulações e artimanhas para se tornar, tal como se considerava Cuba, uma possessão de Moscou – o que o tempo acabaria por desmentir completamente. A organização também se intitulava defensora da "moral e dos bons costumes" e atacava, como se viu no caso da peça *Roda Viva*, tudo aquilo que considerava uma ameaça à "família brasileira". Raul Nogueira, seguindo a lógica que movia o CCC, acabaria por se tornar um torturador do DOPS, conhecido como "Raul Careca".

Pois naquela altura, o CCC já era um braço do regime. Fazia o chamado "serviço sujo" para intimidar os adversários políticos. Ênio Silveira, com sua Civilização Brasileira, era um deles. Em um Brasil cada vez menos civilizado, sobretudo com a proximidade da edição do AI-5, pensar, refletir e criticar representava risco de vida. Explosões se tornavam rotina, como aquela que fez tremer a histórica livraria da Civilização na Sete de Setembro.

22 out TRAGÉDIA NO DIA DO PROTESTO

Revoltados com as prisões das principais lideranças estudantis no Congresso de Ibiúna, alunos de medicina da Universidade do Estado da

Guanabara (UEG) programaram um dia de manifestações no campus da Escola de Ciências Médicas, na Avenida 28 de Setembro, em Vila Isabel. Por volta das 11 horas, agentes do DOPS, em ronda pelas imediações, perceberam cartazes contra o governo pregados em frente ao diretório acadêmico. Imediatamente, saltaram dos dois veículos em que estavam e os arrancaram das paredes. Mas tão logo eles se afastaram, os estudantes colaram novos cartazes no mesmo local.

Mais tarde um pouco, por volta das 13 horas, acompanhados de alunos da escola de direito da UEG, os acadêmicos de medicina deixaram o campus rumo à avenida. Eram cerca de trezentos estudantes conduzindo o que chamavam de uma réplica da Estátua da Liberdade. Era uma armação de madeira compensada de cerca de seis metros de altura, que representava um soldado da Polícia Militar com um cassetete em uma das mãos e uma metralhadora na outra. Ironicamente, denominavam-na de "Estátua da Liberdade Brasileira 68" e pretendiam inaugurá-la bem em frente ao Hospital Pedro Ernesto, que ficava em frente ao campus.

Mal começaram os discursos contra a repressão, já despontaram na esquina as duas viaturas do DOPS que haviam passado por ali duas horas antes. Ao avistarem a reunião de estudantes, os agentes saltaram imediatamente dos carros e passaram a lançar bombas de gás lacrimogêneo e dar tiros com pólvora seca. Os manifestantes fugiram para detrás do muro do hospital, onde se armaram com pedras de uma obra que ali era feita. Partiram então para o contra-ataque, apedrejando os policiais, que tiveram que se abrigar no interior das viaturas. No entanto, de lá mesmo, os policiais continuaram a lançar bombas e, dessa vez, a atirar de revólveres calibre 45.

Com a fuzilaria, os estudantes voltaram para dentro do hospital, mas, espremidos na entrada estreita para o saguão, foram alvo fácil. Dez deles tombaram feridos. O pânico tomou conta de todos. Balas ricocheteavam nas paredes, e as bombas atingiam as salas de pediatria e cardiologia. Pacientes internados eram transferidos às pressas para dependências localizadas nos fundos do hospital. Por causa do gás, cirurgiões e enfermeiras eram obrigados a molhar os olhos para terminar os procedimentos cirúrgicos em andamento; o que não era emergência foi adiado. Cinco crianças ficaram intoxicadas pelos efeitos do gás lançado pelos policiais e, segundo alguns médicos, uma menina "de pouca idade", que sofria de insuficiência cardíaca, acabou morrendo em consequência do susto causado pelo barulho dos tiros. Porém, outros admitiram que a morte dela foi natural, tendo sido apenas coincidência ter ocorrido durante os incidentes.

Segundo o administrador do hospital, por pouco não aconteceu uma tragédia ainda maior, pois um tiro passou muito perto dos 20 balões de etileno do centro cirúrgico. Caso um deles tivesse sido atingido, uma grande explosão teria acontecido, com consequências imprevisíveis. Com o cessar dos tiros, a imagem era de guerra: portas de vidro quebradas, paredes com perfuração de balas e manchas de sangue pelo chão dos corredores.

Pouco depois, chegava ao Hospital Pedro Ernesto o general Antonio Pires de Castro, representante da Secretaria de Segurança. Ele se reuniu com o reitor da UEG, João Lira Filho, e pediu que os estudantes deixassem as dependências do hospital, em ordem, sem tentar fazer qualquer manifestação. Como porta-voz dos estudantes, o reitor não admitia essa hipótese, pois eles, como estudantes de medicina, queriam acompanhar os companheiros feridos. E também ninguém queria correr o risco de ser preso na porta do hospital pela Polícia Militar, que, naquela altura, tinha uma tropa ali postada:

"Nossos alunos foram agredidos. Isso é muito triste. Existem marcas de balas nas paredes, e bombas foram jogadas contra o hospital. Isso é um absurdo", disse o reitor.

O clima era pesado, pois o general insistia que os estudantes saíssem. Mas o próprio diretor do hospital, Américo Piquet, se colocou do lado deles, reafirmando ao general que a presença dos estudantes era importante para ajudar no atendimento aos feridos:

"Aqui são todos quase médicos, e a presença deles é obrigatória. Existe um jovem agonizando e eles não o abandonarão agora", afirmou.

O jovem a que se referia o doutor Américo Piquet era Luís Paulo da Cruz Nunes, que fora baleado na cabeça, chegando a perder parte da massa encefálica. Apesar dos esforços dos neurocirurgiões que o atenderam imediatamente, reanimando-o de duas paradas cardíacas, o rapaz de 21 anos, estudante do segundo ano de medicina, morreria às 21 horas, depois de sofrer uma terceira e fatal parada cardíaca. No atestado de óbito, constava como causa da morte uma "ferida penetrante do crânio com destruição parcial do tecido nervoso e hemorragia das meninges".

O assassinato de Luís Paulo causou enorme revolta entre os estudantes. Diferentemente do que acontecera quando Edson Luís fora morto no Restaurante Calabouço, os jornais tratavam o caso de forma a minimizá-lo. *O Globo* chegou a noticiar que tudo fora culpa de "arruaceiros" e "baderneiros", sem demonstrar qualquer indignação contra o fato de que os policiais abriram fogo contra um hospital público. Chegou a publicar uma versão de que Luís Paulo era um "democrata" e estava ali porque ouvira os tiros enquanto "estudava tranquilamente" dentro da universidade, tendo sido "atraído" ao local do "tumulto" com o objetivo apenas de "dissuadir" os companheiros e "chamá-los à razão". Só faltou dizer que o tiro que o abatera fora disparado por um colega, e não por um policial.

Por isso, no dia seguinte, quando os estudantes saíram às ruas em protesto contra a violência policial e pelo direito de manifestação, um dos alvos foi o prédio d'*O Globo,* que foi apedrejado e quase incendiado. Nas imediações da Praça 11, perto do jornal, outra vez a polícia atacou os estudantes com bombas e tiros. Mais duas pessoas acabaram morrendo: um operário que participava do protesto e um comerciário que assistia aos conflitos da janela de um edifício.

Uma cena insólita marcou aquele dia de protesto. No caminho dos caminhões e jipes do Exército que avançavam contra os estudantes, surgiu a atriz e cantora Vanja Orico, famosa na época por ter filmado com Federico Fellini *(Mulheres e luzes)* e ter estrelado os principais filmes brasileiros do ciclo do cangaço, como *O Cangaceiro*, de Lima

Barreto (premiado no festival de Cannes), *Lampião, o rei do cangaço*, com Leonardo Villar e Glória Menezes, e *Os cangaceiros de lampião*, ao lado de Maurício do Valle e Antonio Pitanga. Mas nem sua fama impediu que fosse retirada à força e espancada pelos policiais quando, corajosamente, se ajoelhou no meio da rua, diante da tropa motorizada da PM.

A ditadura não tinha mais limites. O ataque a tiros a um hospital público e a prisão violenta e arbitrária, diante das câmeras dos fotógrafos, de uma atriz conhecida, filha de um diplomata, deixava evidente que os agentes do estado sabiam que ficariam impunes. O governo fechava cada vez mais o cerco a qualquer contestação. Valia tudo para impedir uma simples manifestação de algumas centenas de estudantes. O resultado é que muitos deles, sufocados e sem alternativas para lutar dentro da legalidade, acabariam engrossando as fileiras da luta armada. O Brasil mergulhava num buraco negro sem saber direito quão fundo era ele. Se em plena luz do dia o regime matava e espancava à vontade, não era difícil imaginar o que poderia acontecer nos seus porões. Mesmo antes da edição do AI-5, o clima de terror já estava instaurado, sem que isso causasse maiores constrangimentos ao governo militar.

1968 | NOVEMBRO

A Rainha Elizabeth II causou *frisson* durante toda a sua viagem ao Brasil. Em Salvador, visitou a igreja de São Francisco e recebeu o carinho do povo baiano.

PÁGINA ANTERIOR:
Como defensor da democracia e dos direitos humanos, Dom Hélder Câmara passou a ser considerado inimigo da ditadura. Foi intimidado de todas as formas, mas jamais se curvou ao arbítrio.

1º nov A RAINHA QUE PAROU O BRASIL

Eram 16h30 quando o jato VC-10 da Royal Air Force (RAF), pintado de azul e ouro, aterrissou no Aeroporto dos Guararapes, no Recife. A bordo, com uma comitiva de trinta pessoas, estava a carismática rainha Elizabeth II da Inglaterra, para uma visita de onze dias ao Brasil. Em Pernambuco, Elizabeth ficaria apenas algumas horas, tempo suficiente para uma recepção no Palácio do Campo das Princesas. Depois seguiria para Salvador, Brasília, São Paulo e Rio de Janeiro. O objetivo da viagem era, essencialmente, estreitar as relações econômicas e culturais da Inglaterra com a América Latina. Uma visita ao Chile também estava programada.

Nos primeiros momentos após o desembarque, ao lado do marido Philip, o duque de Edimburgo, já se notava seus grandes e luminosos olhos azuis. Mas a estatura de 1,63 m não traduzia a imponência de sua presença, que se manifestava "por uma natural dignidade", segundo as primeiras impressões dos jornalistas que cobriam a viagem. Eles mencionavam também que sua figura parecia envolta em "um halo de mistério que circundava a monarquia britânica". Porém, dizia-se que, na intimidade, Elizabeth – que na época tinha 42 anos – era uma jovem rainha que não gostava de roupas formais, preferindo sapatos baixos e lenços no cabelo, e que se incomodava com o excesso de zelo e com o servilismo, simpatizando de modo geral com pessoas simples e espontâneas.

Nas cerimônias oficiais, Elizabeth ainda era cercada da velha pompa, mas, com o passar do tempo – já era rainha desde 1952 –, rompera com alguns costumes ao substituir grandes festas por almoços ou jantares regulares, mais informais, convidando pessoas de todas as classes, incluindo personalidades do esporte, escritores, homens de negócio e assistentes sociais. Ou seja: pessoas que de alguma forma traziam alguma contribuição à vida do país, com quem poderia conversar e se atualizar, ao contrário do que acontecia em cerimônias formais somente com convidados que pertenciam ao universo dos nobres.

Os gostos eram também simples. Comia pouco (no almoço, geralmente, apenas frutas e legumes), não bebia, não fumava e adorava cavalgar sozinha pelos campos ou caminhar acompanhada somente de seus cachorros. Para agradar o marido, com sol ou chuva não abria mão de vê-lo jogar polo, o esporte favorito de Philip. Nesses momentos, fazia questão de que não houvesse qualquer publicidade. O jeito informal talvez fosse o segredo da popularidade de Elizabeth, que, por onde passou no Brasil, deixou a marca de uma mulher sem maiores afetações. Mesmo cercada de todo o aparato que sua posição exigia, comportava-se como a mais simples mortal.

O aparato de segurança em torno do trajeto que levaria Elizabeth e sua comitiva até o Palácio das Princesas estava à altura da ilustre visitante. Um efetivo de cerca de seis mil policiais, trezentos investigadores, além de incontáveis guardas-civis, jipes do Exército e unidades móveis. Sem contar com os agentes britânicos, atentos a cada passo da rainha e a tudo ao redor. Na época, o Recife antigo ainda não estava revitalizado, e as construções tinham aparência de certo abandono. Durante o dia, as partes térreas funcionavam como pontos comerciais e, à noite, como prostíbulos. Numa época de moralismo extremamente arraigado, não pegaria bem expor a comitiva real aos olhares de moças de programa. Chegou-se ao cúmulo de cerrar com pregos as portas e janelas dos cabarés, para impedir que as prostitutas descessem ou mesmo aparecessem nas varandas. Outras medidas radicais, consideradas discriminatórias, foram também tomadas: para ocultar os graves problemas sociais que afligiam a chamada "Veneza Brasileira", a prefeitura providenciou a remoção de mendigos e até mesmo de cachorros de rua da região central.

Mas o que se viu, ao longo do trajeto de 15 km em carro aberto – um Lincoln preto do governo do estado –, foi uma rainha num elegante vestido em detalhes verde e amarelo, sorridente, à vontade e acenando para todos. Seria pouco provável que se importasse com a visão de algumas moças em sacadas, de maltrapilhos ou de cachorros vagando pelas ruas – logo cachorros, de que ela tanto gostava. Vexame mesmo acabou acontecendo na recepção no Palácio das Princesas, quando faltou energia elétrica durante um bom tempo. Ao que a rainha reagiu dizendo, educadamente, que isso era comum também na Inglaterra. Elizabeth se encantou com os quadros de Lula Cardoso Ayres e admirou as obras de arte em cerâmica de Francisco Brennand. Guiada por um candelabro, ela ficou tão impressionada com o quadro *A sombra verde*, de Lula Cardoso, que acabou recebendo a obra de presente do governador Nilo de Sousa Coelho.

Em troca, o casal real ofereceu ao governador um porta-retrato de mesa com uma foto autografada da rainha e do duque. Já a primeira-dama Maria Tereza de Sousa Coelho ganhou um estojo de maquiagem todo em ouro. No salão nobre, entre os trezentos ilustres convidados, estavam o sociólogo Gilberto Freyre e o arcebispo de Olinda e Recife, Dom Hélder Câmara. Entre as delícias nordestinas oferecidas, a que Elizabeth mais apreciou foi o suco de graviola. Já as uvas a rainha nem pôde provar, pois foram devoradas pelos repórteres brasileiros e estrangeiros durante a escuridão.

A falta de luz não atrasou a programação. Às 18h30, a comitiva real britânica se dirigiu ao Armazém 12 do Porto do Recife, onde estava ancorado o Britannia, o iate real só comparável, em luxo, ao do armador grego Onassis. Dali, Elizabeth e Philip seguiram viagem pelo mar para o Rio de Janeiro, fazendo uma escala em Salvador, onde conheceriam o Museu de Arte Sacra e o Mercado Modelo.

Na chegada ao Rio, Elizabeth pôde contemplar a beleza da Baía de Guanabara em seu esplendor. Era o dia 4 de novembro, fazia calor, e o sol brilhava, sem uma nuvem no céu, quando o Britannia chegou à cidade, atracando nas imediações da Ilha do Governador, de onde a rainha foi direto para a Base Aérea do Galeão. Lá estava à sua espera o avião da RAF que a levaria para Brasília, onde começaria oficialmente sua visita. O Rio teria que esperar alguns dias para conhecer melhor a rainha.

Na capital federal, Elizabeth II visitou o Congresso, participou de uma recepção à imprensa e foi ao Palácio da Alvorada para o encontro com o presidente Costa e Silva. Chegou com a pontualidade típica dos britânicos, às 14h40, como estava programado. O sol estava forte, e a temperatura era de 31 graus quando Elizabeth e Philip desceram de uma imponente limusine Itamaraty do governo brasileiro. Acompanhados pelo chefe do Cerimonial da Presidência da República, encaminharam-se para o Palácio, passando pela passarela suspensa sobre o espelho d'água, entre 24 Dragões da Independência, soldados vestidos com uniformes de gala e segurando lanças com bandeirolas nas cores vermelho e amarelo.

Na antessala do Palácio aguardava-os o presidente, de terno escuro, gravata cor de areia e óculos mais claros do que os habituais. Ao seu lado, a primeira-dama, dona Yolanda, trajava vestido verde de crepe e sapatos e bolsa cinza claro. A rainha estava com a pele ligeiramente bronzeada e usava um vestido marrom havana, com chapéu, sapato, bolsa e luvas da mesma cor, mas em tons ora mais claros, ora mais escuros. Um colar de pérolas e um broche de água-marinha completavam seu elegante e sóbrio visual.

O presidente cumprimentou a rainha fazendo uma ligeira reverência com a cabeça e dando um leve aperto de mão. Logo a convidou para conhecer a varanda dos fundos do Palácio, onde todos ficaram por alguns minutos. Elizabeth se dizia fascinada com Brasília e seus espaços vazios:

– Um desafio à imaginação dos engenheiros e construtores – comentou.

Costa e Silva chamou a atenção dela para as colunas do Palácio, tão exploradas nos cartões postais da cidade:

– São realmente muito bonitas, as colunas – disse a rainha.

– A impressão que se tem é que flutuam – salientou o presidente.

Curiosa, Elizabeth quis saber a razão de o Palácio se chamar Alvorada:

– Entre as muitas explicações a que acho mais exata é que o Palácio está voltado para a alvorada – disse o presidente.

E completou:

–Vejo o sol aqui desde a aurora até o pôr do sol.

Depois de Brasília, Elizabeth ainda passaria por São Paulo, onde descerrou a placa de inauguração do Museu de Arte de São Paulo (MASP) e se surpreendeu agradavelmente ao se deparar com um quadro pintado pelo primeiro-ministro inglês, Winston Churchill. Voltou então ao Rio de Janeiro, dessa vez para ficar mais tempo e encontrar-se com o rei brasileiro. Como em todos os lugares pelos quais passou, o dia a dia da rainha na Cidade Maravilhosa foi intenso, com compromissos dos mais variados.

Sempre exibindo a simpatia que no Recife já encantara a todos, desfilou em carro aberto pela orla marítima de Copacabana, Ipanema e Leblon, se deslumbrou com a vista do Corcovado, levou flores ao Monumento aos Mortos da Segunda Guerra Mundial, conheceu a Igreja do Alto da Glória, o local das obras iniciais da Ponte Rio-Niterói – financiadas parcialmente por bancos ingleses –, visitou uma creche em construção na sede da Embaixada Britânica, se alegrou com um show de ritmistas e passistas da Mangueira e foi ao Maracanã para assistir a um jogo, em sua homenagem, entre as seleções de São Paulo e do Rio de Janeiro. Lá, finalmente, conheceria o rei Pelé.

Os alto-falantes do estádio nem precisaram avisar quando Elizabeth II surgiu na tribuna de honra. Ouviu-se logo a maior ovação de que se tinha notícia dirigida a uma personalidade no Maracanã. Para um estádio já famoso por vaiar até em minuto de silêncio, aquilo era a própria glória. Não se aplaudia só a rainha: aplaudia-se a simplicidade, o sorriso sempre aberto e a espontaneidade com que sempre acenava ao público.

Não por acaso cativava muito também as crianças. Do público total de 105.794 pagantes, 20.609 eram menores de 12 anos. Mas a grande expectativa era para o encontro real de Pelé e Elizabeth. Em 1968, o craque brasileiro já era uma celebridade mundial. No jogo, vencido por 3 x 2 pelos paulistas, ele fizera seu gol de número novecentos e rumava para os mil gols, que alcançaria em 1969.

De binóculo, a rainha acompanhava os lances, como a amante do esporte que sempre demonstrou ser. Ao fim do jogo, Pelé subiu à tribuna de honra e recebeu de Elizabeth II o troféu pela vitória. O rei Pelé agradeceu e a cumprimentou, respeitosamente, inclinando levemente a cabeça. Trocaram poucas palavras. Pelé ainda falava mal o inglês. Mas a imagem do encontro do rei do Brasil com a rainha da Inglaterra ganharia o mundo. Elizabeth já poderia voltar para casa: a viagem estava completa.

06 nov NIXON CHEGA À CASA BRANCA

Foram quase seis anos de afastamento – desde que fora derrotado, em 1962, nas eleições para o governo da Califórnia – até que Richard Nixon anunciasse, em fevereiro, sua candidatura às prévias do Partido Republicano. Aos 55 anos, ele buscava outra vez a presidência dos Estados Unidos após perder as eleições de 1960 para John Kennedy por estreita margem de votos. Já havia sido vice-presidente nos dois governos de Dwight Eisenhower (1953-1960).

Nixon disputou a indicação republicana com dois políticos de peso: Nelson Rockefeller, então governador de Nova York, e Ronald Reagan, da Califórnia. Para encarar o sonho de presidir os Estados Unidos, abriu mão de uma bem-sucedida carreira de advogado, que lhe rendia cerca de 200 mil dólares anuais. Justificou seu retorno afirmando aos eleitores do estado de New Hampshire, onde foram realizadas as primeiras prévias, que naqueles "tempos críticos, os Estados Unidos necessitam de novos dirigentes".

A repercussão internacional foi imediata. No auge da Guerra Fria, a URSS logo se manifestou. Um comunicado da agência *Tass* dava conta de que opiniões vindas de Moscou enquadravam Richard Nixon como "representante dos círculos mais reacionários da política americana". A Rádio de Moscou também o criticava por ele ser a favor da intensificação da escalada bélica no Vietnã.

O fato é que Nixon era um político de grandes ambiguidades. Dentro do partido republicano, não se enquadrava nem como membro da facção mais liberal, nem da mais conservadora. Na verdade, atuava no centro, sempre tentando unir os dois lados. Em viagem ao Brasil, em 1967, havia declarado ser favorável à política de Lyndon Johnson na Guerra do Vietnã. Mas logo depois afirmou que havia desperdício do poderio norte-americano no sudeste asiático e que tinha ideias bem particulares em relação ao conflito. De fato, ao contrário do que diziam os soviéticos, Nixon fez uma campanha baseada no lema "Paz com honra". Sua intenção era fortalecer o exército sul-vietnamita de modo que ele conseguisse, sozinho, garantir a defesa do país. Era uma visão da guerra semelhante à de John Kennedy.

Nos Estados Unidos, não era bem visto pela ala conservadora do Partido Republicano, por sua posição favorável aos direitos civis. Mas, por outro lado, apoiara com ardor a candidatura de Barry Goldwater à presidência, em 1964 (foi derrotado por Lyndon Johnson). Goldwater ficou conhecido como "senhor conservador", tendo sido considerado por muitos como o responsável pelo ressurgimento de um movimento político extremista nos Estados Unidos nos anos 1960. Em suma, Nixon tinha um pensamento político que variava de acordo com as circunstâncias, mas, grosso modo, era definido pelos analistas políticos como um "internacionalista em assuntos mundiais e um conservador em assuntos norte-americanos". E não conseguira ainda escapar do rótulo de eterno candidato em potencial à presidência.

No entanto, ao conseguir a indicação dos republicanos, Nixon se tornou o grande favorito para chegar à Casa Branca, embora, no voto popular, acabasse vencendo o democrata Hubert Humphrey por margem mínima (menor do que os 300 mil votos que separaram Kennedy do próprio Nixon, em 1960). A disputa com Humphrey foi voto a voto até que os resultados de Illinois e Ohio, já no fim da tarde, fizeram pender a balança para o lado de Nixon, garantindo a ele a maioria dos votos eleitorais. No fim das contas, Nixon conseguiu 302 votos eleitorais em 32 estados; e Humphrey, apenas 191 em 14. Os republicanos elegeram também um número muito maior de governadores: treze, contra sete dos democratas. Porém, na renovação de 34 das 100 cadeiras do Senado, o Partido Democrata conseguiu eleger 18 senadores, contra 16 do Partido Republicano. Na Câmara dos Representantes, os democratas também conseguiram vantagem ao elegerem 234 deputados, contra 192 dos republicanos.

Ao contrário do que ocorrera quando Nixon anunciou que concorreria às eleições, a agência *Tass* não emitiu qualquer comunicado. Porém antes, quando os resultados ainda eram parciais, a Rádio de Moscou afirmara que "as cifras não significavam nada, devido ao antidemocrático sistema eleitoral norte-americano, onde o número de grandes eleitores que definem de fato quem irá residir na Casa Branca é variável por estado".

Na realidade, o pé atrás de Moscou em relação ao novo presidente vinha de longa data. Desde que aparecera na política, em 1946, quando fora eleito deputado pelo estado da Califórnia, Nixon criou uma reputação inabalável de anticomunista ferrenho. Membro da Comissão de Atividades Antiamericanas, ele chegara a dizer que o presidente Truman era "mole" com os comunistas e, mesmo antes de Joe McCarthy se aproveitar do "perigo vermelho" para perseguir escritores e artistas, já trabalhava para encontrar subversivos em Hollywood. Eleito para o Senado em 1950, adotou o mesmo discurso ao logo de toda a década, quando foi vice de Eisenhower por dois mandatos. Mas como o próprio Nixon reconhecia, os recentes fracassos eleitorais fizeram com que o político amadurecesse. Da agressividade anticomunista, passou a pregar "o amor aos homens": "Nada ajuda tanto um político a se elevar como o encontro com as pessoas", afirmou.

Esse Nixon repaginado que finalmente chegava à presidência era fruto do trabalho de uma equipe que cuidava desde suas opiniões políticas até o visual, que tanto o prejudicara no debate final com Kennedy, em 1960. A barba por fazer e a maquiagem que derretia no rosto suado, para muitos, determinaram sua derrota naquela ocasião. Na nova imagem, Nixon se associava a jovens que eram maioria no seu *staff* de campanha. O professor universitário Martin Anderson, de 31 anos, era seu principal conselheiro em assuntos econômicos. Richard Whalan, de 32 anos, era quem o assessorava em questões de segurança. E Patrick Buchanan, de 29 anos, era o jornalista responsável por ler os jornais diariamente e selecionar as notícias de interesse para Nixon. Além disso, preparava uma lista de perguntas e respostas, com temas que iam da *marijuana*, ou maconha, ao Vietnã.

Todos eles garantiam que Nixon não era mais o homem "quadrado" abominado pela intelectualidade e pelos estudantes da *New Left* (nova esquerda). Whalan era um dos que haviam feito severas críticas ao presidente eleito. Ao ler seu livro *Minhas seis crises*, chegou a comentar que ele era "fraco e cabotino". Mas com a convivência, mudou de ideia:

"Quando passei a conhecer Nixon na intimidade, vi que ele era muito diferente do Nixon que todo mundo conhece. Hoje fico impressionado com sua vontade de ouvir e formular novas ideias", afirmou.

Na prática, Nixon mostrou, em seu primeiro mandato, que seus jovens assessores não estavam enganados. A partir de sua posse, desencadeou uma política de diplomacia preventiva, para evitar o surgimento de novos Vietnãs. Aos poucos, foi retirando as tropas americanas do próprio Vietnã, trazendo de volta prisioneiros de guerra, acabando com a convocação militar obrigatória e colocando um ponto final na intervenção norte-americana na Ásia. Em sua visita histórica à China, em 1972, Nixon abriu relações diplomáticas entre os dois países e, no mesmo ano, conseguiu um acordo com a União Soviética para a assinatura do Tratado sobre Mísseis Antibalísticos. No âmbito interno, entre muitas medidas de sucesso no plano econômico, criou a Agência de Proteção Ambiental.

Por tudo isso, em 1972, tendo como adversário George McGovern, recebeu votação consagradora no colégio eleitoral (520 votos a 17), sendo reeleito para novo mandato. No entanto, em 1974, no julgamento do escândalo de Watergate, foi condenado pela Suprema Corte dos Estados Unidos por se aproveitar do cargo executivo para ocultar provas do caso em que era acusado de corrupção. Seu prestígio político esfarelou-se. Antes que fosse afastado da presidência por um impeachment, renunciou ao cargo.

Depois disso, afastou-se da vida pública e passou a escrever livros e viajar pelo mundo para participar dos mais diversos eventos. Ficou famosa a sua frase:"*I am not a croock*" (Não sou um criminoso). Nixon morreria em 1994, aos 81 anos.

15 nov GENERAL GRITA POR LIBERDADE

"A liberdade virá e a democracia triunfará", bradou Piotr Grigorenko, general soviético reformado, durante a cerimônia fúnebre do escritor liberal Alexei Kosterin, que morrera no dia 10, aos 72 anos. A crítica aberta ao regime de Moscou, em meio ao frio intenso de praticamente zero grau, fez ferver o ambiente, escandalizando os oficiais presentes que não esperavam naquele momento uma posição tão enérgica de um militar contra, segundo palavras dele, "o totalitarismo que se oculta sob a máscara da pretensa democracia soviética".

A revolta do general Grigorenko era porque Kosterin, um mês antes de morrer, havia sido expulso do Partido Comunista (assim como da tradicional União dos Escritores), por ter demonstrado, publicamente, repúdio à invasão das tropas do Exército Vermelho à

Tchecoslováquia. A independência de Kosterin já lhe havia custado caro em outras ocasiões. Durante 17 anos, padecera preso nos campos de trabalhos forçados de Stálin, o que, na verdade, não chegava a ser uma novidade na história do país.

Desde o século 19, ainda no tempo da Rússia czarista, os escritores já sofriam por expressar livremente seu pensamento. Fiódor Dostoiévski, autor de *Crime e Castigo* e *Os Irmãos Karamazov*, foi um dos que acabaram isolados em prisões semelhantes por ordem do czar Nicolau I, chegando a sofrer a simulação de uma execução por fuzilamento, fato que influenciou fortemente sua obra.

Velho amigo de Kosterin, Grigorenko, sem temer represálias, enfrentando os olhares de censura de seus camaradas militares, o homenageou lembrando sua vida cheia de lutas pela liberdade, que se manifestara recentemente no apoio à busca do povo tcheco por mais autonomia. Eram os ecos do massacre contra a Primavera de Praga que ainda podiam ser sentidos por todo o mundo.

Embora o presidente Richard Nixon, em sua primeira mensagem ao Kremlin depois de eleito, falasse, diplomaticamente, apenas em atuação conjunta "com espírito de respeito mútuo" para manter a paz, os Estados Unidos, tal como o escritor russo morto, não engoliram a intervenção militar da União Soviética na Tchecoslováquia.

Naquele momento, o secretário de estado norte-americano, Dean Rusk, durante o Congresso de Ministros da Organização do Tratado do Atlântico Norte (OTAN), afirmava que os Estados Unidos não poderiam mais se manter indiferentes no caso de novo ataque soviético na Europa Oriental. Rusk asseverava que a "sorte" da Romênia e da Iugoslávia era que esses países estavam estreitamente ligados aos interesses da OTAN e que uma agressão tanto a um quanto a outro causaria uma crise com consequências imprevisíveis.

A Iugoslávia, inclusive, se antecipava às manobras políticas que faziam muitos acreditarem que ela poderia ser a bola da vez. Ou seja: a política independente, de não alinhamento, do governo do marechal Josip Broz Tito seria a próxima vítima do intervencionismo soviético.

Tanto que o Partido Comunista da Iugoslávia, em um comunicado oficial, declarava desejar colaborar com a União Soviética e seus aliados, mas advertia que tudo deveria ser feito "sobre uma base de igualdade, respeito mútuo e não intervenção".

A campanha patrocinada por Moscou e outros países do Pacto de Varsóvia contra a Iugoslávia, cuja autogestão era condenada, acentuava o contraste de interesses "na luta das forças progressistas contra o imperialismo".

O recado que o mundo dava a Moscou, simbolizado pelo grito do general Grigorenko por liberdade, era de que o avanço do totalitarismo soviético não seria mais tolerado. Era como se 1991, quando acabou a Guerra Fria, já estivesse por chegar. Mas muita água ainda rolaria até que o império soviético ruísse, trazendo finalmente liberdade aos países do Leste Europeu.

24 nov CASA DE DOM HÉLDER É METRALHADA

Faltavam apenas 18 dias para o golpe militar de 1964 quando Dom Hélder Câmara foi designado arcebispo de Olinda e Recife. E desde os primeiros momentos do novo regime, ele se tornaria um porta-voz da oposição, denunciando o autoritarismo e condenando violações aos direitos humanos. No processo de radicalização política de 1968, em todos os momentos, manteve-se ao lado dos que lutavam contra a opressão de um governo que se impunha pela força bruta. Dom Hélder era como um espinho encravado na garganta da ditadura. Incomodava um bocado.

Por isso, não seria surpresa se, cedo ou tarde, ele sofresse algum tipo de retaliação. Pois na madrugada do dia 24 de novembro foi dado o recado de que o arcebispo não agradava nem um pouco aos donos do poder. Aos gritos de "morte ao bispo vermelho", como era chamado pelos militares por suas posições progressistas, quatro homens metralharam sua casa na Igreja das Fronteiras, em Boa Vista. Quatro dias depois, a cena se repetiu e, a tiros de revólver, a casa de Dom Hélder foi novamente atacada.

O episódio acabaria tendo repercussão internacional, pois Dom Hélder já era conhecido em várias partes do mundo como um dos representantes de uma nova Igreja, que se colocava claramente a favor dos pobres. Esse reconhecimento logo viria com o recebimento de títulos de doutor honoris causa de universidades dos Estados Unidos, da Bélgica, da Suíça, da Alemanha, da Holanda, do Canadá e da Itália. Como cidadão honorário, receberia título de 28 cidades brasileiras, de São Nicolau, na Suíça, e Rocamadour, na França, além dos prêmios Martin Luther King, nos Estados Unidos, e o Prêmio Popular da Paz, na Noruega.

Com tantas credenciais, foi natural que pegasse muito mal para o governo ter atirado contra sua residência. Mas nada disso intimidava Dom Hélder. Em entrevista ao jornalista Francisco Rosso, do jornal italiano *La Stampa*, que veio ao Brasil especialmente para ouvi-lo, ele expunha a necessidade de despertar a consciência política em camponeses e operários, organizando marchas de protesto, comícios e apoiando sempre as greves justas, ainda que consideradas ilegais. A reportagem expressava bem o que se dizia dele: "O Arcebispo Vermelho do Brasil" era o título, encimado por outro menor: "O maior expoente da Igreja dos pobres na América Latina". Comparado a Gandhi e a Martin Luther King Jr. em sua pregação por liberdade e igualdade, Dom Hélder colocava o dedo na ferida do capitalismo selvagem praticado no país:

"No Brasil, setenta entre cem chefes de família não ganham nem o salário mínimo, que, embora estabelecido por lei, não é respeitado pela maioria dos empregadores. Frente a esses fatos, pode a Igreja se manter indiferente?", perguntava Dom Hélder.

Naquele momento em que o próprio socialismo tinha várias vertentes, ele elogiava o que era levado adiante pelo marechal Tito na Iugoslávia, assim como a concepção marxista de Mao Tsé-Tung. Mas criticava a política de Fidel Castro:

"O neocapitalismo nada pode fazer pela América Latina, muito menos o socialismo russo, preso ao dogma marxista. Fidel Castro só mudou de patrão, passando dos Estados Unidos à Rússia. A China impressiona-me diferentemente: Mao Tsé-Tung aceitou o marxismo como método de análise da sociedade capitalista, não como concepção de vida materialista, mas criou um novo socialismo, despertando nas massas a sua consciência. Na Iugoslávia também existe um processo no qual acreditamos: a mudança das atuais estruturas sociais, políticas e econômicas, incapazes de resolver globalmente o problema que aflige os homens, dando-lhes segurança no trabalho e garantias contra a fome."

Sobre a Igreja, Dom Hélder era implacável:

"Está atrasada pelo menos em um século. Precisa agir, pois aceitou durante trezentos anos a escravidão dos negros africanos e hoje não pode aceitar a escravidão interna das massas enraizadas no latifúndio, como na Idade Média."

Como era o personagem principal da Igreja brasileira, a entrevista ao *La Stampa* foi repercutida pelos principais jornais do país. Mas logo o governo se encarregaria de tentar calar Dom Hélder. Com o AI-5, a censura recrudesceu e, a partir de 1969, a imprensa ficou proibida de fazer qualquer referência ao seu nome. Porém, a luta de Dom Hélder já ganhara o mundo, e ele continuaria a ser um dos grandes personagens da resistência à ditadura brasileira, que estava apenas entrando em sua fase mais violenta. O atentado à casa do arcebispo era só uma pequena amostra do que estava por vir nos Anos de Chumbo.

26 nov REBELDIA ALCANÇA O EGITO

Não é exagero dizer que a onda de protestos estudantis alcançava os quatro continentes. Na Europa, na América, na Ásia e, naquele momento, também na África, mais precisamente no Egito, a juventude tomava as ruas para manifestar sua insatisfação. E a reação das autoridades também não era diferente por lá. Para o governador de Alexandria – cidade fundada no delta do Rio Nilo que se desenvolveu muito pela valorização da arte, da cultura, da filosofia e da ciência –, a culpa pela manifestação que acabou em confronto com a polícia e a destruição de sinais de trânsito e saques a bondes e ônibus era de "indivíduos estranhos à universidade que exercem atividades nocivas ao país num momento da indispensável unidade das forças populares frente ao inimigo".

No Cairo, o governo emitiu uma nota oficial informando que fechara as escolas superiores do país "para impedir a ação dos que pretendem semear a subversão e o caos". A agitação estudantil começou após a divulgação da uma nova reforma do ensino médio que, segundo os alunos, sobrecarregava os programas e criava barreiras para o acesso ao ensino superior. Logo nos primeiros protestos, na cidade de Mansura, houve uma violenta repressão, e quatro estudantes acabaram mortos, o que fez com que o movimento se estendesse a outras regiões com grandes centros universitários, como Alexandria e Cairo.

Era a segunda vez, em nove meses, que o governo do presidente egípcio Gamal Abdel Nasser media forças com os estudantes. E as implicações pareciam mais abrangentes do que se imaginava. Como no Brasil, onde as manifestações foram inicialmente motivadas por questões ligadas ao universo estudantil, mas logo se transformaram em luta contra o regime militar, no Egito acontecia algo semelhante. Questões políticas também forneciam elementos que traziam frustração para a juventude egípcia.

A ocupação israelense da península do Sinai, o bloqueio do Canal de Suez e a prospecção de petróleo árabe por aliados de Israel eram fatores que ajudavam a colocar mais lenha na exasperação estudantil. Além das questões caras ao nacionalismo do país, os protestos daquele 1968 revelavam a guerra surda que se travava entre os detentores do poder no Egito e os membros da Fraternidade Moslem, uma organização islâmica transnacional fundada havia 40 anos, que já tentara assassinar o presidente Nasser sob o pretexto de que era ateu.

Nos conflitos de Alexandria, entre tantos gritos de guerra dos estudantes, estava o canto da fraternidade "Fora de Alá não existe divindade". Os distúrbios lembraram inclusive o chamado Sábado Negro de 1952, quando vários incêndios foram provocados no Cairo pelas tochas dos seguidores da Fraternidade.

Mas a tônica de todos os protestos era de oposição pura e simples ao regime de Abdel Nasser. Sobrava até para oficiais da Força Aérea egípcia, que eram acusados de fracassar na guerra contra Israel. A crise, que começara com as massas estudantis protestando contra problemas específicos, desaguava em ruidosas manifestações antigovernamentais que exigiam, além de reformas, liberdades civis.

Na época, o Egito era uma república socialista, comandada por Abdel Nasser desde 1956. Quatro anos antes, ele havia sido um dos líderes do golpe que derrubou o rei Faruk, acabando com o poder monárquico no país. Tornou-se o comandante do Conselho Revolucionário e, ao assumir a presidência no lugar de Mohamed Naguib – que era pró-ocidental e aliado de setores liberais da monarquia –, fez prevalecer a corrente que desejava a independência completa do Egito. Ao lado de Josip Tito e Jawaharlal, respectivamente presidente da Iugoslávia e primeiro-ministro da Índia, liderou um movimento de neutralidade, precursor do Movimento dos Países Não Alinhados. Os três eram considerados internacionalmente como os principais líderes do Terceiro Mundo.

Mas nada disso freava o furor dos estudantes. A luta deles não se enquadrava na óbvia polarização ideológica entre esquerda ou direita, entre capitalismo ou comunismo, característica da Guerra Fria. O que se buscava era mais liberdade e o direito de escolher o próprio destino. Esse era, afinal, o ponto principal que unia a juventude. No Brasil, na França, no Japão ou no Egito.

1968 | DEZEMBRO

Depois de deixar o Brasil ao lado de Caetano Veloso, Gilberto Gil, já no exílio, dá um show em Paris. Ambos foram perseguidos sem tréguas pelo governo militar depois da edição do AI-5.

Página anterior:
Os astronautas Frank Borman, James Lovell e William Anders em treinamento para a missão Apollo 8, que levou a humanidade pela primeira vez a viajar em torno da Lua.

1º dez O TRÁGICO FIM DO PADRE CALLERI

A divulgação, pela imprensa, dos despojos do padre Calleri e de oito membros de sua expedição, encontrados por uma equipe de salvamento do Para-Sar depois de um mês de buscas, causou comoção no país e mostrou o quanto era perigoso se embrenhar numa selva brasileira, ainda mais em tempos de grandes conflitos entre índios e invasores brancos.

Os crânios esmagados e os ossos quebrados estavam nas proximidades da maloca Boa Esperança, num local de difícil acesso, onde o padre havia construído um acampamento avançado. Os esqueletos estavam incompletos, mas foi possível identificar o do padre Calleri pela arcada dentária, que tinha um dente de ouro e obturações de platina.

Giovanni Calleri era um sacerdote italiano, de 34 anos, que chegara a Roraima, na região do Rio Catrimani, em 1965. Era um missionário da congregação Consolata, com sede na Itália, que fazia no Brasil um trabalho de aproximação e evangelização dos índios levando sempre em conta seus costumes e tradições.

O padre Calleri tinha alguns princípios que norteavam sua conduta: a catequese deveria ser iniciada apenas depois de conhecida a realidade do grupo indígena abordado; não admitia a introdução de expressões da cultura ocidental, muito menos que os índios fossem vestidos com roupas de homens brancos; buscava a colaboração de líderes nesse processo e considerava nefasta a tentativa de conquistar a confiança dos índios através de presentes.

Naquele momento, o governo brasileiro iniciava a construção da BR-174, que hoje liga as cidades de Manaus e Boa Vista ao longo de intermináveis 974 quilômetros. Iniciada em 1968, só teve seu asfaltamento concluído 30 anos depois, durante o governo do presidente Fernando Henrique Cardoso. O início das obras, porém, teve uma forte resistência dos índios Waimiris-Atroaris, que perderiam boa parte de suas terras com a abertura da estrada.

As versões sobre aquela última missão do padre Calleri são controversas até hoje. Na época, a culpa pelo assassinato de Calleri e dos demais missionários foi atribuída a um ataque dos próprios índios, que andavam arredios e revoltados com o avanço das obras da estrada sobre suas terras. Mas alguns anos depois, a partir de relatos dos índios remanescentes daquele período, colhidos por um outro padre da congregação, foi revelado que, na verdade, o que houve foi uma emboscada de matadores contratados por fazendeiros locais e por exploradores das riquezas naturais da região interessados na construção da estrada. Essa tese reforçou o depoimento do comandante Chediak, que chefiou a equipe de resgate do Para-Sar:

"Até hoje não posso imaginar o que pode ter acontecido. E apesar da confiança que acredito que devesse merecer o padre Calleri, custo a admitir que os Atroaris tenham provocado qualquer desentendimento com a expedição. A bem da verdade, devo dizer que eles pouco se apresentavam armados. E no dia em que visitamos a aldeia, vimos poucas armas."

Dizia-se até que os Atroaris tinham um grande medo de armas de fogo. Bastava avistarem uma espingarda ou um revólver para saírem correndo. O fato é que, mesmo assim, a culpa das mortes ficou na conta dos índios; dessa forma, tinha-se o pretexto para que houvesse um verdadeiro extermínio por parte do regime militar. A condenação dos índios foi endossada até mesmo pelo presidente da Funai, na época o jornalista Queiroz Campos, que, ao invés de combater preconceitos e colaborar para que o país passasse a conhecer melhor as culturas indígenas, criava ainda mais barreiras. Em declaração aos jornais, ele afirmou que "os índios são altamente ferozes, perigosos e costumam estraçalhar e queimar vivos os inimigos vencidos".

O resultado foi que, da população de seis mil Waimiris-Atroaris em 1968, sobraram apenas cerca de seiscentos em 1974, quando a estrada já havia rasgado boa parte do território indígena. Durante as obras, um dos episódios mais infames de que se teve notícia, registrado no livro *Massacre*, do padre Silvano Sabatini, foi o bombardeio de uma maloca na aldeia Kramma Mudi, no baixo Rio Alalaú, em que os índios de uma mesma família realizavam uma festa ritual.

Quando o avião se aproximou, ninguém imaginava o que poderia acontecer. As crianças da tribo logo se reuniram no pátio central, curiosas para ver, provavelmente pela primeira vez, aquele objeto voador. Foram as primeiras vítimas. Um único sobrevivente relatou a chacina, dando o nome de cada um dos 33 parentes mortos. Era para evitar tragédias como essa que o padre Calleri vivera e acabara morrendo.

Foram muitas as manifestações, tanto na Itália como no Brasil, de reconhecimento de quem dera a vida pela causa indígena. O missionário de Catrimani, como ficou conhecido o padre Calleri, é visto nos dias atuais como um exemplo de despojamento da congregação Consolata. Seus restos mortais, pela vontade do bispo da diocese de Roraima, foram sepultados no altar-mor da antiga catedral da capital, Boa Vista.

A figura e a memória dele ficaram vivas para o povo, e a catedral é, até hoje, local de peregrinação de muitos católicos indígenas, que enxergam no padre Giovanni Calleri um verdadeiro mártir.

07 dez ATENTADO AO *CORREIO DA MANHÃ*

A explosão foi ouvida em um raio de quinhentos metros e quebrou o silêncio da madrugada no centro do Rio de Janeiro. A intensidade do barulho aumentou quando três toneladas de vidro desabaram dos dez primeiros andares do edifício Marquês do Herval, espatifando-se na calçada ainda deserta das esquinas das avenidas Rio Branco e Almirante Barroso, no coração da cidade. Era um atentado a bomba ao prédio onde funcionava a agência comercial do *Correio da Manhã*, um dos jornais mais influentes e tradicionais do país.

O *Correio*, como era conhecido, tinha um passado que explicava aquele ataque num momento em que o estado democrático estava sendo duramente atingido. Desde seus primeiros tempos de vida, ainda durante a República Velha (1889-1930), intitulava-se defensor "da causa da justiça, da lavoura e do comércio, isto é, do direito do povo, de seu bem-estar e de suas liberdades".

Logo na primeira campanha encampada pelo jornal – combate ao reajuste no preço das passagens dos bondes da Companhia São Cristóvão –, ficava evidente a luta pelos interesses dos menos favorecidos. O jornal participou também de campanhas contra os jogos de azar e denunciou agentes do Estado que extorquiam pequenos comerciantes. Era um momento em que surgiam, vindos da Europa, movimentos de luta operária, e o *Correio* apontava para as injustiças que as leis brasileiras legitimavam com a criminalização das greves trabalhistas, consideradas, sem o menor pudor, como "caso de polícia".

O *Correio* gostava de se vangloriar por "combater o controle do poder pelas oligarquias, que tentaram, durante a Primeira República, deter o desenvolvimento do país, mantendo-o num estágio agrícola de produtor e exportador de matérias-primas e importador de manufaturas". Em 1930, o jornal não vacilou em apoiar as forças revolucionárias que depuseram o presidente Washington Luís, chamado de "criminoso" e "detestável". Comemorou a vitória dos rebeldes estampando, em manchete: "Triunfou a revolução".

No entanto, pouco tempo depois, durante a Revolução de 1932, já mostrava seu caráter oposicionista ao endossar a tese do movimento paulista pela constitucionalização. Apesar disso, fazia questão de ressaltar que não tinha qualquer vínculo com partidos políticos e se guiava apenas por coerência com as bandeiras defendidas desde sua fundação. Por ocasião do golpe do Estado Novo, mesmo antes do seu desfecho, no dia 10 de novembro de 1937, o *Correio da Manhã* já denunciava o movimento que ocorreria dias depois. De fato, instaurou-se quase imediatamente uma censura implacável aos jornais, com censores instalados nas redações lendo cada linha das edições. Nessa época, estabeleceu-se o chamado "estilo da censura", que teve como consequência artigos com teor político tão disfarçado que, em muitas ocasiões, não era percebido pelo censor – mas muito menos pela maioria dos leitores.

O perfil progressista e independente do *Correio* se manteve intacto ao longo de várias décadas, e nem o fato de ter apoiado a intervenção militar, em 1964, com os famosos editoriais "Basta" e "Fora", que ajudaram a selar o isolamento do presidente João Goulart, tirou do jornal essa marca. Até porque, ao perceber que os militares, com a promulgação de uma série de atos institucionais restritivos, não tinham outra intenção senão a de impor uma ditadura, ele logo se colocou como crítico do regime. Carlos Heitor Cony, um dos seus principais articulistas, confessou tempos depois que, ao se deparar com a festa da classe média pelas ruas de Copacabana, já tinha tido a sensação de que ter dado apoio ao golpe talvez tivesse sido um grande equívoco.

O *Correio* então passou a denunciar "os excessos do movimento vitorioso", e a se opor "ao terrorismo e à violência, contra a delação oficializada que avilta o processo de amadurecimento político do nosso povo, contra todas as medidas que se chocam com a ordem jurídica e os princípios democráticos". Passava também a criticar cassações de mandatos e direitos políticos, realizadas de "maneira primária, sem explicação e sem possibilidade de defesa". Bradava do mesmo modo pelas reformas de base e pelo incremento do processo de industrialização, tendo como objetivo uma política desenvolvimentista voltada para os interesses nacionais. Por fim, apontava para a necessidade que tinham as classes produtoras "de trabalho, de segurança, de tranquilidade, de ação criadora para reativar o ritmo de nosso desenvolvimento e melhorar as condições e o nível de vida, assegurando, pelo equilíbrio social, a existência digna de todas as classes".

Naquele 7 de dezembro de 1968, viria a conta do "equívoco" mencionado por Cony em 1964. O jornal, que já padecia com as restrições econômicas impostas pelo governo por sua posição oposicionista, sofria um duro golpe com o atentado, que trazia não apenas danos materiais (calculados em 300 mil cruzeiros novos), mas também emocionais. A solidariedade, porém, veio de toda parte. De governadores de estado, senadores e deputados; de autoridades religiosas e militares; de diretores de jornais, empresários, intelectuais e artistas.

A visão da fachada de vidros, voltada para a Avenida Almirante Barroso e que fora recentemente reformada, era desoladora, pois deixava aparente a estrutura de concreto do prédio. Além das vidraças, a agência perdeu as esquadrias de alumínio, a decoração do hall de entrada, tapetes, cortinas, móveis, livros, balcões com revestimento de fórmica, os aparelhos de refrigeração e o mármore das paredes, arrancado com o impacto da explosão, que deixou no chão uma cratera com cerca de um metro de diâmetro.

As poucas testemunhas da explosão – um operário que passava nas imediações e que teve um ferimento leve na cabeça, provocado por estilhaços, o vigia do edifício, um funcionário da Companhia Telefônica e um guarda do Cais do Porto – disseram não ter visto nenhum movimento anormal nas imediações. O diretor do DOPS, general Lucídio Arruda, afirmou "ter sido esta bomba a mais poderosa já lançada por terroristas na Guanabara".

Em editorial, o *Correio da Manhã* repudiava não só o atentado às suas instalações, mas também o que ocorreu no mesmo dia na Faculdade de Ciência Médicas:

"Já se sabe o que o governo irá dizer. Dirá que nada tem a ver com o duplo atentado de ontem, cometido às mesmas horas da madrugada. Dirá também que investigará a sua autoria. Não investigará. Não punirá. Não investigou também atos de terrorismo praticados contra *O Estado de São Paulo*, *Jornal do Brasil* e *O Globo*. Considerou a todos atos de rotina – a rotina da anarquia. Faltará, portanto, à verdade ao tentar isentar-se de suas responsabilidades diretas na criação de um clima de

276 | 1968: QUANDO A TERRA TREMEU

insegurança nacional a que, pela sua inércia, a sua omissão e inconsequência, fomos lançados. O governo não é inocente. É cúmplice. Governo que se exonera do dever elementar de oferecer segurança aos que trabalham, é poder marginal – associa-se ao crime. Não adianta dizer que a avalanche de atentados é deflagrada pelo radicalismo de direita ou de esquerda. Adianta constatar que o governo que dispõe de colossal instrumento de informação, de gigantesco aparelho policial e de formidável aparato de espionagem, só usa este instrumental para a prática da intimidação psicológica de seus adversários políticos, transformando os seus serviços secretos e não secretos em linha auxiliar do terrorismo. Mais do que indiferença, há, no comportamento do Governo, estímulo à violência. Há conivência. O CORREIO DA MANHÃ, na sua longa história de luta contra a prepotência, não se preocupa em denunciar agentes secundários do terror. Aponta à consciência nacional o responsável direto pelo terrorismo: o presidente da República, marechal Artur da Costa e Silva."

Pelo ataque enfático e direto ao presidente Costa e Silva o jornal pagaria um preço alto. Já com o Ato Institucional nº 5 em vigor, Niomar Muniz Sodré Bittencourt, proprietária do *Correio*, foi presa, assim como os jornalistas Osvaldo Peralva e Nélson Batista, membros da direção do jornal. A denúncia das detenções à Sociedade Interamericana de Imprensa não surtiu qualquer efeito. O prédio do *Correio da Manhã* foi cercado por agentes do DOPS, e o jornal foi submetido à censura prévia. Após esses acontecimentos, a crise financeira, causada fundamentalmente pela queda da receita publicitária e do número de leitores, se aprofundou. No fim de 1969, o *Correio da Manhã* acabou arrendado pelo prazo de cinco anos a um grupo empresarial ligado à companhia Metropolitana, uma das principais empreiteiras do país. O editorial "Definição", assinado pelos novos diretores, ligados ao capital financeiro, significou uma completa mudança na linha editorial. Conclamava "todos os brasileiros a participarem da batalha pelo desenvolvimento". Era a morte do velho *Correio* e de seus ideais forjados no bom jornalismo – combativo, isento e justo.

12 dez CÂMARA NEGA LICENÇA E A CRISE EXPLODE

Em meio às notícias de que a China iria instalar bases de foguetes na Europa e de que o orçamento de guerra soviético batia novo recorde, em Brasília o que alimentava temores de um conflito era a celeuma sem fim causada pelas declarações, em setembro, do deputado Márcio Moreira Alves. O governo não abria mão de cassar seu mandato, e, às vésperas da decisão da Câmara sobre conceder ou não a licença para que o deputado fosse julgado pelo STF, surgia todo tipo de pressão.

Numa nota expedida pelo ministro do Exército, Lira Tavares, ficava muito claro que o caso fora considerado ultrajante pelo governo, e não seria admitida outra decisão que não fosse a punição do deputado emedebista. Lira salientava que o Exército não se conformava com a "afronta pública a seus brios e à sua dignidade" e que não acreditava que "a lei democrática acoberte a impunidade de quem quer que use dela".

Ao fim de seu longo discurso de defesa, antes da votação, Márcio Moreira Alves advertia que o que estava em jogo não era apenas seu mandato:

"Sei que a tentativa de me cassar é apenas a primeira das muitas que virão. Sei que o apetite dos que a esta casa desejam mal é insaciável. Os que pensam em aplacá-lo hoje, com o sacrifício de um parlamentar, estarão apenas estimulando a sua ferocidade."

Entre os oposicionistas existia um grande otimismo. Era dada como certa a votação contra a licença. Mas, por outro lado, analistas políticos consideravam que a influência política do governo poderia prevalecer. A tendência, para eles, era a de que a licença seria concedida ao STF para que se mantivesse a estrutura constitucional ilesa e, assim, salva de medidas de força às quais, habitualmente, o chamado processo revolucionário dava o nome de "Atos".

Até os moderados concordavam com essa tese, argumentando que, dando a licença, a Câmara se livraria do caráter de contestação que tal ato poderia embutir (no que seria perdoada pela opinião pública, sabedora das pressões exercidas pelo governo) e deixaria para o STF o exame do mérito jurídico para absolver ou não o deputado.

Por outro lado, se isso acontecesse, não haveria como o governo deixar de se apequenar diante do que mais parecia um capricho. Tudo porque o Exército não fora capaz de absorver a crítica de um deputado, algo que, num sistema democrático – que o governo tanto queria sugerir que existia no Brasil –, causaria no mínimo estranheza. A crise apresentava várias facetas e elevava a temperatura política a níveis poucas vezes vistos em Brasília.

Tudo piorou quando, para surpresa de muitos, mas confirmando o otimismo dos oposicionistas, a licença foi negada. Com 216 votos contra 141, o pedido para processar Márcio Moreira Alves não foi aceito pela Câmara Federal. A primeira reação, embora esperada, causou espanto pela dimensão que ganhou. Assim que a notícia foi divulgada, entraram em regime de prontidão: Exército, Aeronáutica, Marinha, Polícia Federal e Polícia Estadual.

O Brasil começava a viver um clima político ainda mais asfixiante. Mas, num primeiro momento, a decisão foi motivo de festa. Assim que saiu o resultado, das galerias lotadas irromperam aplausos que contagiaram também os deputados. Alguém começou a cantar o hino nacional, e todos acompanharam, a uma só voz. O líder do MDB, Mário Covas, garantia que a Câmara havia honrado seu papel:

"Acusou-se um deputado de pretenso crime político. Não vejo como moralmente se pudesse sustentar essa concessão, sem que a Câmara incidisse numa mesquinha exibição de intolerância e incoerência, desnudando-se, em vista dos precedentes, de um farisaísmo abominável."

Àquela altura, porém, o presidente já começava a ser pressionado para acabar com a alegria. Embora houvesse, no meio militar, quem achasse que a decisão da Câmara deveria ser acatada, generais do comando da Guanabara, inclusive o general Siseno Sarmento, já exigiam de Costa e Silva a edição de um novo Ato Institucional, cassando parlamentares da Arena e MDB.

"A crise está aí. E na crista da crise está o general Siseno", afirmou o deputado da Arena Clóvis Stenzel, ao deixar o gabinete da presidência da Câmara depois de uma reunião de emergência.

A percepção de que o comandante do I Exército agia para que o regime não tolerasse a "insubordinação" dos deputados não era infundada. Além de ter as tropas nas mãos, o general Siseno era um legítimo representante da linha dura do governo. Logo ficaria sob sua responsabilidade a criação do DOI-CODI, dois órgãos distintos que se complementariam na repressão aos opositores da ditadura. O primeiro, com ações práticas de busca, apreensão e interrogatório de suspeitos; o segundo, com a função de analisar informações e planejar as estratégias de combate às organizações de esquerda.

Porém não faltavam, no Congresso, defensores da repressão. Político fiel ao golpe de 1964, que costumava atacar sacerdotes católicos que defendiam a redemocratização do país, estimulando que fossem reprimidos como qualquer cidadão, o deputado arenista Clóvis Stenzel tinha acesso ao núcleo militar do governo e declarava em alto e bom som aos jornalistas que "a situação estava definida". E completava: "Teremos um novo 64. Só que agora a revolução será mais completa".

Quando um repórter lembrou-lhe que em 1964 o presidente caíra, Stenzel respondeu sem titubear: "Costa e Silva não é Jango. Ele pode continuar".

Tudo parecia caminhar nessa direção. No fim do dia, por volta das 23 horas, ainda chegou a informação de que emissoras de rádio e de televisão haviam sido proibidas, pelo Conselho Nacional de Telecomunicações (Contel), de veicular qualquer notícia sobre a votação que rejeitou a licença para processar Márcio Moreira Alves, e também sobre a crise que eclodira por conta disso. Para o dia seguinte já estava prevista a convocação, pelo presidente Costa e Silva, de uma reunião com o Conselho de Segurança Nacional, para discutir os últimos acontecimentos e as medidas a serem adotadas.

O Brasil dormiria num clima da mais completa incerteza. Quando o regime caminhava para completar seu quinto ano de vigência, o que se notava, apesar de todo o desgaste de tantos meses de protestos, é que ele estava mais vivo do nunca. O dia 13 de dezembro de 1968 representaria apenas uma nova etapa da ditadura. Na realidade, sua página mais obscura.

13 dez AI-5 CONSOLIDA O GOLPE

A movimentação no prédio do Ministério do Exército foi intensa durante todo o dia. Lá estavam os comandantes das principais unidades aquarteladas no Rio de Janeiro. As reuniões da área militar se sucediam, ora no gabinete do ministro do Exército, ora no do comandante do I Exército. Na Vila Militar, caminhões com tropas, tanques e canhões estavam em posição de deslocamento, seguindo a estratégia de demonstração de força desproporcional à ameaça apresentada. Só na Guanabara, quatrocentos homens da Polícia Federal estavam prontos para agir, assim como integrantes das polícias Militar e Civil.

Enquanto isso, o presidente Costa e Silva, durante a manhã, deixava o Palácio Laranjeiras para participar das comemorações do Dia da Marinha. De tarde, estava de volta ao seu gabinete para receber os ministros. O primeiro a chegar foi o ministro da Justiça, Gama e Silva, apressado e com uma pasta na mão. Logo eram ouvidas as sirenes de batedores abrindo caminho para os ministros da área militar. A essa altura, já estavam no Palácio Laranjeiras técnicos e locutores da Agência Nacional, com equipamento de rádio e televisão para o pronunciamento que seria feito após a reunião do Conselho de Segurança Nacional.

Eram 18h30 quando as portas do gabinete do presidente se fecharam para que a reunião se iniciasse. Durante três horas e meia, os ministros discutiram as medidas que deveriam ser adotadas. Com exceção do vice-presidente, Pedro Aleixo, todos estavam de acordo em que fosse baixado um novo ato institucional. Aleixo chegou a falar por meia hora, tentando explicar seu ponto de vista, mas foi interrompido pelo ministro Gama e Silva:

– O senhor desconfia das mãos honradas do presidente Costa e Silva, a quem caberá aplicar esse Ato Institucional?

Sorrisos irônicos por parte de muitos presentes, como se pensassem: "Sai dessa agora, democrata". A resposta de Aleixo:

– Das mãos honradas do presidente, não, senhor ministro. Tenho certeza de que ele usará dos mais escrupulosos critérios para aplicar o Ato. Desconfio, porém, do guarda da esquina.

Pedro Aleixo tinha razões para não confiar no "guarda da esquina". Era um eufemismo que usava para sugerir que, com o AI-5, o governo perderia o controle do que pudesse acontecer fora do âmbito dos palácios. Aleixo parecia pressentir os tempos duros que estavam por vir e que acabariam por atingir sua própria família. Em março de 1975, ele morreria já sabendo que seu irmão, Alberto Aleixo, estava preso pela ditadura. Alberto trabalhava na gráfica do jornal *Voz Operária* e morreu apenas cinco meses depois, no hospital Souza Aguiar, em consequência das pancadas recebidas numa sessão de tortura. Era um senhor de 72 anos.

Aleixo, enfim, foi voto vencido, pois o AI-5, naquele dezembro de 1968, era considerado pela maioria o instrumento mais eficaz para barrar a crise e recolocar o país nos eixos. Na sala de imprensa, os jornalistas credenciados se alvoroçavam à medida que os membros do Conselho se retiravam do gabinete presidencial após a reunião. Poucos queriam dar declarações sobre a adoção do AI-5 e se dirigiam rapidamente aos automóveis que os aguardavam. O ministro Magalhães Pinto foi sucinto: "Votei favoravelmente ao Ato para garantir a revolução que eu fiz". O ministro do Trabalho, Jarbas Passarinho, passou pelos repórteres em silêncio e com cara de poucos amigos. Um repórter lhe perguntou:

– Tudo bem, ministro?

– Como se pode falar tudo bem numa hora desta? – respondeu rispidamente Passarinho.

Mas o ministro tinha razão. Não estava mesmo tudo bem. Depois de um ano de grandes manifestações, de luta por mais liberdade, a resposta do governo passava longe dos anseios da população. O AI-5 suprimia o último resquício de democracia no país. O autoritarismo alcançaria seu ponto máximo, e para viver no Brasil sem correr risco de vida, seria preciso silenciar. A palavra "protesto" estava riscada do dicionário do regime militar, e ai de quem se atrevesse a utilizá-la.

Coube ao ministro Gama e Silva, em rede nacional, comunicar à nação que, entre outras coisas, o presidente da república poderia decretar o recesso do Congresso Nacional, das Assembleias Legislativas e das Câmaras de Vereadores, que só voltariam a funcionar quando ele convocasse. Gama e Silva justificou o ato com o surrado discurso da ameaça subversiva:

"Nos últimos meses teve início uma verdadeira guerra revolucionária, abrangendo diversos setores. A Revolução não podia falhar em seus propósitos. Não podia ser traída. Várias fontes oficiais de informação testemunharam que a prática de atos subversivos crescia até atingir o Parlamento Nacional, através do comportamento de membros do partido do governo, inclusive."

O presidente da Câmara, José Bonifácio, mostrando-se conformado, declarou que "uma vez lido o decreto do governo, considero fechado o Congresso, pelo prazo que for estipulado no documento, baseado no princípio de que a partir desse momento, uma 'reunião da casa que presido não seria uma reunião', e sim um ajuntamento".

A dimensão do ato era devastadora. Numa primeira análise, ele não deixava de contemplar nada em matéria de poderes discricionários:

"É uma peça destinada a munir o governo dos instrumentos para fazer tudo o que, por timidez ou por compromisso democrático, deixou de fazer nos dias quentes da revolução de março", opinou o colunista político Carlos Castelo Branco.

Daquele momento em diante, não haveria limites para o regime militar. O presidente da república poderia, sem apreciação judicial, cassar mandatos parlamentares, suspender direitos políticos de qualquer cidadão e também anular a garantia do habeas corpus. A censura prévia também ficava instituída, não só à imprensa como também às mais diversas formas de manifestação artística (cinema, teatro, música, etc.).

Era uma intervenção que alterava profundamente a Constituição. Justificada no preâmbulo do Ato como sendo a única forma de atingir os objetivos da revolução, "com vistas a encontrar os meios indispensáveis para a obra de reconstrução econômica, financeira e moral do país."

O governo mergulhava no modelo de poder autoritário. Três dias depois da edição do AI-5, em discurso na Escola de Comando e Estado Maior do Exército, Costa e Silva enfatizava que "sempre que imprescindível, faremos novas revoluções dentro da Revolução". E alertava os oficiais presentes para combaterem sem tréguas os que "procurarão reconquistar as posições ilegítimas que desfrutavam", usando de todos os recursos "da maledicência, falsidade, falácia, mentira e calúnia".

O presidente já não escondia seu autoritarismo por trás de discursos "democráticos". Para ele, ninguém de "consciência e mãos limpas" precisaria temer a Revolução, mas não deviam "alimentar ilusões" aqueles que, até então, "ficaram impunes por força de uma processualística inadequada". E advertia: "Não se tranquilizem os denegridores da moral; os beneficiários da vida faustosa e fácil e do enriquecimento ilícito".

Trocando em miúdos, o presidente fazia uma ameaça explícita a quem ousasse protestar contra o regime. O Estado não garantiria a integridade de cidadãos que não seguissem à risca os postulados do AI-5. O fim do habeas corpus, por exemplo, era o maior indício de que o Brasil passaria a viver numa ditadura sem freios, sem qualquer compromisso com o mínimo de legalidade.

Faltou apenas explicar quem seriam os "beneficiários da vida faustosa e fácil e do enriquecimento ilícito". Com certeza não eram estudantes, operários, intelectuais, artistas e alguns políticos que, àquela altura, já sentiam o peso das "patas" do regime sobre si, como diria Carlos Lacerda sobre a opressão exercida pelo governo desde o golpe de 1964. O primeiro a senti-lo foi o ex-presidente Juscelino Kubistchek. Ainda na noite do dia 13, ao deixar o Teatro Municipal, onde havia sido paraninfo de uma turma de engenharia, foi preso sem maiores explicações por um agente à paisana.

Dali foi levado para um quartel em Niterói. Num pequeno quarto, vigiado o tempo todo, JK ficou incomunicável por quatro dias, sem banho, sem roupa para trocar e sem nada para ler. Quando finalmente foi libertado, teve que cumprir um mês de prisão domiciliar em seu apartamento, em Ipanema. E não só políticos sofriam com as prisões. Artistas como Gilberto Gil e Caetano Veloso, jornalistas como Carlos Heitor Cony, editores como Ênio Silveira e até poetas como Ferreira Gullar também foram detidos em nome da "Segurança Nacional".

Mas foi a prisão do advogado Sobral Pinto que talvez tenha simbolizado de forma mais eloquente aquela nova etapa da ditadura. Aconteceu num hotel em Goiânia, onde ele seria paraninfo de uma turma de formandos de direito. Fazia um calor abrasador, típico do cerrado brasileiro, e por isso Sobral estava no seu quarto à vontade, de chinelo, bermuda e sem camisa, quando foi surpreendido pela invasão abrupta de um major do Exército com seis soldados na retaguarda, que praticamente arrombaram a porta. Traziam uma ordem do presidente Costa e Silva para que ele fosse levado dali. Indignado, o velho jurista, de 75 anos, reagiu:

– Meu amigo, o marechal Costa e Silva pode dar ordens ao senhor. Ele é marechal, o senhor, major. Mas eu sou paisano, sou civil. O presidente da república não manda no cidadão. Se esta é a ordem, então o senhor pode se retirar porque eu não vou.

Talvez imaginando que não teria sido claro o suficiente, o militar gritou:

– O senhor está preso!

Percebendo que Sobral Pinto não o acompanharia espontaneamente, o major ordenou que seus homens o levassem à força. Sobral foi imobilizado e, sem que pudesse sequer se vestir adequadamente, arrastado de seu quarto até à portaria do hotel, onde, mesmo esperneando e protestando, foi jogado na traseira de uma caminhonete.

Era o sinal de que ninguém estava imune.

O marechal Costa e Silva passava a simbolizar aquele novo ciclo punitivo. Embora sua saúde às vezes fraquejasse – já tinha sintomas do derrame que sofreria em setembro e que o mataria em dezembro de 1969 –, ele parecia mais forte do que nunca. Fazendo questão de denominar-se chefe supremo das Forças Armadas "de direito e de fato", reafirmava que não abriria mão "dessa honrosa prerrogativa" e conclamava os militares a se manterem "monoliticamente coesos", cerrando fileiras em torno de seus chefes. Era um recado claro à sociedade civil, o "murro na mesa" que muitos temiam que fosse dado pelo presidente. E quem reclamasse do barulho, ou da mesa quebrada, que se preparasse para duras represálias.

A partir de então, qualquer protesto só seria possível usando de muita imaginação. Como fez o *Jornal do Brasil,* na edição do dia 14 de dezembro, ao anunciar a previsão meteorológica:

"Tempo negro. Temperatura sufocante. O ar está irrespirável. O país está sendo varrido por fortes ventos. Máxima: 38 graus, em Brasília. Mínima: 5 graus, em Laranjeiras."

Não havia dúvida: o AI-5 era mesmo uma virada radical no tempo. Nuvens carregadas chegavam para ficar.

14 dez AS "PATAS" SOBRE LACERDA

A notícia do AI-5 ainda estava fresca nos jornais quando a polícia foi bater no apartamento de Carlos Lacerda, no Flamengo. O maior apoiador civil do golpe militar de 1964, aquele que trabalhara incansavelmente para a queda do presidente João Goulart, seria, ironicamente, tal como Juscelino Kubistchek, uma das primeiras vítimas das medidas de exceção que aprofundavam a ditadura.

Lacerda foi levado preso e ficou incomunicável no Regimento Caetano de Faria, da Polícia Militar do Rio de Janeiro, na Rua Frei Caneca. Com os veículos de comunicação já sob severa censura, só dois dias depois, por um cochilo dos censores, o *Jornal da Tarde* conseguiu noticiar o que ocorrera.

O ex-governador da Guanabara, assim que chegou ao quartel, inconformado com a prisão, começou uma greve de fome que o debilitou rapidamente. Depois de cinco dias apenas bebendo água, o exame feito na cadeia já apresentava acidose, albumina e os primeiros sinais de nefrite.

A atitude radical de Lacerda não surpreendia. Ele apenas cumpria o que prometera aos militares, quando avisara, ainda nos tempos em que 90% deles eram lacerdistas de carteirinha, que não se calaria, a não ser que o matassem, caso o país fosse parar nas mãos de grupos que considerava "antidemocráticos, corruptos e ineptos".

A decisão de não se alimentar era também a forma que encontrava para protestar, a única a seu alcance. Mas ao ser visitado pelo irmão Maurício Lacerda, percebeu que seu sofrimento era em vão:

"Os jornais não estão noticiando nada disso; está um sol maravilhoso e as praias estão repletas. Ninguém está tomando conhecimento disso! Então você vai morrer estupidamente. Você quer fazer Shakespeare na terra de Dercy Gonçalves?", disse Maurício.

Mesmo com o estado de saúde ainda precário, Lacerda foi interrogado, no dia 19, durante duas horas e meia – das 17h30 às 20h –, por um delegado do DOPS que, entre outras coisas, queria saber detalhes da criação da Frente Ampla.

Lacerda explicou que o movimento político fora criado por iniciativa dele, visando o entendimento entre diferentes correntes democráticas para assegurar a paz através de um regime de liberdade:

"Esse objetivo sempre foi modelado pelos melhores movimentos semelhantes, como o da Aliança Liberal, também produto de entendimentos sem os quais a convivência democrática seria impossível. Esse propósito foi sempre declarado publicamente, assim como publicamente foram os meus encontros com outros líderes democráticos brasileiros. Depois que a Frente Ampla foi interditada pelo governo, no entanto, nenhum outro ato público foi praticado."

Carlos Lacerda estava inquieto durante o depoimento. Além da fraqueza provocada pelos dias de greve de fome, seu semblante expressava indignação pela arbitrariedade da prisão. Tinha a sensação de que o interrogatório era só uma formalidade, com o objetivo de desgastá-lo e humilhá-lo ainda mais. Repetia mil vezes que, ao perceber que a ruptura institucional seria inevitável, preferiu manter-se em silêncio para não servir de "pretexto para que fosse suprimido o processo de retorno rápido à democracia".

Por isso, estranhava que lhe perguntassem sobre fatos absolutamente notórios, como sua participação em movimento pacífico, de caráter legal, que cessou ao ser colocado na ilegalidade e "cujo objetivo só poderia escandalizar quem não conheceu, no Império, exemplos como o do marechal Duque de Caxias e, na República, de Getúlio Vargas e Eduardo Gomes, entendendo-se com adversários [referência à sua aproximação com João Goulart e JK], anistiando-se uns aos outros sempre em benefício do povo".

Para Lacerda, tudo se justificava quando o intuito era vencer o inimigo comum. Segundo ele, a miséria e o atraso em que jazia o povo: "Para vencer esse inimigo, nenhum ódio pessoal, nenhum preconceito de credo político deve prevalecer".

O delegado tinha uma preocupação em especial: conhecer detalhes do encontro de Carlos Lacerda com o ex-presidente João Goulart no Uruguai. Lacerda esclareceu que tiveram uma conversa que honrou a ambos, pois não trataram de questões pessoais, nem mesmo de compromissos políticos envolvendo ambições de um ou outro:

"Tratamos de assuntos que foram objeto de nota conjunta, então divulgada, na qual se verificou que João Goulart reconhecia o caráter irreversível do movimento de março de 1964, afirmando que tinha o propósito de não alimentar ódios e de ajudar a encontrar uma solução pacífica para assegurar ao Brasil uma convivência democrática."

A presença de representantes do Partido Comunista numa segunda reunião da Frente Ampla no Uruguai também devia ser esclarecida por Carlos Lacerda:

"Talvez ninguém mais do que eu, no Brasil, tenha mais direito de alegar uma posição anticomunista. Por isso, me inquieta ver isso transformar-se em obsessão, em ideia fixa, essa de ver comunista em toda parte. Nunca pedi carteira de posição ideológica a qualquer pessoa com que tenha conversado em relação à Frente Ampla."

Lacerda ressaltava que todas as perguntas feitas faziam-no remontar, "melancolicamente", a mais de trinta anos passados, quando, a pretexto de combater o comunismo, se implantou o fascismo no Brasil:

"Na preparação fascista se tachavam de comunista todas as ideias que não se conformavam com a falta de ideias reinante. Tenho menos receio dos comunistas dentro da lei do que dos anticomunistas fora da lei."

Questionado se o depoimento prestado representava as razões de ter discordado da orientação do governo revolucionário, Lacerda respondeu:

"Evidentemente que não. O movimento militar de 64 justificou-se pela necessidade de preservar a ordem e de assegurar a realização de eleições livres e diretas para que o Brasil fosse governado pela maioria dos seus eleitores. As Forças Armadas, cumprindo seu destino histórico, entregariam ao povo a decisão final. O Exército, ao contrário disso, transformou-se em partido político único que, para evitar o povo, teve de se aliar às oligarquias políticas que pretendia suprimir. Tudo isso, usando e abusando de expressões como 'segurança nacional'."

E completou: "A um povo sem pão se procura impor o hábito de viver sem liberdade".

Ao fim do interrogatório, feito pelo delegado Darcy Araújo e tendo como testemunha os majores da PM Neyson Rebouças e Paulo Magalhães, Lacerda esclareceu que pretendia continuar a sua "pregação" com a esperança de que um dia "a imensa maioria das Forças Armadas compreenderia o seu sentido". Dois coronéis do SNI acompanharam o depoimento de Lacerda, que foi transformado em documento, com uma cópia levada por eles ao Palácio Laranjeiras, para o conhecimento de Costa e Silva.

Depois de muitas pressões sobre o governo, no dia 22 de dezembro, às vésperas do Natal, Carlos Lacerda foi libertado. Porém, no dia 30, seu nome estava numa lista de políticos punidos pelo AI-5. Perderia os direitos políticos por dez anos. Como nunca, Lacerda sentia na pele o peso das "patas" do monstro que ajudara a criar.

19 dez AI-5 CONDENADO NOS EUA

Embora contasse com alguma simpatia de Lyndon Johnson – muito em função da semelhança de temperamento e da origem simples –, Costa e Silva nunca foi o presidente brasileiro sonhado pelo Departamento de Estado norte-americano. Diferentemente do apoio integral a Castelo Branco e ao golpe que derrubou João Goulart, a Casa Branca torcia o nariz para os integrantes da linha dura que davam sustentação política a Costa e Silva, a ponto de o embaixador dos Estados Unidos, John Tuthill, se sentir à vontade para almoçar com Carlos Lacerda, o que acontecera em janeiro de 1968 e fora motivo de indignação do presidente. Era tudo muito diferente dos tempos em que Lincoln Gordon era o embaixador e, como um velho camarada, tinha livre acesso ao gabinete de Castelo Branco.

Já com Richard Nixon eleito, a rejeição aos métodos de Costa e Silva aumentava a cada dia. Sua personalidade menos digerível do que a de Castelo e as falsas promessas de devolução do poder aos civis, já havia algum tempo, desgastava as relações diplomáticas entre os dois países. Numa reunião de negócios, Costa e Silva foi curto e grosso com Tuthill ao afirmar que não encarava os empréstimos dos Estados Unidos como "ajuda", mas sim como um mero "negócio", pois o Brasil pagaria juros, no que foi alertado pelo embaixador que os termos dos empréstimos eram extremamente generosos.

Costa e Silva chegava mesmo a fazer menção, ao embaixador, a ofertas tentadoras de negócios que recebia da União Soviética, as quais não aceitava porque considerava impossível ter um relacionamento "humano" com o mundo comunista. Certa vez, indagado pelo secretário de Estado, Dean Rusk, sobre como andavam suas relações com o presidente brasileiro, Tuthill disse que o marechal era um tipo "temperamental" que não gostava de se sentir pressionado – embora pudesse "aprender" com o tempo: "O atual governo é um parceiro menos amoldável aos Estados Unidos do que foi seu predecessor", dizia no trecho de um memorando ao Departamento de Estado.

Além disso, em Washington, a repercussão negativa da opinião pública internacional, em razão da violência com que a polícia brasileira reprimia manifestações estudantis, não era bem vista. Sugeria-se que funcionários da embaixada norte-americana deveriam, mesmo que sutilmente, alertar as autoridades brasileiras para os danos que tal comportamento causava à imagem do Brasil no exterior. No entanto, a resposta da embaixada sugeria "bons propósitos" em Costa e Silva no sentido de evitar a radicalização do regime.

Mas na semana em que o AI-5 fora instaurado, já circulava nos gabinetes da Casa Branca uma análise da Diretoria de Informação e Pesquisa do Departamento de Estado intitulada "Brazil – Requiem for Democracy", na qual se afirmava que "a minidemocracia brasileira" tornava-se "uma ditadura militar acabada". Como consequência, duas negociações que estavam em andamento foram imediatamente interditadas: a da venda do jato Douglas A-4 à Força Aérea Brasileira (FAB) e a do pacote assistencial que liberaria 143 milhões de dólares para o país em 1969:

"Os episódios do fim de semana tornam esse momento inadequado para novas ações americanas de apoio direto e público ao Brasil. Assim, nós estamos adiando essas recomendações, por enquanto", informou o Departamento de Estado a Walt Rostow, assistente de segurança nacional da Presidência da República.

Mesmo um tanto descrente, Dean Rusk passaria a orientar a embaixada brasileira para que tentasse demover o governo brasileiro de levar adiante o AI-5, mas que fizesse isso de um modo "calmo, amigável e franco, sem aparência de dramatismo, ameaça, tutela e dirigismo". O embaixador John Tuthill, porém, não alimentava qualquer esperança de reversão do quadro político radicalizado. Para ele, o AI-5 era a concretização de um processo que vinha de longa data, e o retorno à democracia no Brasil seria "árduo e hesitante". Rusk, na verdade, creditava o AI-5 à inabilidade de Costa e Silva, considerando a medida desproporcional e "incivilizada", diante de ameaças insignificantes. Ele deixou isso evidente em um telegrama enviado a Tuthill no dia 25 de dezembro, no qual expressava todo o seu desapontamento com o presidente brasileiro:

"Talvez o azar do Brasil tenha sido Costa e Silva tornar-se presidente, vinte e um meses atrás, em vez de alguém da preferência de Castelo Branco. Com todas as leis, poderes e meios constitucionais aparentemente necessários para conduzir e governar seu país efetivamente, ele o levou ao estado atual. Daí, o divisor de águas: incapaz de ter êxito com o tipo de democracia aberta que o Brasil experimentou entre 1945 e 1964, o país agora também perdeu sua chance – pelo menos por enquanto – de avançar mesmo que sob uma democracia de forte orientação semiautoritária."

Provavelmente por saber que em janeiro um novo governo assumiria o comando da Casa Branca, Costa e Silva emitia claros sinais de que a avaliação dos Estados Unidos sobre o AI-5 não seria considerada. Castelistas, como o general Golbery do Couto e Silva, não concordavam e davam razão a quem considerava as medidas de exceção exageradas e desnecessárias. Em conversa com John Tuthill, registrada em memorando pela embaixada americana, Golbery lamentava a interrupção da assistência econômica – "posta em revisão" –, pois "o espírito de total cooperação que havia antes do AI-5 não é mais possível para os Estados Unidos enquanto perdurarem as medidas repressivas".

Anos depois, já com o general Ernesto Geisel na presidência, Golbery se transformou no maior articulador da distensão política que levou à revogação, em 1978, do AI-5. Uma medida tão radical que, naquele dezembro de 1968, causara espanto até entre os norte-americanos – ironicamente, os mesmos que, em 1964, foram fiadores do golpe que conduziu os militares ao poder no Brasil.

26 dez APOLLO 8 FAZ HISTÓRIA

"Sinto-me como um marinheiro das caravelas."

Com essa analogia com os navegantes que descobriram novos continentes no passado, o astronauta William Anders resumia seu sentimento por ter desbravado o espaço sideral. Foi quando a *Apollo 8* já se preparava para o mergulho vertiginoso na atmosfera terrestre, a 43 mil km/h, depois de uma viagem de seis dias. Pela primeira vez na história se conseguia a circum-navegação da Lua em uma nave tripulada. Uma façanha que colocava os Estados Unidos à frente da União Soviética na corrida espacial e preparava o próximo passo, mais fenomenal ainda, previsto para o ano de 1969, que seria o desembarque de um ser humano em solo lunar.

A missão foi transmitida pela televisão para todo o mundo – 1.200 jornalistas, de diversos países, participavam da cobertura. E desde o início da grande aventura, nos arredores do Cabo Kennedy, uma multidão se reunia para assistir ao lançamento. O limite de distância imposto pela segurança fora de quatro mil metros da rampa do foguete *Saturno 5*. Isso porque os 3 milhões e 375 mil kgf de empuxo do foguete provocariam um ruído de 200 decibéis até 1.600 metros de distância, o suficiente para ensurdecer qualquer pessoa. Deixando um rastro de chamas brancas e cor-de-rosa, o *Apollo 8* riscou o céu azul a uma velocidade de 5.400 km/h:

"Vocês estão no caminho. Verdadeiramente no caminho...", exclamou Chris Kraft, diretor de voo, no Centro Espacial de Houston. Frank Borman, um dos astronautas, respondeu pelo rádio: "Por aqui tudo corre bem". Quatro horas depois, o diretor do projeto *Apollo*, general Samuel Phillips, em entrevista à imprensa, confirmava o sucesso do lançamento: "Em direção à Lua, o voo é perfeito e a viagem será bem-sucedida. A cápsula espacial funciona perfeitamente".

No meio do caminho, já eram divulgadas as primeiras fotos tiradas pelos astronautas, e o mundo se encantava a ponto de muita gente não acreditar no que via e considerar que tudo não passava de um

DEZEMBRO | 293

truque, uma fantasia de americano, como nos filmes hollywoodianos de ficção científica. Mas tudo era real e trazia surpresas. A 235 mil km de distância da Terra, as estrelas, ao contrário do que se imaginava, pareciam menos visíveis, e o firmamento lunar era de um azul-celeste deslumbrante.

Considerada a maior missão do século, a viagem da *Apollo 8* repercutia em toda parte: "Impossível fugir do fascínio de acompanhar o voo ao planeta prateado", declarou, no Vaticano, o papa Paulo VI.

De fato, nunca se tinha chegado tão longe. A nave, com seus tripulantes, subia a espantosos 352.118 km da Terra. Mas até chegar lá, alguns sobressaltos foram enfrentados. Horas antes do lançamento, os engenheiros envolvidos na missão tiveram que lidar com a descoberta de impurezas no oxigênio líquido das pilhas de combustão da *Apollo 8*. Em meio a grande tensão, para que o cronograma da viagem não fosse comprometido, eles fizeram a drenagem de todo o oxigênio da nave, limpando seu tanque de armazenagem para, depois de corrigido o defeito que produzia as impurezas, enchê-lo outra vez. Eram detalhes que pareciam insignificantes, mas davam a medida da complexidade da missão. Qualquer erro poderia redundar em fracasso. E pior: colocar em risco a vida dos astronautas.

Mas não faltaram outros riscos. Três momentos da viagem eram considerados críticos. O primeiro aconteceria no instante da ativação dos motores *Saturno 5*, ainda na plataforma de lançamento. Naquele momento, era como se a *Apollo* estivesse se transformando numa verdadeira bomba, com poder explosivo de cerca de quinhentas toneladas de TNT. A qualquer sinal de explosão, a nave seria expelida para longe do *Saturno* por um foguete de escape, evitando que fosse atingida e, consequentemente, destruída. O segundo seria quando a aeronave estivesse no lado oposto da Lua, sem comunicação com a Terra. Uma falha do motor nessa hora deixaria os astronautas desorientados, e a possibilidade de se perderem no espaço era real. O terceiro e último grande risco viria justamente no momento do reingresso na atmosfera terrestre. Isso ocorreria através de um estreito corredor de 45 km de diâmetro, e, no caso de uma manobra errada, a *Apollo* ricochetearia na atmosfera como uma pedra atirada na água e voltaria para o espaço.

No entanto, como tudo era calculado meticulosamente – com as etapas da viagem examinadas à exaustão –, a margem de qualquer um desses fatores de risco prevalecer era muito baixa. As imagens enviadas pelos astronautas momentos antes de a *Apollo 8* ingressar na órbita lunar traziam à humanidade a sensação de que um novo tempo se inaugurava. O homem ter chegado a um ponto do espaço do qual se podia ver a Terra menor do que a Lua era algo extraordinário, sinal de que uma fronteira espacial fora atravessada – e, pela primeira vez, num voo tripulado.

Naquele Natal de 1968, os astronautas fizeram história. Comemoraram, já no campo magnético da Lua, com uma ceia que fugia à rígida prescrição de refeições desidratadas: incluía molho de maçãs e fatias de peru. Mas era o momento de voltar para casa e receber todas as glórias do feito espetacular. Na viagem de quase uma semana, a cosmonave superou vários recordes. Entre eles, atingiu a maior velocidade já experimentada pelo homem, conduzindo-o para fora do campo de gravidade da Terra e além da face oculta da Lua.

Dentre as valiosas experiências adquiridas, estava um vasto acervo de fotografias da Lua. Isso permitiria um detalhado levantamento cartográfico de sua superfície cinzenta e recortada por meteoritos. Com o estudo desse mapa, seria determinado o local exato onde o homem desceria poucos meses depois.

A aventura dos astronautas Frank Borman, James Lovell e William Anders terminou, com êxito completo, no Oceano Pacífico, ao sul das ilhas do Havaí. A 7.200 metros de altitude, eles acionaram os paraquedas de freio, que desaceleraram e estabilizaram a cápsula para a descida final – da entrada na atmosfera até esse ponto, toda comunicação por rádio foi interrompida, pois, segundo relatou James Lovell, "a *Apollo* era uma verdadeira bola de fogo". A três mil metros, os paraquedas se separaram da nave e outros três, ainda maiores, entraram em funcionamento para reduzir a velocidade de 280 para

35 km/h. Apenas a poucos metros da água eles se soltavam, para que os flutuadores se enchessem automaticamente de ar e fizessem a *Apollo 8* tocar suavemente as águas do oceano. Na região, estavam de prontidão vários helicópteros de resgate, para levar os heróis do espaço para o porta-aviões Yorktown, estacionado a 5 km dali, de onde seguiriam para o continente.

Frank Borman, o comandante da missão, com o andar ainda um pouco vacilante pela longa permanência no espaço reduzido da cabine, parecia ter a exata noção da dimensão da viagem que liderara: "Não posso dizer o quanto estamos satisfeitos por estar aqui e como é extraordinário ter participado desse acontecimento", disse aos marinheiros que o receberam, com tapete vermelho, no convés do porta-aviões.

Sobre a visão da Terra, a milhares de quilômetros de distância, diria, encantado, que se assemelhava a uma "resplandecente safira em forma de meio disco, num estojo de veludo negro". Já a Lua, tão celebrada por poetas e sonhadores, não passava, segundo Borman, de "uma vasta e solitária extensão do nada".

De todas as partes do mundo chegavam mensagens de congratulações, inclusive de Moscou. O chefe de Estado da União Soviética, Nicolai Podgorny, transmitiu ao presidente Lyndon Johnson uma mensagem exaltando "a bravura dos três cosmonautas norte-americanos". Dez cosmonautas soviéticos também se manifestaram enviando um telegrama de felicitações aos colegas da tripulação da *Apollo 8* e aos cientistas dos Estados Unidos pelo "enorme passo no progresso científico e técnico":

"Seguimos de perto todas as fases do seu voo e notamos com satisfação a precisão de seu trabalho conjunto e sua coragem, que permitiram a perfeita realização dessa importante experiência. Estamos seguros de que a exploração do espaço será muito proveitosa para os homens e os felicitamos por esta grande etapa rumo a esta nobre meta."

A mensagem era assinada pelos cosmonautas Gherman Titov, Adrian Nikolaiev, Pavel Popovich, Valery Bykovsky, Boris Egorov, Konstantin Feoktistov, Pavel Belayev, Alexei Leonov, Georgy Beregovoy e Valentina Nikolayeva-Tereshkova.

Mesmo os adversários na corrida espacial reverenciavam o feito dos três tripulantes da *Apollo 8*. A União Soviética não tinha mais como empatar o jogo da corrida espacial; e quase sete meses depois, em 20 de julho de 1969, viajando a bordo da *Apolo 11*, os cosmonautas norte-americanos Neil Armstrong e Edwin Aldrin finalmente pisariam em solo lunar.

Estava cumprida a meta proposta, em 1961, pelo então presidente John Kennedy diante do Congresso dos Estados Unidos: "Esta nação deve comprometer-se em, antes do final da década, fazer pousar um homem na Lua e trazê-lo de volta à Terra em segurança". Dito e feito.

27 dez GIL E CAETANO NA PRISÃO

Nos anos 1960, com o sucesso mundial da Bossa Nova, houve um grande *boom* da música popular brasileira. Depois viria a Jovem Guarda de Roberto Carlos, quando a música acabaria absorvida pela cultura de massas, sendo ainda mais difundida pelos programas de televisão e festivais da canção. Com o AI-5 e o consequente recrudescimento da censura, não foi de surpreender que, dentre as mais diversas manifestações culturais, a música fosse especialmente atingida.

Personagens como Gilberto Gil e Caetano Veloso, ambos com 26 anos na época, tinham uma proposta estética inovadora, simbolizada pelo Tropicalismo, o movimento que fazia uma profunda intervenção na cena cultural, estimulando um novo tipo de comportamento e criticando tudo o que estava estabelecido. Eram figuras que não combinavam em nada com aquele momento de restrição das liberdades. Tanto pelo discurso anárquico quanto pelas roupas coloridas e o som elétrico, com letras carregadas de metáforas, como na canção *Tropicália:*

"Eu organizo o movimento/ Eu oriento o Carnaval/ Eu inauguro o monumento/ No planalto central do Brasil/ Viva a Bossa, sa, sa/ Viva a Palhoça, ça, ça, ça".

Ninguém entendia direito. Nem os próprios estudantes de esquerda, muito engajados, que consideravam o Tropicalismo um modismo importado e alienante, e muito menos os militares ultraconservadores da linha dura do regime, que enxergavam em Gil e Caetano duas ameaças pra lá de excêntricas. Mas, na realidade, eles eram tão somente polemistas, que tinham no estilo contestador e vanguardista suas principais características.

Não foi por acaso, então, que, na manhã do dia 27 de dezembro, policiais do I Exército bateram cedo no apartamento em que Caetano Veloso morava com sua mulher Dedé, em São Paulo. Gilberto Gil havia dormido lá naquela noite, e a eles foi comunicado que precisariam prestar esclarecimentos no Rio de Janeiro. Foram colocados num camburão e levados para a sede do então Ministério da Guerra. De lá, foram encaminhados para o 1º Batalhão da Polícia do Exército, na Rua Barão de Mesquita, no bairro da Tijuca.

A justificativa para a detenção foi um show que tinham apresentado com Os Mutantes em outubro, na boate Sucata, no Rio. O palco havia sido ornamentado com uma montagem do artista plástico Hélio Oiticica (também tropicalista), na qual o bandido conhecido como "Cara de Cavalo" – que aterrorizava a cidade e acabara de ser morto pelo Esquadrão da Morte da polícia, tão ativo na época – era representado no chão, deitado na posição em que fora fotografado morto, com a seguinte inscrição ao lado: "Seja um bandido, seja um herói". Um jornalista ligado à repressão (Caetano afirma ter sido o locutor de rádio Randal Juliano) fez uma denúncia, e a Sucata acabou fechada por ordem judicial. Espalhou-se a notícia de que, além disso, o hino nacional teria sido cantado de forma profana. Os boatos chegaram aos ouvidos dos oficiais da Escola Superior de Agulhas Negras, que pediram uma investigação do caso.

Sem qualquer acusação formal, Gil e Caetano estavam entre artistas e intelectuais – tais como Ferreira Gullar, Paulo Francis, Mario Lago e Ênio Silveira – presos num local já temido por ser usado pela ditadura para arrancar confissões através de tortura. Ambos foram colocados em celas fétidas, minúsculas, e tiveram os cabelos raspados. A comida era tão ruim que, durante o tempo em que ficaram ali, eles passaram praticamente a pão e água. Num dos raros banhos de sol, encontraram-se com Ênio Silveira, um "recordista" de prisões entre 1964 e 1969 – sete, no total – por ser filiado ao PCB e publicar, na Civilização Brasileira, obras de pensadores como Karl Marx e Antonio Gramsci, considerados ícones da esquerda.

Atencioso, Ênio lhes emprestou dois livros: *O estrangeiro,* de Albert Camus, e *O bebê de Rosemary*, de Ira Levin. Isso amenizou um pouco o sofrimento de Gil e Caetano – que, entretanto, se tornava insuportável quando ouviam os gritos de dor e desespero de presos sendo torturados em celas vizinhas. Caetano Veloso relembrou com nítida emoção, no programa "Conversa com Bial", em setembro de 2017, que vivia em um estado de completo estupor:

"Não conseguia chorar, nem ejacular. Estava tão abalado que, dependendo das baratas que via nas paredes da cela ou da música que tocava no rádio, ficava mais ou menos animado. Se tocasse tal música ficaria mais perto a possibilidade de ser solto, se aparecesse uma barata ficava tudo mais difícil. É que sempre tive medo de barata. A verdade é que não tinha ideia do que poderia acontecer, mas precisava criar um sistema que me fizesse acreditar que seria logo solto. A ditadura não dizia nada pra gente, nem pros nossos parentes. Minha mulher ficava me procurando sem saber se estava vivo ou morto."

Só depois de um mês, já então transferidos para a Vila Militar, é que Gil e Caetano foram interrogados e ficaram sabendo o motivo da prisão. Mesmo inocentados na investigação, ainda permaneceram presos até fevereiro, quando foram levados para Salvador num avião da FAB. Lá, eles ficaram em prisão domiciliar, proibidos de fazer shows, dar entrevista e de participar de qualquer programa de televisão ou ato público.

Era uma situação completamente estapafúrdia, que só foi resolvida depois de uma imposição do governo militar. Para que vivessem em liberdade, eles teriam que ir para o exílio. O Brasil ficara pequeno demais para abrigar o talento, a irreverência e a criatividade de Gil e de Caetano. Em julho de 1969, foi permitido que eles fizessem dois shows no Teatro Castro Alves para arrecadar fundos que financiassem a viagem para Londres, onde viveriam durante três anos.

Na bagagem, Gil e Caetano levavam as lembranças de dias de terror e de incertezas. Mas tudo se traduziu em poesia. Na Inglaterra, Caetano compôs a bela e melancólica canção *London, London*, que traduzia a contradição de estar só, mas pelo menos sem medos e com o caminho livre:

"Eu sei que não conheço ninguém aqui para dizer olá/ Eu sei que eles deixam o caminho livre/ Estou solitário em Londres sem medo."

Ao fim, foram quase sete meses sob o olhar implacável do governo ditatorial do presidente Costa e Silva. Não apenas Gil e Caetano foram punidos, mas também a cultura do país. O que mais se permitia naquele momento era proibir, oprimir e impedir o surgimento de qualquer manifestação que colocasse em cheque, mesmo de forma subjetiva, o regime militar. Aquela prisão de Gil e Caetano no apagar das luzes de 1968 simbolizava a escuridão em que o Brasil mergulharia durante pelo menos uma década, até que, em 1978, o AI-5 fosse revogado. Simbolizava o fim de um ano em que as estruturas, em todas as esferas, se abalaram como nunca. Embora aparentemente derrotado, todo aquele movimento de insurreição, aquela verdadeira torrente criativa, a despeito do arbítrio que passaria a prevalecer, deixariam raízes que se fortaleceriam com o tempo. E isso não foi possível à ditadura controlar. Como diria Gilberto Gil, muitos anos depois, "foram momentos de muita agonia, de muita aflição, mas a emoção se diluiu com o tempo; tudo isso, desse ponto de vista, já foi... Fica a memória...".

Pois o que seria de nós sem a memória? Sem ela, talvez 1968, mesmo com todo o seu fogo e sua fúria, já tivesse se apagado...

BIBLIOGRAFIA

LIVROS

BASBAUM, L. *História Sincera da República*. São Paulo: Alfa-Omega, 1976.

BETTO, F. *Batismo de sangue: Guerrilha e Morte de Carlos Marighella*. Rio de Janeiro: Civilização Brasileira, 1982.

BEZERRA, G. *Memórias (Segunda parte 1946-1969)*. Rio de Janeiro: Civilização Brasileira, 1979.

BOJUNGA, C. *JK, o artista do impossível*. Rio de Janeiro: Objetiva, 2001.

BROUÉ, P. *A primavera dos povos começa em Praga*. Tradução de Maria Luíza Gonçalves e J. Teixeira Coelho Neto. São Paulo: Kairós, 1979.

BUENO, E. *Brasil, uma história*. Rio de Janeiro: LeYa, 2012.

CALADO, C. *Tropicália: A história de uma revolução musical*. São Paulo: Editora 34, 1997.

CANTARINO, G. *1964: A revolução para inglês ver*. Rio de Janeiro: Mauad, 1990.

CASTELLO, J. *Na cobertura de Rubem Braga*. Rio de Janeiro: José Olympio, 2013.

CASTRO, F. *A salvação da América Latina*. Rio de Janeiro: Revan, 1986.

CASTRO, R. *Chega de saudade: A história e as histórias da Bossa Nova*. São Paulo: Companhia das Letras, 1991.

COUTO, R. C. *Memória viva do regime militar: Brasil, 1964-1985*. Rio de Janeiro: Record, 1999.

EMILIANO, J. *Carlos Marighella - O inimigo número um da ditadura militar*. São Paulo: Sol e Chuva, 1997.

FALCÃO, A. *Geisel: Do tenente ao presidente*. Rio de Janeiro: Nova Fronteira, 1995.

FERREIRA, J. *João Goulart, uma biografia*. Rio de Janeiro: Civilização Brasileira, 2011.

FICO, C. *O grande irmão: Da Operação Brother Sam aos Anos de Chumbo*. Rio de Janeiro: Civilização Brasileira, 2008.

FURTADO, C. *O mito do desenvolvimento econômico*. Rio de Janeiro: Paz e Terra, 1975.

GABEIRA, F. *O que é isso companheiro?* Rio de Janeiro: Editora Guanabara, 1988.

GASPARI, E. *A ditadura derrotada.* 2. ed. Rio de Janeiro: Intrínseca, 2014.

GASPARI, E. *A ditadura envergonhada.* São Paulo: Companhia das Letras, 2002.

LACERDA, C. *Carlos Lacerda: 10 anos depois.* Rio de Janeiro: Nova Fronteira, 1987.

MAGALHÃES, M. *Marighella: O guerrilheiro que incendiou o mundo.* São Paulo: Companhia das Letras, 2012.

MARIGHELLA, C. *Manual do guerrilheiro urbano.* Joinville: Clube de autores, 1969.

MARTINS, L. *A "Geração AI-5" e maio de 68.* Rio de Janeiro: Argumento, 2004.

MCMAHON, R. J. *Guerra Fria.* Tradução de Rosaura Eichenberg. Porto Alegre: LP&M, 2012.

NERUDA, P. *Confesso que vivi.* Tradução de Olga Savary. São Paulo: Difel, 1974.

NETO, G. M. *Dossiê Brasil.* Rio de Janeiro: Objetiva, 1997.

NETO, L. *Getúlio: da volta pela consagração popular ao suicídio (1945-1954).* São Paulo: Companhia das Letras, 2014.

OLIC, N. *A Guerra do Vietnã.* São Paulo: Moderna, 1990.

OREN, M. B. *Seis Dias de Guerra: junho de 1967 e a formação do moderno Oriente Médio.* Rio de Janeiro: Bertrand Brasil, 2004.

PINHEIRO, L. A. *A República dos golpes: de Jânio a Sarney.* São Paulo: Best Seller, 1993.

PORTO, C. *JK segundo a CIA e o SNI.* Niterói: Editora do Autor, 2006.

QUATTROCCHI, A; NAIRN, T. *O começo do fim: França, maio de 68.* Tradução de Marcos Aarão Rei. Rio de Janeiro: Record, 1998.

REIS, D. A. *Luís Carlos Prestes: Um revolucionário entre dois mundos.* São Paulo: Companhia das Letras, 2014.

SANDER, R. *1964: O verão do golpe.* Rio de Janeiro: Maquinária, 2013.

SILVA, H. *1964: Golpe ou contragolpe?* Rio de Janeiro: Civilização Brasileira, 1975.

SIRKIS, A. *Os carbonários: Memórias da guerrilha perdida.* São Paulo: Global, 1980.

SKIDMORE, T. *Brasil: de Getúlio a Castelo*. Tradução de Ismênia Tunes Dantas (org.) Rio de Janeiro: Paz e Terra, 1976.

TAVARES, F. *1961: O golpe derrotado*. Porto Alegre: LP&M, 2011.

VELOSO, C. *Verdades tropicais*. São Paulo: Companhia das Letras, 1997.

VENTURA, Z. *1968: O ano que não terminou*. Rio de Janeiro: Nova Fronteira, 1988.

VILLA, M. A. *Ditadura à Brasileira −1964-1985: A democracia golpeada à esquerda e à direita*. São Paulo: LeYa, 2014.

JORNAIS

O Globo, Jornal do Brasil, Última Hora, Correio da Manhã, Diário de Notícias, Estado de São Paulo, Folha de São Paulo, Jornal da Tarde, Zero Hora, Diário de Pernambuco e *Jornal da USP*.

REVISTAS

Manchete, O Cruzeiro, Fatos e Fotos, Intervalo, Época, História Viva, Realidade, Carta Capital, Isto é e *Veja*.

SITES

Globo Online, JB Online, Terra e UOL Educação.

CRÉDITOS DAS IMAGENS

P. 15, 16, 45, 114, 157, 178, 202, 221 e 222: Arquivo Público do Estado de São Paulo

P. 46: Bettmann / Getty Images

P. 62: Rio de Janeiro 05/06/1967 Leila Diniz, atriz / Foto Arquivo.

P. 88: Evandro Teixeira/CPDoc JB

P. 113: Reg Lancaster / Getty Images

P. 132: Evandro Teixeira/CPDoc JB

P. 158: fototeca.iiccr.ro/Wikimedia Commons

P. 177: Mondadori/ Portfolio / Getty Images

P. 252: Rolls Press/ Popperfoto/ Getty Images

P. 270: Autor desconhecido/todos os direitos reservados/CPDoc JB

Capa (a partir da contracapa, da esquerda para a direita): Arquivo Público do Estado de São Paulo | MGM/Wikimedia Commons | Arquivo Público do Estado de São Paulo | Arquivo Público do Estado de São Paulo | Ollie Atkins/Wikimedia Commons | Ronald S. Haeberle/The LIFE Images Collection/Getty Images | Reprodução | Rio de Janeiro 05/06/1967 Leila Diniz, atriz / Foto Arquivo | Reprodução | Olavi Kaskisuo/Wikimedia Commons | CEDOC/memoriasreveladas.gov.br

Este livro foi composto com tipografia Bembo e impresso
em papel Off-White 90 g/m² na Assahi.